Liebes Binerl!

Damit Du in Deinem
Lebensherbst erfährst,
was Dich Dein langes
Leben lang beschäftigt hat,
widmen wir dieses Dokument.

Tanti auguri,
die Sagrada Familia

Andrea

(Fedora)

Robert

Braun / Sobiella

DIE VERRÄTER

Harald Braun
Christian Sobiella

Die Verräter

Zwei Männer enthüllen
die letzten 55 Geheimnisse ihrer Art

Mit einem Vorwort von Sibylle Berg

ARISTON

Die Deutsche Bibliothek – CIP-Einheitsaufnahme
Braun, Harald:
Die Verräter . Zwei Männer enthüllen die letzten 55 Geheimnisse ihrer Art /
Harald Braun ; Christian Sobiella. Mit einem Vorw. von Sibylle Berg. –
Kreuzlingen ; München : Hugendubel, 2002
ISBN 3-7205-2355-1

Umschlaggestaltung: Gabriele Dünwald, Hamburg,
unter Verwendung eines Motivs von Robert Whitman
Produktion: Maximiliane Seidl
Satz: EDV-Fotosatz Huber / Verlagsservice G. Pfeifer, Germering
Druck: GGP Media, Pößneck
Printed in Germany

ISBN 3-7205-2355-1

Vorwort

von Sibylle Berg

Wenn zwei Männer andere Männer erklären, muss man sich als lesende Frau keine Sorgen machen. Die Männer werden auch nach der Lektüre ihre scheinbaren Geheimnisse nicht verloren haben. Sie werden uns auch weiterhin ein Rätsel bleiben und die Aufgabe, dieses Rätsel zu lösen, wird uns bei Interesse halten. Es sind nur Männer, die sich erklären, und das heißt, die 55 Antworten, die sie der Welt offenbaren, die 55 letzten Wahrheiten über Männer in Bordellen, beim Arzt, in der Küche, im Gespräch mit sich und den Frauen, sind vorher durch männliche Hirne gewandert. Ein todsicherer Filter. Die Wahrheit wurde – und das ist ein Versprechen – sehr sicher eliminiert.

Aber der Versuch, sich dieser Wahrheit anzunähern, ist ein sehr ehrenwerter und unterhaltsamer. Allein durch die Sicht, die die Herren gerne auf sich und ihresgleichen gewähren, wird ein wenig mehr »Rätsel Mann« gelöst, und das heißt: Da ist keines.

Der Mann möchte spielen und reiten, er möchte Mama und die möchte er gerne heiraten und, wenn das nicht geht, in einem Bordell mieten.

Die Autoren Braun und Sobiella, seit Jahren für Frauenzeitschriften tätig, wissen um die ständigen Probleme der Geschlechter miteinander, und ihr Versuch, diese zu beheben, ist ein höchst beachtlicher. Auch am Ende des Buches werden Frauen ihren Freund, Vater, Bruder, Mann nicht besser verstehen. Aber vielleicht liebevoller betrachten. Und das allein lohnt das Lesen unbedingt.

Frieden zwischen Männern und Frauen, und den Herren Autoren einen wunderbaren Abverkauf ihres amüsanten Werkes wünscht Frau Berg.

Prolog

Warum schreiben Männer Bücher?

Und dann auch noch so Typen wie wir.

Auf ein lesenswertes Buch
kommt eine Myriade beschmutztes Papier.
Arthur Schopenhauer

Warum es dieses Buch gibt, wollen Sie wissen?

Na ja, da kommt einiges zusammen. Geltungssucht natürlich, unverbrämte, hemmungslose Eitelkeit. Weiterhin die Möglichkeit, mal an prominenter Stelle seine Meinung in die Welt zu blöken, die dann für einen trügerischen Moment ein kleines bisschen maßgeblicher erscheint. Sicher auch der Umstand, dass wir schon ziemlich lange mit Jungs zu tun haben und wissen, wie lächerlich und merkwürdig diese Gestalten sein können – genau wie wir beide übrigens. Wir sind so unverschämt, mit dem Finger auf die *anderen* zu zeigen – vielleicht macht es Ihnen ja Spaß, wenn wir ein paar Klischees und Vorurteile bestätigen. Vermutlich sind sogar einige neue Erkenntnisse dabei, das wäre bei 55 Kapiteln zumindest wünschenswert.

Ob wir aber wirklich »Geheimnisse« enthüllen? Die merkwürdigen Leute, die unsere Texte akzeptiert und dieses Buch gemacht haben, finden das schon. Verkauft sich vermutlich besser.

Nicht zuletzt geht es uns aber auch um ... sagen wir ... Lebensqualität. Und wie wir uns die vorstellen, lassen wir besser einen Kollegen ausformulieren.

Der spanische Schriftsteller José Angel Mañas hat in *Die Geschichte meines unheimlichen Erfolgs* präzise beschrieben, was passiert,

wenn Jungs Bücher schreiben. Besser hätten wir es nicht auf den Punkt bringen können:

Auf der Straße würden die Leute mit dem Finger auf mich deuten und ausrufen: ›Da ist J. der Schriftsteller!‹ Sie würden mich um Autogramme bitten, hinter mir her sein. Natürlich würde ich Ana verlassen, sobald ich berühmt wäre. Dann würde ich sie ja nicht mehr brauchen, weil ich das nötige Kleingeld hätte, um mir in einer guten Wohngegend ein Häuschen zu leisten, mit Swimming-Pool, Jacuzzi und vier Thai-Mädchen, die mich den ganzen Tag massierten, sowie eine Luxusnutte für jede Nacht oder vielleicht auch noch ein Top-Model. Ich hätte so viel Kohle wie nötig, um zu einem Mythos zu werden. Ich würde dieses ganze wissenschaftliche Geschwätz beiseite lassen und zum neuen bösen Buben der Literatur werden: eine Mischung aus Burroughs, Bukowski und Henry Miller. Ich wäre alles – und Mozart nichts …

Männer und ihr Selbstkonzept

Drei Dinge braucht der Mann:
blendendes Aussehen, Brutalität
und Beschränktheit.

Dorothy Parker

Das ganze Leben ist ein Quiz!

Männer und gefährliches Halbwissen – eine unglückliche Symbiose

Ich weiß, dass ich nichts weiß.
Sokrates

Sprechen wir über Vorurteile. Stellen Sie sich vor, Sie stehen an einer Straßenkreuzung in Peking. Und dann fragen Sie einen Einheimischen nach dem Weg, sagen wir, zum Interconti-Hotel. Falls der Angesprochene Ihr kauderwelsches Englisch versteht, wird er Ihnen mit langen Sätzen und einer Menge hektischer Handbewegungen klarmachen, dass er im Bilde ist. Vorsicht: Stiefeln Sie jetzt nicht einfach los. Fragen Sie mindestens noch *einen* anderen Passanten. Wenn die Angaben halbwegs übereinstimmen, haben Sie Glück gehabt. Andernfalls empfehlen wir einen narrensicheren Stadtplan. Der Asiate nämlich, und hier sind wir bei den Vorurteilen, kennt die Auskunft: »Keine Ahnung!« nicht. Da droht Gesichtsverlust. Also gestikuliert er, als habe er zwei bis drei Taxilizenzen erworben und sei in der Stadtplanung zu Hause. Wenn Sie sich auf seine Informationen verlassen, werden Ihre Angehörigen nie wieder von Ihnen hören. Und was ist jetzt das Vorurteil daran? Dass dieses Phänomen nur auf Asiaten zutrifft. Erweitern Sie es auf den gesamten Teil der männlichen Erdbevölkerung, und wir reden von gesicherten Erkenntnissen!

Männer wissen, wie man Glühbirnen wechselt, Frauen glücklich macht, die Rente sichert und im Lotto gewinnt. Wir haben Ahnung davon, welche Öffnung im Auto für das Benzin vorgesehen ist

und was Kardanwelle und Biojogurt gemeinsam haben – die Linksdrehung nämlich. Und was das Schöne ist, für das hilflose *andere* Geschlecht: Wir glänzen gerne mit unserem Wissen. Wir lassen es daran teilhaben. Kompetenz ist eben männlich. Deshalb kennen wir den Torschützen eines Freundschaftskicks afrikanischer Amateurmannschaften anno 1979, inklusive der klimatischen Bedingungen. Könnte ja sein, dass man das mal in interessierter Runde anbringen kann.

Und nur, weil wir für unsere Omnipotenz in allen Fragen und Lagen des täglichen Lebens bekannt sind, nehmen Frauen uns doch überhaupt erst ernst. Frauen finden Männer nur nützlich, wenn sie hängende Computer reanimieren, Billy-Regale aufbauen und bei *Wer wird Millionär* erst bei der 32 000 Euro-Frage den Fifty-Fifty-Joker setzen. Und sie sinken vor Verehrung auf die Knie, wenn der schlecht gewartete Kleinwagen aus Fernost mal wieder nicht anspringt und wir lässig »Das ist ziemlich sicher der Verteiler« raunen. Frauen brauchen uns.

Das ist es, was Männer glauben. Glauben wollen.

Glauben heißt *nicht* wissen. Und natürlich ist kein Mann die Bibliothek von Alexandria. Aber das würde freiwillig keiner zugeben.

Doch wehe, er wird bei Wissenslücken ertappt. Dann wird eifriger geleugnet und gelogen als in einem durchschnittlichen Schmiergeldskandal der CDU/CSU. »Wissen« liegt in der Rangliste der männlichen, das Selbstwertgefühl aufbauenden Grundbedingungen knapp hinter »ausreichend großer Penis«, und nur knapp entfernt von »Einparken können, und zwar blind«. Es ist die Sorge um ihr sensibles Selbstwertgefühl, die aus Männern Detailfreaks, Besserwisser oder Bildungsbürger der übelsten Sorte macht.

Hinzu kommt ein weiteres Missverständnis: Männer verwechseln Intelligenz gerne mit Faktenhuberei. Auch deshalb häufen sie unwichtigen Datenmüll aus den Bereichen »Autozubehör« bis »Zoologie« an und spulen ihn bei jeder Gelegenheit ungefragt ab, in der Hoffnung, als Westfalen-Lippes Antwort auf Albert Einstein wahrgenommen zu werden, möglichst von einer jungen Dame mit hübschem Bindegewebe. Kaum eine Situation wäre einem Mann

peinlicher, als auf eine direkte Frage – mag sie noch so absurd sein – keine Antwort oder zumindest eine höchstwahrscheinliche Vermutung äußern zu können. Eindeutig: »Trivial Pursuit« wurde für Männer erfunden! Kurzhalsgiraffe? Natürlich Okapi. Und sehr wahrscheinlich spielen nur Männer dieses Spiel mit der Nonchalance von Hunnen, die sich mit Keulen gegenüberstehen.

Es gibt noch einen weiteren Grund für den Männerwunsch, möglichst allwissend zu erscheinen: Das Image, »viel in der Birne« zu haben, erhöht offenbar die Attraktivität bei paarungswilligen Weibchen. Ein Blick in Heiratsannoncen oder in einschlägige Frauenmagazine verrät: Blendendes Aussehen verlangen die wenigsten Frauen von ihrem Traumpartner, erwartet wird ein »gepflegtes Äußeres«. Witz, Charme, Humor und vor allem Intelligenz rangieren in den Anforderungsprofilen der bindungswilligen Frauen weit oben. Gerne wird auch nach einem »Akademiker« gefahndet. Umgekehrt suchen Männer allerdings nicht die IQ-130-Powerfrau. Wäre ja auch kontraproduktiv, mit einer Frau zu leben, die mehr im Oberstübchen hat als man selbst ...

Dass Männer Wissen anhäufen wie Eichhörnchen ihren Wintervorrat, liegt im Übrigen nicht etwa an biologischen Gegebenheiten, wie man vielleicht annehmen dürfte. Mit einem rund zehn Prozent größeren Hirnvolumen wissen Männer nichts Sinnvolles anzufangen, wie die einschlägige Forschung seit langer Zeit weiß: Das bisschen Hubraum mehr unter der Schädeldecke wird nicht genutzt, dürfte höchstens als zusätzliches Dämm-Material oder Wärmeisolierung von Bedeutung sein. Schlauer ist Mann deswegen nicht. Diese (für manche Herren ernüchternde) biologische Tatsache traf sogar auf das Gehirn Einsteins zu. Dessen posthum in Formaldehyd eingelegter Denkapparat wurde von Forschern unter die Lupe genommen. Ergebnis: Einstein hatte – wenn man die formalen Eckdaten beleuchtet – ein Gehirn wie Dieter Durchschnitt (oder Erika Mustermann).

Vielleicht wird Sie unser Fazit nicht überraschen: Das Wissens- und Kompetenzgebaren von Männern basiert im Großen und Ganzen auf purer Selbstüberschätzung.

An der Universität Göttingen ist Folgendes untersucht worden: Kleine Jungs und Mädchen aus der vierten Schulklasse wurden gefragt, wie sie ihre eigenen Leistungen im Fach Mathematik einschätzen. Sie ahnen, was kommt: Die Jungs hielten sich für begabt und schlau und siedelten ihre Leistungen in der Regel oberhalb des Klassendurchschnitts an. Bei den jungen Damen, die objektiv weitaus bessere Mathematik-Noten zustande brachten, war es genau umgekehrt. Sie schätzten sich schlechter als der Klassendurchschnitt ein.

Wir haben das Gefühl, dass Männer in ihrem ganzen Leben *immer* irgendwie in der vierten Klasse sitzen ... Sie balancieren an der Grenze zur Lächerlichkeit durchs Leben, halten die Relativitätstheorie für eine Bauchmuskelübung und Reife für etwas, das sie mit Prüfungen in Erdkunde und Sport erringen können. Sie palavern mit Stephen Hawking auf Augenhöhe und identifizieren sich mit Matt Damon in *Good Will Hunting*, kurz: Jeder einzelne Mann ist ein Wunderkind, irgendwie. Nur still sind sie nicht. Obwohl es doch da diese hilfreiche Seite im Internet gibt, auf der eine blecherne Computerstimme Lebenshilfe leistet: »Und wenn du wieder keine Ahnung hast – einfach mal die Fresse halten!«

Lügen Tränen doch?

Warum Männer nicht weinen

Männer wollen in den Arm
Männer geben Geborgenheit
Männer weinen heimlich
Männer brauchen viel Zärtlichkeit
Männer sind so verletzlich
Männer sind auf dieser Welt einfach unersetzlich

Herbert Grönemeyer, Männer

Herbert Grönemeyer ist ein Mensch, dem man nur selten uneingeschränkt zustimmen möchte. Doch in diesem speziellen Fall hat er wohl Recht: *Männer weinen heimlich.* Und sie tun gut daran. Das vorweg.

Doch der Reihe nach. Erst mal stimmt es gar nicht, dass Männer *nicht* weinen. Hat noch nie gestimmt.

Im Gegenteil: Die amerikanische Psychologin Katherine Weinberg hat sich einen hinterhältigen Versuch ausgedacht, um herauszufinden, ob Jungs oder Mädchen näher am Wasser gebaut haben. Die Raben-Psychologin ließ sechs Monate alte Kinder mit ihren Müttern spielen. Plötzlich wendeten die Mamis sich auf Kommando von ihren Babys ab. 15 Sekunden später schauten sie ihre Brut wieder an, allerdings mit einem ernsten, ja bösen Ausdruck auf dem Gesicht. Das Ergebnis: Die meisten Mädchen hielten der »bösen Mami« stand, die Jungs plärrten in der Regel gleich mal los. Was das beweist? Vermutlich nicht so viel, außer: Jungs kriegen schon früh einen Vorgeschmack darauf, dass sie von Frauen grundlos gequält und abgewiesen werden ... Und, jawohl, im Prinzip weinen Jungs, solange sie es nicht besser wissen.

Erst im Laufe der Erziehung zu »richtigen Männern« werden sie darauf abgerichtet, sich diese doch eher zügellose Form des Gefühlsausbruchs zu verkneifen. Wer kennt die Sprüche nicht: »Indianer kennen keinen Schmerz. Oder, ähnlich beliebt: »So große Jungs wie du weinen doch nicht mehr!«

So lernen Männer schon früh, Tränen zu unterdrücken – Küchenpsychologie Grundkurs. Und später dann können sie nicht mehr so recht. Natürlich hat sich die moderne Wissenschaft daran abgearbeitet und entdeckt, dass Männer auch im höheren Alter zwar sehr wohl weinen, aber nicht, wenn Trauer oder Schmerz die Auslöser sind. Männertränen drücken viel häufiger Stolz, Rührung oder Freude aus – wenn Bayern München gegen Manchester gewinnt oder der neue GTI auf der Automobilmesse vorgestellt wird, dann ist es für sie schon irgendwie okay, dass Tränen fließen. Selbst Meg Ryans Partnersuche in *Schlaflos in Seattle* rechtfertigt nasse Augenwinkel eher, als wenn sich die eigene Sozialpartnerin seit Monaten in die innere Emigration zurückgezogen hat. Nora Ephron hat übrigens das Drehbuch zu diesem Film geschrieben, und sie hat eine eigene Theorie – und einen Rat an alle Frauen: »Hüte dich vor Männern, die weinen. Es stimmt schon, dass Männer, die weinen, empfindsam und empfänglich für Gefühle sind; aber die einzigen Gefühle, auf die sie sensibel reagieren, sind ihre eigenen.«

Ergo: Männer sind verstrahlte, verstockte Ignoranten? Könnte man annehmen, wenn man dem ersten Augenschein vertraut. Und es gibt ja auch Hinweise für diese These. In der Sparte »absurde Beweisführungen« möchten wir Ihnen den dubiosen Zusammenhang zwischen Lebenserwartung und Heulfrequenz vorstellen, den ein amerikanischer Neurologe namens Dr. Bill Frey hergestellt hat: »Männer sterben früher, weil sie zu wenig weinen!« Was daran auf jeden Fall stimmt: Frauen leben in der Regel acht Jahre länger, nämlich 77 Jahre (durchschnittliche Lebenserwartung von Männern: 69). Frey: »Weinen ist gesund. Tränen waschen gefährliche Stress-Hormone, z. B. in der Nebennierenrinde, aus dem Körper. Ein Zuviel dieser Stresshormone verursacht Herzinfarkt, Schlaganfall – die häufigsten Todesursachen beim Mann!«

Genau – demnächst wird halt häufiger geheult für einen erfüllten Lebensabend. Tatsächlich war sich der Münchner Psychologe Dr. Stephan Lermer nicht zu schade, diese abenteuerliche Erkenntnis mit einem kleinen Tipp zu garnieren: »Heulen Sie zuerst im stillen Kämmerlein, lernen Sie wieder zu spüren, wie die Tränen fließen. Wenn Sie das wieder gelernt haben, sollten Sie sich trauen, auch mal im engsten Freundes- oder Familienkreis zu weinen.«

Wirklich eine erhabene Vorstellung.

Soso. Wir werden also nicht nur weicher und »natürlicher«, wenn wir hin und wieder ins Kissen heulen, sondern auch älter. Das dürfte einem Typus Frau um uns herum gefallen, der schon seit geraumer Zeit nach dem »neuen Mann« sucht, dieser mystischen Ideal-Projektion aus Sitzpinkler, Erziehungsurlaubnehmer und Saabfahrer, der sich gleichzeitig ein paar Muskeln an den richtigen Stellen antrainiert hat und weiß, wann er mal ein ganz harter Hund sein darf. Das nämlich ist es, wonach Frauen gerne suchen: die eierlegende Wollmilchsau, den Mann, der sich souverän auf dem schmalen Grad zwischen »Fair Trade«, Ökosteuer und *Fight Club* bewegt. Sie schauen aus nach einem Mann, der darüber lachen kann, wenn einem Typen in *Pulp Fiction* der Schädel im Wageninneren aufplatzt wie einem faulen Kürbis, und der am nächsten Morgen mit frischen Brötchen am Bett steht und dazu Vivaldi-Klänge ins Schlafzimmer säuseln lässt. Nach einem Mann suchen sie, der sich fallen lassen kann, der zu seinen Gefühlen steht. Und der eben auch einmal – weint.

Aber so blöd sind wir nicht, meine Damen. Netter Versuch. Aber das funktioniert nicht. Das können wir *so* nicht tun. Wir können uns nicht erlauben, einfach so zu weinen, weil *ihr* mal wieder alles mit euch selbst ausmacht, den Job zu schwer, das Treueversprechen zu leicht und wieder mal keinen unserer berechtigten Vorwürfe ernst nehmt. Wir können nicht einfach so heulen, weil keine Milch im Kühlschrank ist, PMS die Herrschaft über den Tag übernommen und am Valentinstag kein Mensch von Fleurop bei uns geklingelt hat.

90-60-90
Traummaße, die Claudia Schiffer mit rund zwei Prozent der weiblichen Weltbevölkerung teilt. Synonym für »Ich hatte einen Traum«.

Und warum können wir das alles nicht? Ganz einfach: Wir standen zu häufig auf der anderen Seite. Wir wissen, wie *wir* uns fühlen, wenn Frauen weinen. Wir haben es zu oft erlebt, wenn eure Schultern rhythmisch zucken wie ein Fischschwarm bei der Fütterung, wenn Nasensekrete über die Ufer treten und sich silbern schimmernde Pfützen auf Oberlippen bilden. Wie ihr wimmert und schluchzt und euch verzweifelt in Markenpullis krallt, wie ihr teure Drei-Wetter-Taft-Frisuren an unseren Schultern ruiniert und eure Augen langsam zu tischtennisgroßen Murmeln mutieren, so rot und verquollen wie bei bekifften Kaninchen.

Wir sind dann gern ein bisschen hilflos und auch ein bisschen gerührt, die fieseren Charaktere unter uns entwickeln vielleicht sogar ungesunde Allmachtsphantasien. In jedem Fall aber haben wir: Mitleid. Ein schönes, ein erhabenes Gefühl. Ein Gefühl, das Männer lieben – solange sie es sind, die dieses Gefühl generieren. Jeder Mann, der schon einmal eine weinende Frau an seiner Schulter tröstete und sich unterdessen fühlte wie ein geweihter Seelsorger, wird von da an vermeiden, auch nur ein einziges Mal in die Situation des Opfers zu geraten. Er wird auf die Zähne beißen, bis der Kiefer kracht, er wird, um sich abzulenken, ganz doll an den Darmtrakt einer Holsteiner Milchkuh denken oder versuchen, sich an einen sehr stillen, versteckten Ort zurückzuziehen, bis die größte Gefahr vorüber ist. Aber er wird nicht im Angesicht einer Frau weinen. Er weiß einfach, dass dieselbe Frau, die an seinen weichen Kern, seine Gefühle, seine wunde Seele appelliert hat, nur kurze Zeit später mit ihren Freundinnen zusammensitzen und sagen wird: »Und wie er dann so dastand und der Rotz und das Wasser ihm die Wangen verschmierten, da hat er mich doch sehr berührt.« Und dann folgt, nach einer kurzen Pause, der Satz: »Aber irgendwie, ich meine, es ist natürlich blöd, das weiß ich ja, aber irgendwie fand ich ihn in diesem Moment auch ziemlich ... äh ... unmännlich!«

Ich weiß. Logisch ist das alles nicht. Aber so ist das halt, wenn man mit Frauen dealt.

Gib Gas, ich will Spaß?

Warum Männer wirklich Porsche fahren

> Ein Mann am Steuer eines Autos ist ein Pfau, der sein Rad in der Hand hält.
>
> *Anna Magnani*

Porschefahrer halten sich für etwas Besseres. Es sind Aufschneider, Blender, Raser. Klemmis, die keinen mehr hochkriegen. Jungs, die ihren Charme im Geldbeutel haben. Kurz: Porschefahrer sind Idioten. Damit könnten wir dieses Kapitel auch schon wieder beenden.

Wenn es nur so einfach wäre.

Mein Freund Ulli hat einen Cousin, dessen flüchtiger Bekannter einen Porsche fährt. Nicht so einen popeligen, gebrauchten Volksbrummer, nein, einen 911er, Cabrio, schwarz, mit Nappaledersitzen. Für den Gegenwert des üppigen Zubehörs könnte man in einigen Sauerlandgemeinden das Rathaus kaufen, wenn man an einer solchen Idee Gefallen finden würde. Wenn mein Freund Ulli von diesem flüchtigen Bekannten seines Cousins erzählt – und er erzählt gerne davon – dann macht er nach der blumigen Beschreibung des schwarzen Prunkstücks immer eine Pause und wartet. Er weiß, dass nun die Fragen von ganz allein kommen, nur die Reihenfolge ist unklar. Die technisch interessierten Pragmatiker wollen wissen: »Was schluckt die Kiste?«, und schütteln schon mal präventiv den Kopf: »Total irre, so ein Ding mit 300 PS zu fahren – da bohrt man besser gleich nach Öl.« Der klassische Sozialneider hingegen gibt sich nicht mit derlei Detailfragen ab und versteckt seinen latenten Ärger über den Porsche-Fahrer, den er nicht kennt und vermut-

lich nie kennen lernen wird, in die rhetorische Frage: »Der muss ja ein ziemlicher Idiot sein, oder?« Die dritte und häufigste Reaktion auf Ullis ausschweifende Porsche-Geschichte ist allerdings die Frage: »Was macht dieser Typ denn, dass er sich so ein Geschoss leisten kann?«

Darauf hat Ulli gewartet. »Das müsst ihr euch mal vorstellen«, sagt er dann und fuchtelt aufgeregt mit seinen Händen, so als müsse er ein großes Flugzeug in einen Hangar einweisen: »Der ist Optiker. Angestellt. Wenn der mit 3000 Euro nach Hause geht, brutto versteht sich, dann ist er schon ganz vorn dabei!« Und dann folgt die ganze Geschichte von diesem Wahnsinnigen, dessen Traumauto schon immer ein Porsche gewesen sei, der schon auf die Anzahlung Jahre gespart und den er dann auf Pump gekauft habe. Der in einem Loch von Wohnung hause, quasi kein Restaurant von innen kenne und für den Mallorca und der Mond gleich weit entfernt seien. Der am Freitagabend regelmäßig durch die Stadt kreuzt und sogar schon an Bushaltestellen gesichtet worden sei – bei dem Versuch, Gymnasiastinnen auf eine Spritztour einzuladen. Der also, zusammengefasst, ein armer Wicht sei und dessen ganze Existenzberechtigung aus dem Umstand destilliert werde, *Porschefahrer* zu sein. »Total krank« finden das dann nicht nur Ulli, sondern auch seine zahlreichen Zuhörer, und sie sind sich einig, dass es *das* nicht wert ist. Porsche hin oder her.

Kommt Ihnen diese Geschichte vom armen Porsche-Tropf bekannt vor? Kein Wunder. Sie gehört zum gängigen Party-Talk-Repertoire wie »Die Spinne in der Yucca-Palme«. Vermutlich haben Sie auch einen Kollegen, der einen Freund hat, dessen im Grunde bettelarmer Neffe so ein Auto fährt, aber persönlich haben Sie ihn und seine bedauernswerten Lebensumstände noch nicht kennen gelernt. Vermutlich gibt es weder den Bekannten des Cousins noch den ominösen Kollegenfreund-Neffen. Wichtig ist nur die immanente Botschaft solcher Geschichten, der Subtext. In diesem Fall lautet sie: So ein

Abseits
Geheimnisvoller Begriff aus dem Regelwerk des Fußballsports. Für Frauen so rätselhaft wie die Genese der Orangenhaut. Kurzlektion: Abseits ist meistens, wenn Jungs in kurzen Hosen heftig reklamieren.

Porsche ist ein geiles Gefährt, darüber sind wir uns im Klaren, aber da *wir* uns so eine Nobelkarosse aus nahe liegenden Gründen nicht leisten können, verarbeiten wir den dumpfen Ärger über diese schreiende Ungerechtigkeit im Versuch, all diejenigen, die in dieser Hinsicht ein wenig privilegierter sind, nach Kräften zu verunglimpfen.

Natürlich handelt es sich hierbei um ein weit verbreitetes Prinzip in marktwirtschaftlichen Sozialsystemen, das seinen Ursprung womöglich in der schlichten Weisheit vom Fuchs hat, der die Kirschen schmäht, die er sowieso nicht haben kann. Beim Symbol »Porsche« funktioniert der Klassenkampf auf Mikroebene besonders gut. Weil, da dürften wir uns einig sein, der Kaufpreis dieses Gefährts obszön hoch ist und in keinem Verhältnis zum banalen Zweck eines Automobils zu stehen scheint. Schließlich wurde die motorbetriebene Karosse einst entwickelt, um uns von A nach B zu bringen, und zwar möglichst ein bisschen schneller, als Postkutschen dazu in der Lage waren. Ein *bisschen* schneller, wohlgemerkt. Dazu braucht man keinen Porsche, ein *bisschen schneller* schafft das auch der Skoda oder ein banaler Opel Astra. Allerdings sind diese Fahrzeuge nicht wirklich sexy, und niemand hat schon einmal das Gerücht von einem Mann gehört, der sich finanziell ruiniert hätte, um einen Skoda in seinen Besitz zu bringen. Der Porsche aber, unabhängig von seinen unbestrittenen qualitativen Tugenden, ist zu einem Mythos geworden, einem ambivalenten Symbol für Erfolg, Macht und Geld auf der einen, für Dünkel, Protzerei und Dekadenz auf der anderen Seite.

Warum steht in diesem Kapitel bisher mehr über Männer drin, die eben *keinen* Porsche fahren, wo doch unsere Fragestellung ganz eindeutig auf die Motivation der Jungs abzielt, die genau das *tun*? Ganz einfach: Weil es die Mehrheit ist. Und weil es für den gemeinen Porschefahrer ohne den Neid der brummenden Mehrheit nur halb so lustig wäre, mit einem 100 000 Euro schweren Geschoss auf dem Markt vorzufahren und sich mit Obst und Gemüse für die Woche einzudecken. Da mag der Zuffenhausener Autohersteller noch so sehr darauf hinweisen, dass in erster Linie »Sportlichkeit, Innovation und Qualität« oberste Parameter für die Kaufentscheidung

Alufelgen
Vgl. weibliches Äquivalent: Schuhe. Ohne Nutzwert, werten nur optisch auf. Zur Reinigung gibt es spezielle Alufelgen-Sprays. Liebhaber putzen sie auch von innen. Samstags.

ihrer Klientel seien – in Wahrheit ist das Gros der Porschefahrer am Statement-Charakter ihres Produkts interessiert. Und der besagt: Durch den Kauf dieses Gefährts bin ich zwar demnächst schneller unterwegs als die meisten anderen Autofahrer, und ich sehe in dem formschönen Zweisitzer vermutlich sogar ein bisschen besser aus, aber das zählt nicht halb so viel wie die Möglichkeit, sich auf einen Blick in der sozialen Nahrungskette unserer Konkurrenzgesellschaft an die Spitze zu setzen. Ich kann mir einen Porsche leisten, also bin ich wer. *Wer* genau ist egal, über Details wird in etwas privaterem Rahmen verhandelt. Als plakatives Reizsignal reicht die Vorführung eines 911er jedenfalls aus, denn die Kraft der Marke liefert diese attraktive Ahnung von Reichtum, Eleganz und Tempo ohne weiteren Aufwand mit. Im Tierreich spricht man bei diesem Phänomen vom Setzen einer Duftmarke.

Gefährlich aber wäre nun die durchaus nahe liegende Vermutung, der Porschefahrer als solcher könne allein schon durch eine Vollbremsung vor dem Café so viele attraktive Blondinen einsammeln, wie er nur wolle. So einfach funktioniert das nicht, auch wenn BMW-Cabriofahrer an das Gegenteil glauben. Der Porschefahrer allerdings, der den Geist seines Produkts verinnerlicht hat, macht solche Anfängerfehler nicht.

Helmut Zerlett zum Beispiel. Ein geschmacksunsicherer Mensch sicherlich, der in der *Harald Schmidt Show* immer wieder mit albernen Haartönungen und servilem Getue auffällt – der aber Porschefahrer ist, wie er uns auf seiner Homepage im Internet wissen lässt, und sehr genau verstanden hat, was so ein Gefährt mit einem anstellt: »Porschefahrer fahren immer mit einem Grinsen durch die Welt. Es ist bei mir heute immer noch so, nach fünf Jahren Porsche, dass ich mich jedes Mal, wenn ich ins Auto steige, wie ein König fühle. Wenn ich mal schlecht drauf bin, oder der Tag ist grau, fahre ich fünf Minuten Porsche, und danach geht's mir gut. Es ist einfach unbezahlbar, was er für die Psyche tut – ich spare so viel an Psychiater-Kosten.«

Der Porschefahrer, so lernen wir, verfügt über ein sonniges, ausgeglichenes Gemüt. Die Zerletts dieser Welt werden sich auf der Autobahn nicht mit Lichtgeschwindigkeit auf der linken Bahn ans Rücklicht des Vordermannes saugen, in der Stadt nicht auf dem Bürgersteig parken, vor dem Zebrastreifen anhalten und selbst VW Jettas in den fließenden Verkehr einfädeln lassen. Kurz: Sie versuchen, all die gängigen Vorurteile über den gemeinen Porschefahrer als solchen zu unterlaufen und die perfekte Performance eines vernünftigen Verkehrsteilnehmers anzustreben. Erst dann, wenn sie neben sich an der Ampel den grollenden Ford-Fiesta-Fahrer spüren, der sich vor unverhohlener Aggression auf die Unterlippe beißt und dessen Unmut grollender wird mit jedem Fehler, den der Porschefahrer *nicht* macht, in diesem Moment des radikalsten Klassenkampfs also, da wird der Porschefahrer seine Anlage einen Tick lauter drehen, dem Ford-Fiesta-Fahrer leise lächelnd zunicken und sich sehr, sehr erhaben fühlen. Und wissen, warum es eine gute Entscheidung war, 100 000 Euro in einen Wagen zu investieren, in dem man nicht mal zwei Kästen Selters transportieren kann.

Möglich allerdings, dass das, was Sie bis jetzt über den Porschefahrer gelesen haben, totaler Blödsinn ist. Unsere Freundin Britta jedenfalls meint, Porschefahrer hätten alle kleine Schwänze.

Nun gut, auch eine Erklärung. Wer weiß das schon.

Ich darf so bleiben, wie ich bin

Warum hält sich jeder Mann für überdurchschnittlich attraktiv?

Männer nehmen die Welt nicht wahr,
weil sie selber glauben, sie seien die Welt.
Virginia Woolf

»Männer sind so!«, ist der Claim eines kernigen bunten Magazins, welches sich mit den Eigenarten und Interessen des deutschen Mannes beschäftigt. Die Kernthese des gesamten Heftes lautet: Klar sind wir peinlich, laut und geschmacklos – aber das muss so sein! Eine gewagte Haltung, ohne Zweifel, aber eine, mit der die Zielgruppe offenbar sehr gut leben kann – das Heft ist jedenfalls erfolgreich. Die Macher haben erkannt, dass Männer in erster Linie bestätigt werden wollen und nicht verändert. Dazu besteht ja auch überhaupt kein Anlass. Und wer das nur versucht, hat ein Problem. Männer besuchen keinen Tanzkurs, keine Abendschule und auch kein Museum, wenn es ihnen nicht von allein einfällt. Und das blaue Hemd von Krawuttkes Resteshop tragen sie so lange, bis der Stoff sich auflöst. Da kann sie sich noch so aufregen. Es ist schon ein Kreuz.

»Geh doch endlich mal zum Friseur!«

»Ein Solariumbesuch könnte bewirken, dass man dich vor einer weißen Wand bemerkt!«

»Wann wirst du eigentlich was gegen diesen Medizinball unter deinem Hemd unternehmen?«

Sie ahnen es. Das, was hier so eindringlich mahnt, kann nicht unser schlechtes Gewissen sein – Männer haben diesbezüglich nämlich keines. Wer sich so respektlos äußert, ist höchstwahrscheinlich

eine Frau, und man kann mit ziemlicher Sicherheit davon ausgehen, dass der angesprochene Mann in enger Beziehung zu ihr steht. Mit einer Mischung aus Unlust und vorgegaukelter Einsicht kommt der Mann diesen freundlichen Ermunterungen schließlich nach, aber auch nur, wenn er sich vom Verhältnis zu ihr weiterhin die eine oder andere intensive Zuwendung verspricht. Wirklich überzeugt davon, dass er optische Korrekturen benötigt, ist er selbstverständlich nicht! Wer ein richtiger Kerl ist, lebt – wahrscheinlich von Geburt an – mit dem chronisch rosafarbenen Filter der Selbstwahrnehmung: »Ich bin in Ordnung. Und ich sehe blendend aus.« Wozu also Aufwand betreiben? Es scheint, als ob Männer diesen besonderen genetischen Code besitzen: X – »Ich kann so bleiben wie ich bin« – Y. Frauen besitzen diese genetische Grundausstattung definitiv nicht. Wie sonst ließe sich erklären, dass selbst Geschöpfe, die bei der Miss-Universum-Wahl weit vorne liegen würden, einem plastischen Chirurgen die Garagenauffahrt zu seiner Wochenendfinca finanzieren? Männer dagegen halten 20 Euro für den Friseur für überflüssige Geldverschwendung.

Was sagt dieser dicke Mann mit Brille immer, den TV-Zuschauer seit Jahren bei der Arbeit beobachten? Genau: *Fakten, Fakten, Fakten – und immer an die Leser denken*. Gerne. Nach einer Studie der Universität Lindau halten sich nur 20 Prozent aller Männer für unattraktiv. Frauen sind in dieser Hinsicht weit weniger von sich überzeugt: Nur 41 Prozent der weiblichen Befragten sind mit ihrer äußerlichen Erscheinung rundum zufrieden – das fand wiederum die Zeitschrift BRIGITTE in einer Umfrage heraus. War klar: Männer sind toll. Und sehen auch so aus. Glauben sie. Das Resultat einer zugegeben nicht unbedingt repräsentativen, aber durchaus glaubwürdigen Umfrage unter den uns bekannten Frauen klingt ernüchternder: Warum nur sind alle gut aussehenden Männer schwul? Sie sehen uns Hetero-Männer unter optischen Gesichtspunkten offenbar vollkommen anders als wir uns selbst. Manchmal lassen sie uns sogar an ihren Studienergebnissen teilhaben. Aber: Es macht uns nichts aus.

Ja klar, könnten Sie jetzt sagen, Frauen werden wesentlich häufiger nach ihrem Äußeren beurteilt als Männer, das ist doch bekannt.

Bei Männern zählen eben andere Dinge (Charme, Intelligenz, Geld, die Telefonkartensammlung ...). Stimmt, antworten wir, na und? Wir reden hier mal nur vom Aussehen, von der optischen Eigenwahrnehmung, und nicht von einer nicht näher definierbaren Attraktivität, die vom Zusammenspiel diverser Zutaten abhängt. Wir interessieren uns hier nur für körperliche Maße, Formen und Gewichte.

Um die These zu untermauern, jeder Mann halte sich irgendwie für die Inkarnation von Cary Grant oder George Clooney, haben wir uns mal an einer äußerst aufwändigen Feldstudie versucht. Ort: der Hamburger Kiez, irgendeine Kneipe. Es ist Nacht. Das Forschungsobjekt tritt auf: 171 Zentimeter männliches Etwas mit Halbglatze, leicht glänzender Haut und einer Nase, mit der man Büchsen öffnen könnte. Den verbliebenen Gesichtsbereich belegt die Andeutung eines »Don Juan de Marco«-Bärtchens, eigenhändig gestutzt. Unter dem Hemd wölbt sich der Nachweis, dass das Zielobjekt aktives Mitglied im Verein zur Förderung deutscher Brauer ist. Üppiger Haarwuchs auf dem Handrücken lässt die Vermutung zu, dass dieses Ding nach dem Duschen einem nassen Flokati ähnelt. Keine schöne Vorstellung. Der Flokati scannt die nähere Umgebung. Er sieht zwei Targets (neudeutsch für: attraktive Damen) an der Bar, die ganz offensichtlich in der Ersten Liga spielen. Der Flokati sitzt in der Kreisliga A allenfalls auf der Ersatzbank. Wir gehen davon aus, dass er demütig davon absieht, die beiden Damen mit seiner Ersatzspieler-Existenz zu behelligen – doch weit gefehlt: Unser Flokati wechselt sich einfach selbst ein und wandert schnurstracks auf die Frauen zu. Und spricht sie an. Einfach so. Und sie reden mit ihm. Lächelnd, zustimmend. Augenscheinlich erfreut, dass sich ein lebender Flokati dazu herablässt, sie zur Kenntnis zu nehmen.

American Pie
Pubertärer Scheißfilm, an dem Männer nur unter Protest und weit unter Niveau Gefallen finden.

Wie kann so etwas passieren? Warum versteckt sich der unappetitliche Gnom nicht in der dunkelsten Ecke der Kneipe und verhält sich ruhig? Warum traut er sich überhaupt aus dem Haus? Es gibt nur eine Erklärung: Er nimmt nur verschwommen wahr, was im

Spiegel zu sehen ist. Er sieht nicht – er interpretiert, wischt aus, bügelt glatt und zeichnet weich, und am Ende glaubt er fest daran, dass er ein verdammter Bundesligaspieler ist. Und dass diese Frauen genau seine Kragenweite sind. Ziemlich sicher wundert er sich auch darüber, dass nicht er, sondern Harrison Ford den Indiana Jones spielen durfte. Und umgekehrt? Undenkbar. Frauen aus der Regionalliga spielen aus eigenem Antrieb nur mit Jungs aus der Regionalliga. Und bedanken sich auch noch dafür, überhaupt wahrgenommen zu werden. Schön blöd.

Es ist schon ziemlich gaga: Männer tun einfach so, als seien sie ein Idealzustand auf zwei Beinen. Und sie kommen damit durch!

Psychologie-Dozent Ronald Henss von der Universität Saarbrücken hat das sogar wissenschaftlich belegt. »Männer sind eigentlich nicht attraktiv«, lautet sein Fazit nach 15 Jahren Forschung. Das hat Henns durch eine Menge Tests herausgefunden, in denen er Frauen und Männer Tausende Männerfotos ansehen und beurteilen ließ.

Trotzdem hält sich jeder einzelne Mann für unwiderstehlich, mindestens aber: überdurchschnittlich gut aussehend. Seine Kollegen mögen Grantköpfe, Bratwürste und Geisterbahngestalten sein, das erkennt er sehr wohl – er selbst aber ist prima und gehört unbestritten zu den Siegern beim Sperma-Bingo. Alles klar.

Frauen hingegen haben Henss zufolge zwar weitaus realistischere Vorstellungen bezüglich ihrer eigenen Attraktivität und den daraus resultierenden Partnerqualitäten, doch das nutzt ihnen wenig. Männer hielten sich selbst zwar fast immer für wesentlich schöner als Frauen und Konkurrenten sie beurteilten, was allerdings nur auf den ersten Blick wie eine Mischung aus Arroganz, Dummheit und Naivität wirkt. In Wirklichkeit ist es die perfekte Basis für ein glückliches Dasein: Die Vorstellung, sich wie Brad Pitt zu fühlen, obwohl man höchstens mit Karl Dall konkurriert, hat etwas ungemein Stressfreies.

Das große Fressen

Was Männer essen – und was das bedeutet

> Es muss ja nicht immer Kaviar sein.
> Hundedreck mit Weizenkleie sieht genauso aus und schmeckt doppelt so scheiße.
>
> *Harald Schmidt*

Das wird ein kurzes Kapitel. Um ehrlich zu sein – eigentlich gehört es gar nicht in dieses Buch. Was ist schon so Geheimnisvolles an unserem Essverhalten. Kein Mann käme auf die Idee, das jetzt zu interpretieren. Gegessen wird, was auf den Tisch kommt. Nur warm sollte es sein, zweimal am Tag, und regelmäßig Pommes wär' auch nicht schlecht. Warum ist das erwähnenswert? Frage ich mich auch.

Aber Sam (von Samantha) – eine alte Freundin von uns – besteht darauf, dass wir uns ein paar Gedanken darüber machen. »Jungs, ihr seid Barbaren, ist euch das eigentlich klar?«, hat sie gesagt. »Wisst ihr eigentlich, wie sehr ihr Bratwurst-Esser uns beschämt in eurer Gier, in eurer Wahllosigkeit und euren Tischmanieren?« Was hat sie denn, haben wir gedacht, verständnislos geschaut und in den Tagen darauf mal ein bisschen recherchiert. Recherchieren heißt für uns, dass wir etwa 15 Freundinnen gefragt haben, was ihnen zum Thema »Männer und Essen« einfällt. Hier die fünf besten Antworten:

1. »Männer halten Esskultur für was, das man in einen Beutel steckt und mit nach Mallorca nimmt.«
2. »Wenn ich einen Mann essen sehe, habe ich immer den Eindruck, dass er gerade ein Grab aushebt.«
3. »Das Beste, was sie damit tun können, ist es im Restaurant zu bezahlen!«

4. »Es ist ihnen im Grunde egal, ob sie Poulardenbrust oder Pansen auf dem Teller haben – Hauptsache, es ist schnell da und viel!«
5. »Wenn es Gerechtigkeit gäbe auf der Welt, dann sähen 90 Prozent der Männer aus wie Meat Loaf und würden von Bauer Harms gefüttert.«

Aufkleber
Auf den Punkt gebrachte geistige Verfassung des durchschnittlichen Autofahrers, die am Heck des eigenen Fahrzeugs ausgewiesen wird.

Eine unserer Freundinnen hat sogar einen richtigen Witz daraus gemacht: »Was halten Männer für ein siebengängiges Menü? Einen Hamburger und ein Sixpack.«

Haha. Nun. Wir waren überrascht. Offenbar existiert hier ein gewisses Aggressionspotenzial. Und wenn ich die Damen richtig verstanden habe, dann hat es gar nicht so viel damit zu tun, dass sie sich meistens eigenhändig um die Zubereitung von Speis und Trank kümmern müssen. Die fehlende Wertschätzung dieser Performance ist es, die ihnen auf den Wecker geht. Langsam sind wir ins Grübeln gekommen. Und dann haben uns die Norweger geholfen, diese systematischen Lachsvertilger in ihren putzigen Wollmützchen. Das im norwegischen As beheimatete Lebensmittelinstitut hat herausgefunden, dass Männer wesentlich häufiger an einer leichten Geschmacksblindheit leiden als Frauen, und dass Männer auch ihren Geschmackssinn fünf Jahre früher einbüßen als Frauen, nämlich durchschnittlich schon nach 60 Jahren. Was hieße, dass eine ganze Menge von uns gar nicht anders können. *Nicht schuldig*! Wir behandeln Sushi und Sülze nach gutem, alten demokratischen Prinzip nur deshalb vollkommen gleich, weil wir den Unterschied gar nicht schmecken!

Und noch ein bisschen Wissenschaft, diesmal aus Frankreich. Dort wollen Ernährungswissenschaftler herausgefunden haben, dass Frauen viel lieber Fisch essen als Männer, die hingegen in der Regel mehr Gefallen an deftigem Fleisch finden. Warum? Weil Jungs schon früh von der Mutter zu hören bekommen, sie mögen gefälligst groß und stark werden, und dazu – so glaubte man jahrzehntelang – brauche es schon viele Rationen Fleisch auf dem Teller.

Mädchen hingegen würden schon recht früh darauf getrimmt, auf ihre Figur zu achten. Hier spricht der Forscher gern von präpubertärer Rollenaffirmation. Womit auch die jungen Mädchen dann schon beim Fisch auf dem Teller wären, und das ist nur das kleinste Problem, das sie sich im Laufe vieler Hollywood-Diäten aufhalsen. Dass sich so eine Forelle auf dem Tisch eines Nobelrestaurants dann wesentlich eleganter ausmacht als ein blutiges Steak, das, bewacht von fettigen Pommesbergen, mit einem scharfen Messer gemetzelt wird, bis Tischdecken und Krawatten aussehen, als hätten sie die Schlacht im Teutoburger Wald oder einen Film von Tarantino erlebt, kann man uns eigentlich auch nicht vorwerfen.

Fassen wir also zusammen.

Erstens: Ja, wir essen schneller und mehr und andere Sachen als Frauen. Dafür gibt es einige gute Gründe: Wir hacken schließlich das Kaminholz, holen die Wasserkästen aus dem Keller und können mehr Liegestütze. Zweitens: Wir ähneln beim Essen zuweilen unseren Vorfahren aus dem Neanderthal, das mag ja sein. Aber mal ehrlich: Wer so ein lebensnotwendiges, sich täglich wiederholendes Ritual der schlichten Nahrungsaufnahme zu einer Lifestyle-Herausforderung stilisiert, für die man eine Universitätsausbildung benötigt, hat doch ein viel größeres Problem. Gesund kann das jedenfalls nicht sein, wenn man sich vor Angst und Aufregung, nur ja korrekt zu essen, eine Artischocke mit den falschen Werkzeugen in der falschen Reihenfolge in die falschen Körperöffnungen schiebt. Mit Hamburgern passiert das nicht.

Es gibt natürlich noch eine andere Erklärung für unser spezifisches Essverhalten. Emma hat uns darauf gebracht, unser alter Freund aus dem rheinischen Sprachraum. Emma heißt eigentlich Emmerich, aber die Art, wie er innerhalb eines Tages sämtliche kulinarischen Errungenschaften der Fast-Food- und Imbiss-Industrie goutiert, passt wirklich besser zu seinem Spitznamen. Döner, halbes Hähnchen, Hamburger und obendrauf einen Erdbeershake – für Emma ganz normal. Nichts, worüber er nachdenken würde. Ist billig, warm und schnell gemacht beziehungsweise erworben. Auf die Frage, ob er seine unorthodoxen Essgewohnheiten

Auto, Motor und Sport
Die Bibel

vielleicht mal überdenken wolle, antwortete Emma aus tiefster Überzeugung: »Wiesu – datt kött doch alles in eene Maach!« (Wir übersetzen: »Wieso? Das kommt doch sowieso alles in einen Magen!«)

Das nennen wir mal eine souveräne Antwort. Sie sagt uns alles über das repräsentative Verhältnis von Männern zu ihrer Bauchspeicheldrüse. Es mag Ausnahmen geben, wie den berühmten Esskritiker Wolfram Siebeck (DIE ZEIT), der angeblich nie im Leben eine Currywurst essen würde. Doch für das Gros der Männer gilt: Essen muss sein, aber *was* und *wie* ist egal. Hauptsache, es ist warm, schnell weg und verursacht keine körperlichen Gebrechen. Es gibt doch auch während des Essens so viel zu tun, zu sehen und zu reden. Das nämlich, meine Damen, ist der springende Punkt: Zwischen Plausch und Palaver, zwischen »ran« und Radeberger sind doch wirklich alle Speisen grau. Warum sich länger damit beschäftigen?

Natürlich haben wir Sam (von Samantha) über das Ergebnis unserer kleinen Feld- und Küchenforschung aufgeklärt. Kopfschüttelnd hat sie sich angehört, dass wir einfach andere Prioritäten setzen und unsere Energie nicht auf einem solch banalen Nebenschauplatz vergeuden. »Die meisten von euch sind einfach keine Genießer«, hat sie geantwortet und hintergründig gelacht: »Aber etwas Gutes hat es ja. Man sieht gleich beim ersten Rendezvous, wer ein guter Liebhaber ist und wer sich im Bett aufführt wie ein Tasmanischer Teufel!«

Vergessen Sie das mit dem Nebenschauplatz.

Is was, Doc?

Warum Männer nicht (freiwillig) zum Arzt gehen

So lange schuften, um in diesem schmuddeligen Gewerbe zu landen: Urinproben analysieren, in Erbrochenem herumstochern, in allen Winkeln des Körpers herumwühlen – pfui Teufel.

August Strindberg, Der Sohn der Magd

Kennen Sie diesen Fußballtorwart, Bert Trautmann der Name? Der kehrte nicht aus der Kriegsgefangenschaft in England heim, sondern hütete das Tor von Manchester City. Der Mann ist heute noch ein Idol auf der Insel – und es ist schwer für einen Kraut, dort ein Idol zu werden. Dass aus Trautmann ein Mann wurde, den in England niemand vergisst, hängt nur zweitrangig mit seinen Fähigkeiten als Torhüter zusammen.

Wir schreiben den 5. Mai 1956, den Tag des englischen Cupfinals. Manchester City hatte nach dramatischem Kampf gewonnen, die Mannschaft ließ sich feiern, im Stadion tobte die Menge. Den begehrten Cup übergab der Gatte der englischen Königin, Prinz Philip. Der drückte auch Bernd Trautmann die Hand und beglückwünschte ihn zu seiner fantastischen Leistung. Und weil Trautmann sich irgendwie merkwürdig vor ihm aufbaute, fragte Prinz Philip mitfühlend: »Warum halten Sie denn den Kopf so schief?« Die Antwort von Trautmann ist legendär und eine Lektion in coolem Understatement: »Habe einen steifen Hals!«

Vier Tage lang lief Trautmann mit einem »steifen Hals« in der Gegend herum, bis er endlich zu einem Arzt ging. Trautmann hatte sich buchstäblich den Hals gebrochen. Ein Wirbel war durch. Eine lebensgefährliche Verletzung. Total irre, dass er mit dieser Verlet-

zung, bei diesen Schmerzen überhaupt weitergespielt hatte. Für die Engländer ist er seitdem ein Held. Für alle anderen Männer auch. Und genau da haben wir das Problem.

Männer sind wirklich harte Jungs. Sie brechen sich den Halswirbel beim Fußball, lassen sich beim Rugby klaglos ihren Nasenknorpel zertrümmern und akzeptieren bleibende Hirnschäden durch die Spätfolgen des Faustkampfs. Gerne besteigen sie auch nacheinander alle Achttausender im Himalaya und frieren sich dabei die Zehen schwarz. Gesund ist, was hart macht, und gejammert wird nicht.

Alle Lebensabschnittsgefährtinnen, Freundinnen oder Ehefrauen reiben sich jetzt wahrscheinlich verwundert die Augen. Sie wissen: Im Alltag sind Männer Mimosen. Wehe, ER zwickt sich den Daumen beim Versuch, den Mülleimerdeckel zuzuklappen. Oder noch schlimmer: ER hat Temperatur. Männer liegen schon flach, wenn sich ein grippaler Infekt anbahnen *könnte*, während Frauen noch kurz vor der Einweisung in die Notaufnahme ihre Kinder in die Schule bringen, als ob nichts wäre. Haben Männer eine Erkältung, ist es eine Jahrhundertgrippe, die mindestens aus Sydney eingeschleppt wurde. Sie leiden, sie jammern, sie lamentieren ... Aber, und jetzt kommen wir zur paradoxen Seite der Medaille: Sie gehen nicht zum Arzt. Sie weigern sich schlichterdings wie bockige Mulis vor der Überquerung einer Brücke: »Was soll ich denn da? Der Quacksalber weiß doch eh nichts ...«

Einer von uns beiden hat einen nahen, *sehr* nahen Angehörigen, der zum Thema »Krankheiten« stets mit einer selbst gebackenen Weisheit aufwartet: »Watt van alleen jekomme ess, datt jeet och wedder van aleen fott!« (Wir übersetzen für Nicht-Rheinländer: »Was von allein gekommen ist, geht auch von allein wieder weg!«) Schwachsinnig? Frauen: Ja! Männer: Wieso?

Nun, es gibt drei Vermutungen, warum Männer das eine tun (extrem jammern), und das andere nicht (professionelle medizinische Hilfe in Anspruch nehmen)!

Bayern München
Bedenkliche Religionsgemeinschaft für Menschen, die sich gleichzeitig für Ballsport, Erfolg und schlechten Stil interessieren.

Theorie eins
Manche Männer sind mit ihrem »Arzt« liiert, wohnen vielleicht sogar mit ihm zusammen. Ein Hausarzt im besten Wortsinne. Dieser Hausarzt ist enorm praktisch, erfüllt er doch neben seiner medizinischen und seelsorgerischen Aufgabe auch gleich die Rolle der Ehefrau, Mutter oder Geliebten. Und das alles ohne Krankenschein. Reichlich Ahnung in medizinischen Sachfragen ist bei dieser Art Hausarzt stets vorhanden, schließlich beschäftigt er sich schon seit Jahren mit den diversen Wehwehchen der wechselnden Lebenspartner.

Theorie zwei
Krank zu sein ist für den Mann ein wunderbarer Vorwand, endlich einmal Gefühl zeigen zu dürfen. Wann sonst kann sich ein richtiger Mann erlauben, öffentlich weich und verletzlich zu sein? Zwar kaschiert er durch geschickte Fragestellung – »Ich sehe doch gar nicht so krank aus, oder?« – sein erbärmliches Leiden oder wiegelt ab: »Ach, lass nur, geht schon, ich brauche keinen Lindenblütentee ...« Doch insgeheim genießt er die Situation, krank, hilflos und sehr beschützenswert zu sein. Die Gefahr, dass dieser wunderbare Zustand sich durch einen voreiligen Arztbesuch sehr schnell ins Fegefeuer der Rekonvaleszenz verändert, ist somit viel zu groß.

Theorie drei
Zugegeben, die gewagteste und perfideste von allen: Jeder halbwegs intelligente Mann ahnt, dass eine liebevolle Partnerin ihn gerne umsorgt – und *er* gibt ihr, was *sie* braucht. Er weiß, dass die beste aller Teilzeit-Krankenschwestern die Lindenblüten für den heilsamen Tee zur Not selbst pflücken und trocknen würde – schließlich mault sie ständig, dass er ja alles mit sich allein ausmacht. Und sie sich so überflüssig fühlt. Schon das obligate »Geh doch mal zum Arzt« reicht aus, um das Rollenspiel in Gang zu bringen. Mann weigert sich, Frau kümmert sich also um ihn. Was bleibt ihr auch übrig. Der dritten oder

bdhm.de
Seite im WWW für den neuen Mann und andere Pantoffelhelden. Bdhm ist der Bund der im Haushalt helfenden Männer. Laut Bdhm haben männliche Haushaltshilfen besseren Sex. Fragt sich nur mit wem.

vierten Aufforderung kommt er dann, frühestens, nach. Es sei denn, seine tödliche Krankheit hat sich als banaler grippaler Infekt erwiesen und sich längst wieder auf den Weg gemacht. In beiden Fällen kann Frau endlich aufatmen und sich vom 24-Stunden-Service erholen. Das ist ... gemein, infantil, heimtückisch von ihm? Vielleicht. Aber Frauen haben immerhin die Wahl, sich auf dieses Spiel einzulassen.

Oder auch nicht. Vermutlich folgen sie nur einem biologisch vorgegebenen Muster, wie sie in der Natur so reichhaltig zu finden sind. Man muss sich das vorstellen wie diese Symbiose zwischen einem Hai und den niedlichen kleinen Putzerfischen. Der Killerfisch lässt die kleinen Kollegen in Ruhe, weil sie für seine Körperreinigung sorgen. Und die kleinen Fische finden beim Hai Schutz vor bösen Feinden. So haben beide was von dieser ungleichen Verbindung. Wobei wir nicht sicher sind, ob eine Frauenrechtlerin an unserem kleinen Beispiel ihre Freude hätte ...

Übrigens gibt es da noch eine vierte Theorie, auch wenn sie bei Männern selbst eher unpopulär ist: Männer haben Angst vor dem Arzt! Ärzte nämlich dürfen ungestraft sagen: »Machen Sie sich doch schon einmal frei!«, und dann, nach einer Pause: »Die Unterhose auch.« Sie dürfen einem einen Fiebermesser in den Hintern schieben und sich beschweren, als ob sie mit einem Vierjährigen sprechen: »Hatte ich Ihnen nicht gesagt, dass sie eine Urinprobe mitbringen sollen?« Sie fragen Sachen wie: »Wann hatten Sie das letzte Mal Verkehr!« Und nicht zuletzt verursachen sie Schmerzen. Körperliche. Sie verfügen über Instrumente, denen man in *Die Hard* eine Hauptrolle zutraut, und ihr Mitgefühl kennt sehr enge Grenzen.

Wenn man das alles einmal sehr genau analysiert, dann gibt es doch wirklich keinen Grund, so einen Arzt wegen jeder Lappalie zu belästigen. Gebrochener Hals hin oder her.

Forever Peter Pan

Warum Männer keine Windeln wechseln wollen – aber auch mit 35 noch mit der Carrera-Rennbahn spielen

> Ich würde also sagen, dass ein Erwachsener ein Mensch ist, der nicht mehr unter der Herrschaft der prä-ödipalen Wünsche steht, die unausgesetzt nach Lust, Wohlgefühl und Unterhaltung verlangen.
>
> *Robert Bly*, Die kindliche Gesellschaft

Meine Freunde und meine Familie machen immer den gleichen Fehler. Es geht doch nicht darum, nicht erwachsen werden zu wollen. Mein Ziel ist bloß, *jung* zu bleiben. Ist dieser Unterschied denn so schwer zu verstehen?

Es war in einem Sommer vor nicht allzu langer Zeit, ich war aber definitiv schon jenseits der 35. In der Straße, in der ich wohne, befindet sich ein kleiner, leicht verwarzter Laden. Wenn er geöffnet ist, und das ist nur selten der Fall, kann man hier Meißener Porzellan-Figuren, Kinderwagen aus den 70ern oder ein Kaffeeservice mit Blümchen-Muster erwerben. Links im Schaufenster steht eine hohe Glasvitrine. Eines Tages entdeckte ich in dieser Vitrine eine Märklin-Eisenbahn. Herrliche Lokomotiven, Waggons, Gleise, Weichen, ein oder zwei Häuschen und ein Tunnel, der durch ein Bergmassiv führt. Alles schön alt natürlich, aus den späten 70er-Jahren. Ich war schon fast an dem Geschäft vorbeigelaufen, als ich die kleinen Schätzchen erstmals bemerkte. Ich stoppte, kehrte um und drückte mir die Nase am Schaufenster platt. Das tat ich fortan jeden Tag. Sollte ich oder sollte ich nicht? Nach etwa drei Monaten, kurz bevor eine Nasenkorrektur empfehlenswert geworden wäre, betrat ich den Laden, legte 400 Mark auf den Tisch und erwarb: jede Menge

Gleisstücke, eine alte Dampflok mit Kohlenanhänger, eine Diesellok aus den 60er-Jahren, einige Personenwaggons (mit Innenbeleuchtung!) und das Bergmassiv natürlich. Mit diesen frisch erstandenen Kostbarkeiten marschierte ich schnurstracks in mein Büro. Achim und Jens waren da. Ich kauerte rund eine Stunde auf dem Parkettboden und baute auf. Es reichte für zwei Gleiskreise, ein äußerer und ein innerer, verbunden mit Weichen, dazu ein Abstellgleis. Für den Bahnhof. Meine Kollegen schüttelten den Kopf – dieses »Jetzt dreht er völlig durch«- Kopfschütteln, man kennt das ja. Ich schloss unbeirrt den Trafo an, setzte die Dampflok auf die Gleise und hängte ein paar der Waggons dran. Der Zug setzte sich langsam in Bewegung. Ich freute mich, so wie es mich als Kind glücklich machte, mit der Eisenbahn meines Vaters zu spielen. Dann rannte ich los, um Simone zu holen. Simone würde mich verstehen, das tut sie meistens. Als ich mit ihr zurückkam, knieten meine beiden Kollegen Jens und Achim auf dem Boden. Sie spielten Zugführer und sie sahen aus wie Kinder.

Zwei Fragen drängen sich auf: Klingt diese Geschichte nicht rührend? Und: Leide ich am »Peter-Pan-Syndrom«? Natürlich ist das rührend. Zu Punkt zwei verweigere ich die Aussage, denn das ist ein schwebendes Verfahren ... auch wenn meine Freunde mir immer vorrechnen, dass es für diese These eindeutig mehr Belege gäbe als nur diese eine Märklinbahn. Sie benutzen dann gerne die Finger zum Zählen: »Carrera-Rennbahn, unterversichert, drei CD-Spieler, Fertigfood, eine *zu* junge Freundin, halbfertiger Oldtimer, Playstation, Bastelkeller, unverheiratet, Sneaker, Kicker, Fußball-Stecktabelle, Pam-Anderson-Poster, kinderlos, Bude im Studentenstil – Mensch, du wirst doch bald 40!« *So* gesehen bin ich natürlich ein Peter-Pan-Paradefall. Aber muss man das so sehen – und wenn ja: Was ist so schlimm daran?

Der Mann, das ewige Kind. Der Mann, der nicht erwachsen werden will. Soziologen behaupten, wir lebten in einer Gesellschaft, in der *niemand* mehr so richtig erwachsen werden will. Oder wenn schon, dann bitte später als früher. Viel, viel später. Unsere Eltern, und damit notgedrungen unsere Väter, wähnten sich bereits im Alter von

25 im sicheren Hafen des Lebens. Berufswahl, Heirat, Kinder kriegen, Häuschen bauen, Windeln wechseln.

Doch wir, die *Next Generation*, wollen in einer Welt, in der die Jugend alles, das Alter aber nichts bedeutet, zwanghaft jung bleiben – so tun als ob. Wir leben in einer Zeit, in der wir alles daran setzen, frühestens mit 50 (also erst nach zwei Dritteln vom Ganzen) das Leben als Erwachsener zu beginnen.

Woran merkt man das? Unter anderem daran: Mit 50 gehört man nicht mehr zur werberelevanten Zielgruppe, wenn die Einschaltquoten im Fernsehen ausgewertet werden. Nicht *relevant*! Beide Geschlechter sind davon betroffen. Wir Männer haben nur erheblich größere Angst davor. Vielleicht, weil Frauen immer schon wissen, dass sie sich irgendwann aus biologischen Gründen entscheiden *müssen* – für ein Kind, einen Mann oder die effektivste Faltencreme. Das Kind aber ist die wichtige Entscheidung, denn daran hängt ja in der Regel der ganze Erwachsenenrattenschwanz: Haus, Heirat, Bausparvertrag und 1000 andere Dinge, von denen so ein Berufsjugendlicher wie ich nicht einmal weiß, das es sie gibt ...

Wir Jungs haben da einfach länger Zeit – wenn wir uns schlau anstellen. Viel Zeit, um zu denken, es sei ja noch Zeit *genug*. Und zwar ohne einen ersichtlichen biologischen Druck. Familien gründen kann man ja auch noch mit Mitte 70 – das hat dankenswerterweise Charlie Chaplin unter Beweis gestellt.

Es gibt natürlich immer gute Gründe, nichts von seinem so prima ungeregelten Leben aufzugeben. Die Karriere, die gerade am Anfang steht. Die eine Frau, die noch gefunden werden muss. Die vielen anderen Frauen, die man bis dahin noch kennen lernen will. Jüngere Mitspieler im Fußballclub, deren Fitness so provoziert, dass viele Stunden mit strengem Joggen verbracht werden wollen. Überhaupt der ganze Spaß, den man noch haben will.

Dass Männer übrigens aus Prinzip keine Verantwortung übernehmen, ist kein vorgeschobener Grund für die Weigerung, das Leben eines Erwachsenen zu führen. Die Verantwortungslosigkeit ergibt sich bei meinem Lebensstil zwangsläufig. Nur Kinder müssen sich keine Gedanken über so etwas machen. Und um sich beizeiten an dieses unbeschwerte Gefühl zu erinnern, kauft man sich am besten eine Modelleisenbahn.

Porentief rein

Körperhygiene muss sein. Unbedingt. Finden auch Männer. Im Prinzip.

Tja, sollen sich Frauen ruhig nach dem Toilettengang die Hände waschen. Wir Männer haben indes gelernt, uns nicht auf die Hände zu pinkeln.

Harald Schmidt

Neulich im Flugzeug. Reihe 9. Voller Flieger, frühe Maschine. Der Herr sitzt 9c. Außen. Ich in der Mitte, 9 b. Auf 9a, Fensterplatz eine mittelalte Geschäftsfrau, erkennbar am Hermes-Tüchlein und einem aufgeklappten Notebook. Ziel: München. Abflugort: Hamburg. Hauptsächlich Flanellmännchen mit Aktenkoffern unterwegs, schlechte Frisuren, kleingestreifte Hemden in weiß oder blau mit abgesetzten Krägen, Lederschuhe, vereinzelt Slipper. Der Herr von 9c trägt einen teuren, aber leicht derangierten Anzug und ein blassblaues Hemd. Er ist ein wenig korpulent und dürfte seinen Karrierehöhepunkt etwa drei, vier Jahre überschritten haben. Kein Dicker, mehr so der Typ Waldemar Hartmann – feist, aber noch leidlich konturiert. Auf seinem Hemd bröselt die ein oder andere Schuppe, der Kragen schmiert an seinem geröteten Nacken. Hätte 9c die 11-Uhr-Maschine genommen, würde er schon kleben, der Kragen, ein Auflösungsprozess ist bereits im Gange, doch bis jetzt haftet noch nichts dauerhaft, es schmiert bloß im Nacken, schwarzgraue Fett- oder Textilkügelchen – wer weiß das schon – sammeln sich und sehen knöselig aus. Kurz

bierbauchträger.de
Hort des Wissens. Vermittelt u. a. die Info, dass der gleichnamige Bauch nicht von übermäßigem Gerstensaft-Konsum stammt. Im Gegenteil: Bier sei sehr gesund. Heureka!

vor dem Start, die Aufforderung sich anzuschnallen liegt bereits einige Minuten zurück, fällt 9c ein, dass ihm seine Jacke zu warm ist oder auch zu unbequem. Er steht auf, klappt die Tür der Gepäcknische auf, zieht seine Jacke aus und ächzt lautstark. Unter den Achseln seines blassblauen Hemdes ist nun, für Leute, die solche Schauspiele mögen, ein dunkler Fleck zu beobachten, der sich stetig ausbreitet wie eine Badezimmerpfütze vor einem undichten Duschvorhang. Sein Deo hat versagt, kein Zweifel, und auch auf der Stirn von 9c bilden sich träge, kleine Schweißtropfen. Mit einem Umpff-Laut, den so oder ähnlich auch ein großer Plastiksack mit Gemüsezwiebeln hinkriegt, wenn er auf die Ladefläche eines Trucks knallt, setzt sich 9c wieder auf seinen Platz. Ich registriere etwa zwei Sekunden eher, dass der Mann vermutlich darunter leidet, dass die Lufthansa auf Inlandsflügen das Rauchen nicht gestattet. Dann aber hat die Dunstwoge aus süßlichem Schweiß, scharfem Rasierwasser und Nikotin auch die Hermes-Frau auf 9a erreicht. Sie blickt kurz auf, greift in ihre Handtasche und steckt sich ein Pfefferminzdragee in den Mund, ohne mir eins anzubieten. Der Herr auf 9c hat inzwischen zwei-bis dreimal seine Sitzposition verändert, er schnauft dazu unbehaglich und schiebt seinen linken Ellenbogen tief in den Luftraum über meinem Sitzbereich. Ich verzichte kampflos auf meinen Anteil der Sitzlehne, darauf bedacht, dieses grumpfende Ding neben mir möglichst nicht zu reizen. Keine zwei Minuten später hat es offenbar seine optimale Position erreicht, denn es neigt seinen Kopf in meine Richtung und fragt: »Na, auch nach München unterwegs?«

Ich erspare Ihnen die ausführlichen Details der nächsten 50 Minuten Flugzeit, die im Großen und Ganzen bestimmt wurden vom Versuch des Herrn auf 9c, eine Unterhaltung über seinen Job im Drogeriemanagement in Gang zu bringen, und meinen wilden Phantasien von weit aufgerissenen Fenstern und Türen. Der Mann transpirierte heftiger als ein Sumo im Backofen; etwas Mundgeruch war auch im Spiel. Zudem erstaunte mich seine interessante Getränkeauswahl. Er verlangte um 8.25 Uhr Bier und Tomatensaft mit Tabasco – gleichzeitig. Dabei schäkerte er mit der Stewardess, und als diese nicht auf seinen vermurmelten Juhnke-Plauderton einging, flüsterte er frech: »Blöde Saftschubse!«

> **Blow Job**
> Perfekter Sex, aber leider nie in der Nähe, wenn man ihn braucht. Vorsicht, missverständlich: Sollte nicht wirklich blasend verrichtet werden.

Die Dame zur Linken konnte sich gar nicht so viel Pfefferminz zwischen die Backen schieben, wie sich Duftschwaden unterschiedlichster Würzegrade wie saurer Regen auf uns herabsenkten. Womöglich hätte sie auch gern ein paar Ohrstöpsel oder einen Walkman zur Hand gehabt, denn auch die unschönen Geräusche aus dem Inneren von 9c nahmen kein Ende, bis der Flughafen in München erreicht war. Weil ich grundsätzlich ein positiv denkender Mensch bin, dankte ich meinem Schöpfer dafür, dass ich mich an diesem Morgen *nicht* auf einem elfstündigen interkontinentalen Flug befunden hatte, bei dem sich der Grumpf vermutlich auch noch seine Schuhe ausgezogen hätte.

Trotzdem beschwerte ich mich am Tag darauf bei meiner Lebensgefährtin über dieses unmanierliche Reptil und dessen Rücksichtslosigkeit: »Der Mann muss doch wissen, dass er riecht!?«

Viel Unterstützung erhielt ich nicht. Meine Freundin lachte: »Ihr Typen benutzt im Badezimmer *ausschließlich* Shampoo und wollt dafür auch noch gelobt werden. Sitzpinkeln haltet ihr für eine perfide Erfindung von Alice Schwarzer, die es auf eure natürliche Autorität abgesehen haben soll. Wenn ihr euch unbeobachtet fühlt, strullt ihr in die Dusche und einige von euch – nicht alle! – lassen dort hin und wieder einen dröhnenden Wind, weil es so schön hallt in der Plastikkabine. Fußpflege hat für euch so ungefähr den Reiz eines Daihatsu Cabrios, und ihr kriegt es immer noch nicht hin, eure Socken in den Wäschebeutel zu stecken, ohne vorher dran zu riechen. Es ist euch egal, wenn ihr nach dem Waldlauf mit der Jogginghose auf dem Ledersofa hockt und ich habe schon Männer gesehen, die auf ihren Nasenhaaren Violine spielen konnten. Was glaubst du eigentlich, wie egal deinem Freund aus dem Flugzeug das Eigenleben seines Körpers ist – er ist doch einer von euch!«

Das ist natürlich eine vollkommen unsachliche Argumentation. Es mag den ein oder anderen unter uns geben, der es mit der körperlichen Hygiene nicht so genau nimmt. Schließlich wissen wir ja auch,

dass zu viel Wasser den natürlichen Fetthaushalt der Haut angreift – so was muss man doch auch mal berücksichtigen, bevor man vorschnelle Urteile fällt. Und dass unser Eigengeruch durchaus eine erotisierende Wirkung auf Frauen haben kann, dürfte sich inzwischen ebenfalls herumgesprochen haben.

Aber meine renitente Partnerin blieb bei ihrer Haltung: »Ihr seid Barbaren!«, behauptet sie, und irgendwie scheint sich dieses Vorurteil hartnäckig aus einer Zeit gehalten zu haben, in der Jungs mit weißen Perücken ihre körperlichen Verrichtungen aufs Pudern beschränkten. »Du kannst dir ja mal ein paar Zahlen besorgen über den Umgang von Männern mit Deos, Seifen und Cremes. Vermutlich wirst du mir dann beipflichten.« Das nenne ich Sonderpädagogik in der Beziehung: offensives Nicht-Recht-Haben-Wollen. Manchmal schwerer zu ertragen als ein fliegender Unterteller.

Ein bisschen statistisches Material habe ich mir trotzdem angeschaut. Und das hat bestätigt, was ich ohnehin schon ahnte: Männer haben aufgrund gewisser Grundvoraussetzungen einfach Nachteile (Haar- und Bartwuchs!), doch unter dem Strich reinigen sie sich auch nicht wesentlich anders und vor allem: weniger gründlich, als Frauen das tun. Die Unterschiede sind verschwindend gering. Der Industrieverband Körperpflege und Waschmittel e. V. zum Beispiel, kurz IKW, will herausgefunden haben, dass Männer jeden Morgen 22 Minuten Zeit im Bad benötigen, während Frauen 27 Minuten für die Morgentoilette aufbringen. Ich frage mich, was mein Mann von 9c ganze 22 Minuten in seinem Bad getan haben will, bevor er auf die Idee kam, sich neben mich in den Flieger zu setzen, aber das ist ja das Dumme an Durchschnittszahlen – Typen wie Wolfgang Joop oder Rudolph Moshammer drücken den Schnitt nach oben. Interessant an den Zahlen der IKW ist vielleicht noch, dass Leute mit mittlerer Schulbildung generell ein paar Minuten länger im Bad verbringen als Menschen mit einer höheren Schulbildung. Meine Freundin hält das für einen Hinweis darauf, dass kluge Menschen weniger eitel sind. Das glaube *ich* allerdings nicht – vermutlich braucht so mancher einfach länger, um so komplizierte Gerätschaften

Blumenstrauß
Buntes Gemüse aus dem Garten, das Frauen und Floristen fröhlich stimmt.

wie Föhnstäbe, Nassrasierer oder Pinzetten korrekt zur Anwendung zu bringen. Noch mehr Zahlen? Gerne: Angeblich duschen sich 71 Prozent aller Männer jeden Tag, bei Frauen sind es schlappe fünf Prozent mehr. 2001 gaben Männer durchschnittlich 169,05 Mark für Körperpflegemittel aus, Frauen investierten 208,71. (Entscheidend ist hier sicher die Frage, auf welcher Seite die Ausgaben von Lilo Wanders zu Buche schlagen.) Doch bei diesen Zahlen kann auch die penibelste Dame wohl kaum von einem dramatischen Gefälle sprechen. Wenn, ja wenn da nicht dieses unfeine, kleine Detail wäre: Zwei Drittel aller Männer geben weniger als zehn Euro für Pflegeartikel aus! Und ich kenne sie alle – es sind die Jungs, die morgens mit mir im Bus fahren oder sich im Flieger in den umliegenden Reihen herumdrücken.

Fakt ist, dass die Gesamtsumme, die Frauen und Männer im Jahr für Kosmetika ausgeben, beinahe gleich ist – nur das Gefälle ist bei Männern größer. Heißt: Zwei Dritteln geht saubere Luft für freie Bürger buchstäblich am A... vorbei. Das letzte Drittel allerdings kennt in der Parfümerie keine Verwandten und kauft wahllos alles, was nicht auf drei auf dem Ramsch landet. Vertreter dieser Klientel sind beispielsweise Percy Hoven, der Moderator der ersten *Big-Brother*-Staffel. Er weiß ganz genau, was seiner Haut gut tut und verkündet es in der Beauty-Fachzeitschrift BUNTE in aller Deutlichkeit: »Mein Geheimtipp gegen Fältchen: Ich schneide zwei Vitamin E-Kapseln auf und trage das reine Vitamin auf die Gesichtshaut auf.« Das erklärt natürlich einiges.

Meiner Sozialpartnerin ist so viel Männerkosmetik dann aber auch wieder suspekt: »Unmännlich, total tuckig«, findet sie Percy Hoven und diesen pockennarbigen Heidekönigin-Vernascher Alex Jolig (Ex-Container-Insasse) gleich mit. Dessen Geständnis »Ich pflege meine Haut mit Mayerling-Produkten. Sie machen trockene Haut geschmeidig, durch Fruchtsäure lösen sie alte Hautschichten ab und Hormone glätten meine Hautvernarbungen«, sorgte für viel Heiterkeit in unserer kleinen Wohnküche.

Ehrlich – genauso steht das in BUNTE geschrieben. Ob Jolig weiß, dass man Mayerling-Produkte nicht auf Promipartys am Buffet erhält?

Und eine bedenkliche Information zuletzt, bevor wir uns wieder den relevanten Dingen des Männerlebens widmen: Die beliebtesten Parfüm-Sorten auf dem deutschen Markt, in dieser Reihenfolge: *Old Spice, Tabac Original, Eau Savage, Aramis, Drakkar* und *Paco Rabanne*. Der absolute Topseller fehlt noch. And the winner is ... *Cool Water* von Davidoff! Wie sich diese Information allerdings mit der Selbstauskunft eines BRIGITTE-Redakteurs zum Thema Beauty verträgt, überlasse ich Ihrer Phantasie: »Wir Männer wollen nicht schön sein, wir wollen lässig sein.« Lässig mit *Cool Water* von Davidoff? Das klingt so wahrscheinlich wie die Schlagzeile »Hitzewelle in Hamburg«. Und dem 9c hätte es vermutlich auch nicht geholfen.

Geschmacksfragen

Warum tragen Männer Tennissocken, Pepitahütchen oder Oberlippenbärte?

Es ist nicht ungefährlich, die Männer
modebewusst zu machen, denn
dann fehlt das Geld für die Frauen.

Catherine Deneuve

Tom Ford gilt in modischen Angelegenheiten als unangreifbare Koryphäe. Als Chefdesigner im Hause Gucci weiß er, was Männer in aller Welt aufzutragen haben und kann einen eitlen Deppen von einem exquisiten Gentleman vermutlich schon am Spucktuch unterscheiden. Dieser Herr äußerte sich kürzlich über Hamid Karsai, den Chef der afghanischen Interimsregierung in Kabul und bezeichnete ihn wörtlich als »den schicksten Mann auf diesem Planeten«. Skeptisch haben wir uns daraufhin mal ein paar Bilder von Karsai besorgt. Mit wenig überraschendem Ergebnis: Seine Mützenauswahl gereicht jedem Techno-Türsteher zur Ehre, seine Umhänge lägen bei unseren Großtanten höchstens mal auf dem Wohnzimmersofa, und seine Anzüge? Nun ja – grau und teuer ist alles, was einem dazu einfällt. Das soll der schickste Mann der Welt sein?

Die BUNTE kommt zu einem völlig anderen Ergebnis. Uns liegt eine Hitliste vor, die zwar schon im Jahr 1997 veröffentlicht wurde und auch nur den bestangezogensten Mann Deutschlands kürt, doch absurd klingt es auch noch fünf Jahre später: Die Nummer eins kennen wir nicht, ein Herr Anton Graf von Faber-Castell, doch auf den weiteren Plätzen tauchen tatsächlich Marius Müller-Westernhagen und Boris Becker auf. Boris Becker! Ich bitte Sie. Deutli-

cher kann man die Binsenweisheit nicht belegen, dass bei der Beurteilung modischen Outfits alles eine Frage des persönlichen Geschmacks sein dürfte – und über den lässt sich ja angeblich nicht streiten.

Das ist Blödsinn. Natürlich kann man über Geschmack streiten – und wenn ich in der Haut vieler junger Frauen stecken würde, die zu Hause einen murkeligen Modemuffel sitzen haben, dann würde ich das auch *tun*. Die Alternative dazu bedeutet nämlich für sie, mit einem Typen auf der Familienfeier gesehen zu werden, der sich wie der kleine Bruder von Boy George kleidet. Oder der bei einem romantischen Rom-Trip auf der spanischen Treppe hockt, als sei er die skandinavische Abordnung für die Abholzung des Zitronenbaums – mit einem rot-weiß-blau gestreiften Flanellhemd und schwarzen Galoschen, bei 35 Grad Celsius.

Leider muss man es so deutlich sagen: Männer haben nicht viel Geschmack. Das gilt natürlich nicht für alle – Schwule, Friseure und Italiener ausdrücklich ausgenommen und vom Rest vielleicht noch zehn Prozent, die in jungen Jahren regelmäßig GQ oder VOGUE HOMME in die Finger bekommen haben.

Alle anderen wohnen in unserer Straße. Dort treffen wir Männer, die es sich zur Gewohnheit gemacht haben, im weißen Unterhemd und einer ausgebeulten Trevirahose zum Bäcker zu gehen. Dort leben fortgeschrittene Glatzenträger, die sich 35 Zentimeter lange Reststrähnen einfärben und wie ein Schweineschwänzchen kringelnd auf dem Kopf verteilen. Manche benutzen sogar Haarspray dazu und rieseln beständig wie Weihnachtsbäume am Dreikönigstag. Überhaupt, Haarprobleme: Gibt es etwas Würdeloseres als Querkämmer mit Trainingshosen und einem Herrenhandtäschchen? Oder eine logische Erklärung dafür, dass dieses geschmacksinfernale Trio immer gemeinsam auftritt?

So ungefähr sah übrigens auch Johnny Depp als Hunter S. Thompson in dem Film *Fear and Loathing in Las Vegas* aus. Selbst der schöne Depp wirkte in dem Streifen extrem grauselig, was eine Warnung für alle Nachäffer sein sollte und ein schreckliches Wunder, wenn man sich den Mann schon einmal aus der Perspektive paarungsbereiter Damen angeschaut hat.

Budapester Beinschere
Geheimnisumwitterte erotische Variante, bei der multiple Orgasmen angeblich unvermeidlich sind. Hinweise über Beschaffenheit und praktische Details dieser Spielart sind nur wenigen Eingeweihten bekannt.

Er trug in diesem Film weiterhin auch einen Hut, so eine Art Frisbeescheibe mit lappig abfallenden Rändern, was so aussah, als hinge ihm ein übergroßer Pfannkuchen vom Kopf. In Anglerkreisen sind solche Kopfbedeckungen recht populär – sie lassen jeden Mann auf der Stelle wie einen entflohenen Psychopathen aussehen. Vermutlich auch ein Grund dafür, dass das Anglerhütchen in den letzten Jahren von der so genannten Szene adaptiert wurde, nachdem die Baseballcap und die Strickwollmütze ihre *credibility* verloren hatten. Das macht die schlimmste aller vorstellbaren Kopfbedeckungen aber kein Stück erträglicher.

Ob Szenevolk oder Prollerich: optischer Umweltverschmutzung ist es egal, ob sie durch Mut, codierte Szenevolk-Vereinbarung und fehlgeleitetes Stilbewusstsein zustande kommt oder einfach nur durch geschmackliche Totaldiaspora. In die Kategorie »Geht nicht, ging noch nie und wird auch nie gehen« fällt sicher nach wie vor der traditionelle Bömmelslipper, weiße Socken in allem anderen als einem Tennisschuh, verschärft peinigend natürlich in einer offenen Sandale. *Groovy* auch der Oberlippenbart, früher als Bundesliga-Bart bekannt und gern getragen von Menschen, die sich gleichzeitig einer Vokuhila erfreuen. Seitdem es hip geworden ist, sich ab und an einen Pornofilm anzusehen und Burt Reynolds extrem cool zu finden, sind absurde Bärte, verstrahlte Sonnenbrillen à la Puck, die Stubenfliege, und offene, rüschige Seidenhemden sogar in schickeren Bars anzutreffen – selbst Dirk-Diggler-Frisuren und Handkettchen für Männer werden vereinzelt dort gesehen. Aber das heißt nichts, wir haben uns auch an den VW Jetta, Rudi Carrell oder unrasierte Achselhöhlen gewöhnt, ohne sie zu mögen. »Heute sind wir tolerant, reichen jedem Arsch die Hand!«, sang der holländische Liedermacher Robert Long vor ein paar Jahren. Gerne – ob wir uns aber mit einem ewigen Ibiza-Spacken den Sauerstoff teilen wollen der sich in der Promi-Pinte auch nach exponierten Karrieresprüngen im wirklichen Leben mit einer schütteren Langhaar-Mat-

te zeigt – hübsch zum Schweif drapiert – und zum Armani-Anzug eine kecke Motto-Krawatte trägt, darf bezweifelt werden. Toleranz ja, aber Selbstverleugnung?

Die große Frage nun: Warum machen Männer das bloß? Warum verunstalten sie sich freiwillig, warum versuchen sie es im Zweifel nicht einfach mit einem schwarzen Anzug oder einer Jeans und einem weißen Markenhemd dazu – das geht doch eigentlich immer und leicht merken kann man es sich auch. Jetzt noch ein paar schwarze Lederschuhe dazu, und fertig – ist das wirklich schon zu viel verlangt? Männer wissen es einfach nicht besser. Sie finden sich schön, so wie sie sind. In weniger schlimmen Fällen ist es ihnen einfach nur egal oder sie schätzen Garderobe, die praktisch ist. Aber die meisten Jungs da draußen halten sich wirklich für ... gut gekleidet. Ernsthaft.

Meine Damen, das ist jetzt ihr Ding. Männer brauchen Hilfe. Jede, die sie bekommen können. Verbieten Sie ihrem Partner, in kurzen Hosen auf die Straße zu gehen, auch im Hochsommer. Schmeißen Sie alle Jeans weg, deren Hosenböden in der Kniekehle scheuern, verbannen Sie Krawatten mit tanzenden Elefanten oder lachenden Mäusen, erklären Sie ihm, dass rote Turnschuhe zu schwarzem Anzug nicht okay sind, auch wenn Cherno Jobatey die in seinen Sendungen immer trägt. Und schenken Sie ihm die wichtigsten Ausgaben der Zeitschrift STIL & ETIKETTE, in der man in nasalem Tonfall mit den übelsten Mode-Fehlern des Mannes aufräumt. Eine Liste der größten anzunehmenden don't's liefern wir aber für geneigte Herren gerne vorab, damit ab sofort wieder ein bisschen Zivilisation in ihr Leben zurückkehrt ...

1. Turnschuhe zum Anzug. Juveniler Bockmist, den auch Olli Geissen nicht besser macht.
2. Bunte Trainingsjacken oder Helmut-Lang-Parka bei Männern über 28. Wirkt ungefähr so tragisch wie der Versuch von Uschi Glas, eine Nacktrolle in einem Sat1-Film zu ergattern.
3. Baseballcap. Nur im Fahrtwind gestattet und für ständige Besucher des *Hard Rock Café*.
4. Offene Sandalen und Flip Flops. Männerfüße sehen aus wie behaarte Bügeleisen, und so was will keiner sehen.

5. Hemd über der Hose. Ungefähr so lässig wie ein Pulli *in* der Hose.
6. T-Shirts mit Markennamen von GAP, Levis oder Kondomi. So individuell wie ein Billy-Regal, inklusive der Botschaft: Ich bin bekennender Knecht der werbetreibenden Wirtschaft.
7. Bunte Jeansjacke. Darf nur Reinhold Beckmann, und nur, weil ihm die Haare ausgehen.
8. Lederhose mit seitlicher Schnürmechanik. Spielen Sie bei den Scorpions, fahren Sie ein Moped, üben Sie merkwürdige Sex-Praktiken aus? Nein? Was gibt's also für einen Grund?
9. Lockere Urlaubsgarderobe. In jedem Fall zu vermeiden. Kleiden Sie sich würdig und angemessen, auch außerhalb der Landesgrenzen. Kurze Shorts, farbige Unterhemden, lustige Mützchen und Wolfgang-Petry-Armbänder verstoßen gegen die Genfer Konvention.
10. Jogginghosen außerhalb einer Sportanlage. Oder wollen Sie demnächst mit Zlatko in einem Container hocken und sich öffentlich an den Nasenhaaren pulen?

Reine Selbsterhaltung?

Warum Männer Schweine sind. Und Frauen es nicht besser verdient haben.

Männer sind Schweine,
glaube ihnen nicht ein Wort,
sie wollen alle nur das Eine ...
Die Ärzte

Ich habe unbändige Lust, fies und gemein zu sein,
es macht mir einen Höllenspaß, so wie ein Schwein zu sein,
ich lüg dich an mit einem Lachen, das fällt dir gar nicht auf ...
»Eff Jott« Krüger von Ideal

Wir kennen da jemanden. Einen Herrn aus dem weiteren Bekanntenkreis. Netter Kerl. Schlau. Und genau der Typ Mann, der ins »Schweine-Raster« fallen würde. Er beherrscht das Schweinespiel wie kaum ein zweiter. Er ist charmant, beredt, und die meisten behaupten, er sehe gut aus. Natürlich ist er ein Chef, und er fährt ein schnelles Auto mit drei Buchstaben. Er ist natürlich nie Single, aber er ist ständig auf der Jagd. Natürlich möchte er ja prinzipiell treu sein, er kriegt es aber irgendwie nicht hin.

Für ihn definiert sich Erfolg auf ganzer Linie über immer noch eine Bettgeschichte mehr. Wir *wissen*, dass er sich schlecht benimmt. Und die meisten Frauen wissen es auch! Er ist das Paradebeispiel für einen Hallodri, er steht für alles, was Frauen zutiefst verabscheuen. Offiziell. Was uns an der Geschichte wundert – und wir sehen seinem Treiben schon seit Jahren immer fassungsloser zu: Man kann zwar nicht direkt sagen, dass die Frauen ihn vergöttern. Doch sie sind von ihm fasziniert. Manche sogar mehr, als ihnen gut tut.

Was lernen wir daraus? Männer müssen Schweine sein? Nein, nicht unbedingt. Aber es schadet nicht. Letztlich werden sie ja in vielen Lebenssituationen, in denen sie sich als Mann bewähren müssen, zum »Schwein sein« eingeladen.

Fußball zum Beispiel. Wem wird in der Regel zugejubelt? Dem Torschützen! Klar. Und der Vorbereiter, der uneigennützige Vorlagengeber, der sich auf 50 Meter Wegstrecke, mit Verlaub, den Arsch aufgerissen hat? Ein Klaps im Vorbeilaufen, wenn's hochkommt.

Dieses gemeine Prinzip gilt auch im Beruf. Dort heimst ein gockeliger Abteilungsleiter Lob plus Gehaltszulage vom Chef ein, wenn er einen lukrativen Abschluss zur Unterschrift vorlegt. Und was bekommt die arme Sau, die den Deal eingefädelt hat? In langen Nächten am Schreibtisch, in denen sie seine eheähnliche Beziehung aufs Spiel gesetzt hat? Richtig! Den Klaps im Vorbeigehen. Und einen Tritt in den Allerwertesten von der genervten Partnerin.

Ach, die arme Sau *hat* wahrscheinlich gar keine Partnerin. Die arme Sau ist nämlich kein Schwein. Deswegen hat sie sich auch bei ihrem letzten Eroberungsversuch wie ein echter Kavalier benommen, hat subtile Gespräche riskiert und war witzig, rücksichtsvoll und nett. Bis die arme Sau auf der Zielgeraden von einem *richtigen* Schwein überholt wurde. Gut aussehend, maulfaul, rücksichtslos ...

Die Moral? Ein simpler Lerneffekt: Irgendwann spielt die arme Sau den Ball eben nicht mehr ab, verweigert im Büro die karge Drecksarbeit und benimmt sich der Frau seines Herzens gegenüber mies und gemein. Immerhin stehen die Chancen gut, dass er sie auf diese Art überhaupt für sich gewinnt – auch, weil sie ihn als echte Herausforderung ansieht, die man dringend ändern muss. Natürlich ist das *nicht* logisch.

Man kann sicher sein, dass Männer nicht als Ferkel geboren werden. Warum werden sie dann welche? Sozialisation heißt das Zauberwort. Und die beginnt früh. Männer werden bereits am Erfolg gemessen, wenn sie noch Kinder sind. Das macht Druck. Erfolgsdruck. Und Erfolg hat man, wenn man weiß, was man will, nicht nach links oder rechts schaut, sondern geradeaus seinen Weg sucht, die Ellbogen ausfährt und sich nicht den Luxus gönnt, sein Verhalten kritisch zu hinterfragen. Kurz: Wenn man vorerst mal auf klei-

Bukowsky, Charles
Großer Trinker und Postbote, der nebenbei Bücher schrieb. Führte Millionen von pubertierenden Jungs an die Welt der Literatur heran.

nes Schweinchen übt, bevor man dann als großer Junge die Schweine-Reife erwirbt.

Im Sportunterricht gab es früher ein berüchtigtes Spiel: Völkerball. Völkerball ist wie Tontaubenschießen, nur mit einem blauen Ball statt einer Knarre und mit lebenden menschlichen Zielen. Sinn des Spiel ist es, durch harte Körpertreffer die gegnerische Mannschaft der Reihe nach zu dezimieren. Hart aufgepumpte Wurfgeschosse, die aus etwa zwei Metern Distanz auf zarte Mädchenkörper geschmettert werden, hinterlassen einen bleibenden Eindruck. In jeder Hinsicht. Eine schöne Schule des Lebens: Die besten Werfer waren immer die Jungs, und die erfolgreichsten Jungs waren auch die rücksichtslosen und brutalen Exemplare, die einfach keine Skrupel hatten, ihre Mitschülerinnen abzuschießen – schließlich ging es ja ums Gewinnen. Echte Jungschweine eben, und umjubelte noch dazu. Früh übt sich männliches Rollenverhalten.

Mittlerweile gilt Völkerball als pädagogisch bedenklich; zum Glück gibt's aber gleichwertigen Ersatz. Karateclubs, große fiese Nachbarsjungs, Autoscooterprolls mit Beifahrerin – und nicht zuletzt erwachsene Vorbilder. Die meisten Männer werden irgendwann Väter und geben ihre Völkerball-Konditionierung munter weiter. Jeden Tag und bis an ihr Lebensende. Die Spielfelder heißen nur anders: Büro, Golfplatz, Kneipe. Oder: Bett.

Bett! Dieser Schauplatz erscheint besonders geeignet, dem Schwein im Manne auf die Spur zu kommen. Aber vorab eine kleine Klischeewarnung: Erfolgreiche Schweine definiert man doch gemeinhin über einen Chef-Job und einen Sportwagen, mit dem sie auf der Autobahn drängeln. Dann wissen sie meistens nicht, wohin mit ihrem Geld und sind obendrein noch Weltmeister in einer hippen Sportart, und nicht zuletzt hüpft jede Frau auf ihre Matratze.

Nun. *Dieses* Profil erscheint Ihnen als selbstbewusster und moderner Frau nun doch zu abwegig? Dann verweisen wir in diesem Zusammenhang auf ein Buch: *Böse Männer kommen in jedes Bett*. Auf

243 Seiten erklären zwei Autorinnen, was Frauen an der männlich-menschlichen Abart der Borstentiere so unglaublich fasziniert. Wir verstehen uns richtig: In dem Buch wird *nicht* bestritten, dass Frauen von bösen Buben magisch angezogen werden, das Gegenteil ist der Fall. Der Untertitel lautet folglich: *Abenteuer, Verführung, Risiko – was Frauen fasziniert.*

Auf 243 Seiten finden sich Tipps und Tricks, nicht unvorbereitet auf die Verführungskünste von Schweinen hereinzufallen. Oder, wenn es denn schon zu spät ist, nicht zu sehr unter ihnen zu leiden. »Behandelt uns schlecht, dann fressen wir euch auch aus der Hand« lautet der Subtext dieses Buches von Frauen über Frauen. Muss einem unreifen, charakterlich noch nicht gefestigten jungen Mann, der mit Nettigkeit und Charme sein Glück in der Welt versucht, aber schon diverse Körbe bekommen hat, da nicht der Gedanke kommen, er mache da draußen etwas fürchterlich falsch?

Klingt dieser Text für Sie jetzt wie eine Rechtfertigung für männliches »Schweinsein«? Mag sein. Wir würden Ihnen auch gerne ein paar gute Nachrichten mit auf Ihren weiteren Lebensweg geben. Aber wir leben ja schon ein paar Jahre mit Ihnen, meine Damen, und haben gelernt: Es ist schwer, seinen inneren Schweinehund im Griff zu haben – unter diesen Umständen. Weil es einfach zu nix führt, nur in so ein Puderzucker-Land vielleicht, in dem beste Freundinnen leben, mit denen man am Sonntagnachmittag Meg-Ryan-Filme auf dem Sofa gucken kann. Muntere Mädchen, die einen beim Umziehen zuschauen lassen und mit denen man durch die Wälder streifen kann, um sich anzuhören, welcher Arsch sie jetzt schon wieder so unglaublich mies behandelt hat. Frauen, die all ihren Freundinnen erzählen, wie froh sie sind, dass es so einen wie dich in ihrem Leben gibt, und die dir einen Job als Trauzeuge bei ihrer Hochzeit anbieten.

Wer würde so ein unwürdiges Leben führen wollen?

Kann sein, dass sich ein paar von uns nicht verbiegen lassen und einfach so bleiben, wie sie immer sein wollten: nett, zuvorkommend, aufrichtig und einfach liebenswürdig. Die Musikanten der *Schröder Roadshow* haben mal ein Lied über sie geschrieben. Es heißt: *Wir sind die Brüder der romantischen Verlierer.*

Freunde oder Fremde?

Warum Männer schwule Mitbürger irgendwie suspekt finden

In allen wichtigen Dingen ist Stil,
nicht Ernsthaftigkeit, wesentlich.
Oscar Wilde

Unser Freund Greumel hat eine neue Freundin. Kirsten. Ein reizendes Geschöpf, auf das er lange gespart hat. Diverse Abendessen, lustige Präsente, romantische Kinoabende, lange Spaziergänge. Alle Elemente, die auf einer Balz von Bedeutung sind. Greumel zog wirklich alle Register. Schließlich der Abend der Abende.

Greumel: »Willst du noch auf einen Kaffee mit hoch kommen?« Süß, nicht?

Kirsten: »Ja, warum nicht.«

Sie lächelte nachsichtig. Was hätte er auch sonst sagen sollen. Die Wahrheit klingt einfach so verdammt unromantisch, und der Kaffee-Code hat sich für beide Parteien bewährt. Sie betreten seine Wohnung. Der männliche Reflex – schnell zum CD-Player. Nur keine unangenehme Ruhepause jetzt. Während er nach einer *Café del Mar*-CD greift – kleinster gemeinsamer Nenner in diesen Momenten – schaut Kirsten sich in seiner Wohnung um. Geht von Zimmer zu Zimmer, registriert Kerzen, zueinander passende Farben, seine geschmackvoll zusammengestellten Möbel, Plexiglas im Bad, orientalische Kacheln in der Küche, Bildbände auf dem Coffeetable.

»Du, wohnst du hier allein?«

»Ja, warum?«

»Nur so.«

Pause.

»Hat die Wohnung deine letzte Freundin eingerichtet?«

»Nee, ich hab' immer allein hier drin gewohnt.«

»Kennst du einen Innenarchitekten?«

»Nein, kenne ich *nicht*. Wieso, findest du, ich sollte mal einen anrufen?«

»Nein, im Gegenteil, ist schön hier.«

»Danke. Was ist jetzt ... mit dem Kaffee, meine ich.«

»Ja, gerne.«

Pause.

»Du, Greumel.«

»Jaaa?«

»Kann ich dich mal was fragen? Ich meine, was Intimes.«

»Klar. Was du willst.«

»Bist du sicher, dass du nicht schwul bist?«

Verlassen wir diese Szene, bevor wir aus Gründen des Jugendschutzes sowieso abblenden müssen. Kirsten und Greumel haben es tatsächlich noch bis ins – sehr luftige, leicht marokkanisch gestaltete – Schlafzimmer geschafft. Und da hat Greumel dann fürs Erste unter Beweis gestellt, dass er *nicht* schwul ist. Aber vorher haben sie noch eine kleine Unterhaltung geführt und tatsächlich Kaffee getrunken. Mindestens eine Stunde, so behauptet Greumel, habe er mit seiner potenziellen neuen Freundin darüber gestritten, dass einem ganz normalen heterosexuellen Mann *alles* zugetraut wird in diesen Tagen; nur nicht, dass er sich regelmäßig die Nasenhaare ausreißt, ein Theater von innen kennt und sich in Sachen Einrichtung von IKEA emanzipiert hat. Das alles und noch viel mehr sei nämlich ausschließlich schwulen Männern vorbehalten, wenn man der öffentlichen (weiblichen) Meinung glaubt. Deshalb verstehen sie sich auch so gut, Frauen und homosexuelle Männer. Weil die so sensibel sind, verständnisvoll und gut frisiert.

Tatsächlich ist es für banale Heteros (neudeutsch für: Barbaren) wie uns schon irritierend, wie sehr sich homosexuelle Männer als Role-Models in unseren Alltag geschlichen

Chevrolette Corvette
Fälschlich oft als Ludenschleuder abgewertet, die von hinten aussieht wie ein indischer Elefant. Signal für Klasse und Stil in der Variante: Baujahr 56, offen, zweifarbig lackiert mit 8-Zylinder-Big-Block-Motor und 400 PS.

haben. In modischen Fragen gelten sie ohnehin als stilbildende Elemente. In emotionalen Dingen werden sie uns als leuchtendes Beispiel vor Augen geführt: »Die sprechen so offen über ihre Gefühle!« – »Sie verstehen so gut, was in uns vorgeht!« Und wilderen Sex haben diese Saubeutel augenscheinlich auch noch. Fair ist das nicht.

Früher galt es nicht unbedingt als chic, der Homosexualität verdächtigt zu werden, und jeder Mann, der sich freiwillig diesem Lager zugesellte, outete sich im gleichen Moment als mutiger, unerschrockener Charakter mit Zivilcourage. Heutzutage ist es nicht mal so ungewöhnlich, dass sich der ein oder andere Hetero in geschlechtlichen Dingen möglichst unklar verhält und ganz bewusst in Kauf nimmt, für schwul gehalten zu werden. Er rennt in Almodovar-Filme, trägt ausschließlich Dries Van Noten und hat zu Hause eine Marianne-Rosenberg-CD, lädt vielleicht sogar zur *Grand Prix d' Eurovision*-Party ein. Schwulsein als Lifestyle-Attitüde – so weit ist es gekommen. In gewissen Kreisen.

Auf die Frage, warum trotzdem noch so viele Männer Vorbehalte, ja sogar Angst vor Schwulen haben, antwortete Klaus Jetz, der Sprecher des Schwulenverbandes LSVD: »Ich denke, es liegt daran, dass viele keine Schwulen kennen und somit ablehnen. Was man nicht kennt, lehnt man erst einmal per se ab. Hinzu kommt, dass viel über AIDS und Schwule geredet wurde, da sie ja eine Hauptrisikogruppe sind. Das kann durchaus ein Grund sein, warum Menschen Berührungsängste haben.«

Wir haben, ehrlich gesagt, eine andere Vermutung. Wenn diese smarten, gut trainierten Flugbegleiter, Bademeister oder Szeneköche doch wenigstens die Hände von *unseren* Frauen ließen. Aber nein – die ungleichen Pärchen gehen eingehakt gemeinsam shoppen, halten sich in Umkleidekabinen die Fummel vor die nackten Oberkörper, teilen sich die Häppchen beim Italiener, testen die Pröbchen von Douglas und rufen sich an, wenn *Girlfriends* läuft, um über Mariele Millowitschs unterirdisches Outfit abzulästern. Und wenn wir, die *anderen* Män-

China Böller D
Grundtyp aller Sylvesterkracher. Kostet wenig (80 Stück etwa fünf Euro!), knallt aber teuer.

ner, uns darüber ärgern, freizeittechnisch immer nur die zweite Geige zu spielen, lässt folgende perfide Reaktion nie lange auf sich warten: »Hast du ein grundsätzliches Problem mit Schwulen oder ist es nur Jens? Keine Angst, der tut dir schon nichts ... Du bist eh nicht sein Typ!« Autsch.

Scheinbar läuft es immer auf einen Fehler hinaus, sich über einen schwulen Mann aufzuregen. So, als ob man als Deutscher auf einem Israeli herumhackt; es verbietet sich irgendwie von selbst. Blödsinn natürlich. Es gibt absolut furchtbare, schlecht gekleidete und beknackte Homosexuelle, anteilig vermutlich genauso viele wie unter uns Heteros. Es gibt welche, die näseln vertuckter als Gustav Gans und Til Schweiger zusammen, Moshammer ist der am schlechtesten frisierte Mann der Welt und Wowereit ist, mit Verlaub, nicht wirklich gut aussehend, schwul hin oder her. Aber sagen Sie das mal laut: »Homophober Reaktionär« ist noch eine der harmloseren Bezeichnungen, die man sich einfängt, von jungen Frauen, mit denen man unter anderen Umständen vielleicht sogar Körperflüssigkeiten ausgetauscht hätte. Jedenfalls ist man ziemlich schnell unten durch, hat sich als unsensibler und klischeebeladener Vollidiot zu erkennen gegeben. Zurück auf die Weide.

Einer Umfrage des Meinungsforschungsinstitutes INRA zufolge, vom Frauenmagazin ELLE in Auftrag gegeben, halten 65 Prozent aller Frauen homosexuelle Männer für sensibler als uns heterosexuelle Rohlinge. 47 Prozent, also annähernd jede zweite Frau, glaubt nicht, dass Freundschaften ohne Begehren zwischen Männern und Frauen möglich sind – und lieben aus diesem Grund schwule Männer in ihrem Mädchenzimmer als »besten Freund«. Sie glauben sogar, dass er eine bessere »gute Freundin« sein kann als Elke von nebenan, weil die Konkurrenz-Komponente wegfällt. Was das heißt, kann sich jeder Hetero ja ausmalen: Unsere schwulen Freunde haben Zutritt zu Bereichen im Leben toller Frauen, die wir nie kennen lernen werden. Und da soll man dann ruhig bleiben.

Es gibt aber *noch* ein paar Zahlen. Und die machen uns *noch* ein bisschen unruhiger: Jeder dritte Schwule schläft ab und zu mit einer Frau. Jeder zwölfte Schwule verliebt sich in eine Frau. Und immerhin sechs Prozent aller homosexuellen Männer wechseln später

Chiptuning
Geheimnisvoller Aufrüstungstrick für kreuzlahme Pkw (Audi!). Kostspielig (ab 800 Euro), bringt aber Drehmoment. Drehmoment = super Beschleuniger an der Ampel.

dauerhaft das Lager! Hollywood dreht sogar schon romantische Komödien über diesen heimtückischen Etikettenschwindel. Mit Moosröschen und Kochbüchern im Gepäck schleimen sich diese hinterfotzigen Gestalten bei unseren Freundinnen ein, und plötzlich macht es Puff! und der harmlose Frosch verwandelt sich in einen schmucken Prinzen mit den unehrenhaftesten Absichten.

Zum Glück gibt es BILD und ihren Kolumnisten Hauke Brost. Der Mann hat fünf kernige Thesen aufgestellt, warum Frauen homosexuelle Männer so toll finden:

1. Die Frau von heute kriegt ihr Leben nicht in den Griff!
2. Die Frau von heute kommt mit ihrem Körper nicht zurecht.
3. Die Frau von heute hat keinen Spaß am Sex.
4. Die Frau von heute versteht uns Männer nicht.
5. Die Frau von heute missbraucht den schwulen Mann und der arme Depp merkt es nicht einmal.

Wahrscheinlich wollte er ja nur provozieren. Aber es musste mal gesagt werden, oder?

Nix für ungut.

Geld oder Liebe?

Ist es wahr, dass für Männer die berufliche Karriere wichtiger ist als eine funktionierende Beziehung?

Je höher der Affe steigt,
umso mehr er den Hintern zeigt.
Deutsches Sprichwort

Zuerst lieben Frauen Männer mit lockigen braunen Haaren, die Gitarre spielen oder Gedichte schreiben und zweimal von der Schule fliegen. Diese Jungs verweigern dann später den Wehrdienst und studieren was Künstlerisches, werden Schauspieler oder organisieren Ferienverschickung für Kinder aus dem sozialen Brennpunkt. Die meisten dieser ehemals coolen Alphamännchen sind dann mit 30 immer noch etwas klamm und beruflich eher auf der McJob-Basis unterwegs. Motto: Irgendwas ergibt sich immer, und wenn es in der Kneipe, im Messebau oder im Taxi ist – soll ja nicht für lange sein. Einige von ihnen sehen dabei aber immer noch gut aus – die kriegen dann später dubiose Stipendien, eine Stadtschreiberschaft in Bamberg oder eine aufgeschlossene Dame mit anhängender Buchhandlung auf dem Land, die auch nur ein *paar* Jahre älter ist.

Der Rest hat ein Problem, denn die Frauen, die sie mal geliebt haben, sind inzwischen nicht mehr da. Wie bei Fred und Biggi. Biggi schickt Fred zweimal im Jahr eine Karte, zum Geburtstag und zu Weihnachten, und als sie ihre erste Ehekrise durchlitt, parkte sie ein paar Tage bei ihm und malte sich aus, wie schön es doch jetzt wäre, zusammengeblieben zu sein – und Zeit füreinander zu haben. Sie vergisst dabei, dass sie es selbst war, die sich von ihm getrennt hat; ihre drei beliebtesten Begründungen in dieser Phase: »Du bringst nie was zu Ende!«, »Ich habe keine Lust, ständig für dich mitbezah-

len zu müssen«, und final: »Du wirst nie in der Lage sein, die Verantwortung für eine Familie zu übernehmen!«

Was sie mit Verantwortung gemeint hat, kann man sich denken. Ist ja nicht schwer. Nein, Fräulein Biggi hat sich nach sieben Jahren inklusive zweier Abtreibungen, einer Weltreise und »zusammen auf dem Bauernhof wohnen« von ihrer geliebten Künstlerseele Fred getrennt. Unter Schmerzen. Musste aber sein. Bald darauf hat sie Ludwig kennen gelernt. Naja, was heißt kennen gelernt – eher wieder getroffen. Ludwig ist der Junge aus ihrem Gymnasium, der sie schon immer *irgendwie* mochte, also: scharf fand, der aber in der sozialen Nahrungskette einer Klassengemeinschaft ziemlich spät dran kam. Er war fleißig, adrett und zuverlässig, und so etwas Langweiliges hat die gut aussehende, coole Gymnasiastin Biggi gar nicht erst ignoriert.

Als sie den Ludwig dann wieder getroffen hat, Jahre später, war sie ganz überrascht, wie sehr der sich rausgemacht hatte. Immer noch die gleiche Frisur, das Studium abgeschlossen, die erste eigene Wohnung mit der Ikea-Komplettausstattung für den ambitionierten Maschinenbauer. Nee, das hatte schon was. Sie heirateten dann nach einem Jahr, die Kinder kamen für ihren Geschmack einen Tick zu früh, bevor sie beruflich viel bewegen konnte. Und jetzt noch mal anfangen? Mit zwei Kindern und fünf Jahren total raus aus allem? Nee.

Aber glücklich? Wirklich nicht. Wie soll man glücklich sein mit einem Mann, der mit der Firma verheiratet ist, Lufthansa-Stewardessen besser kennt als seine Kinder und der zwischen 22 Uhr abends und sechs Uhr morgens eine müde Schattenmann-Existenz in ihrem Reihenhaus mit Garten führt? So viel kann sie gar nicht reiten, golfen und shoppen, um diesen Konflikt zu kompensieren – und sie gibt sich wirklich alle Mühe! Fred versteht das, und Fred hat Zeit, mit ihr darüber zu sprechen. Wenn er dabei bloß nicht nur so rumhängen würde!

Sie hat es wirklich schwer, die Biggi. Nur von Versagern umgeben.

Aber wollen wir mal aufhören, Biggi zu bedauern. In diesem Spiel gibt's eine Menge Opfer: Und Ludwig, das behaupten wir jetzt einfach mal, ist das größte. Der Manager, der beruflich erfolg-

reiche Überflieger mit dem Masterplan, der schon als Vierzehnjähriger auf ganz lange Strecke investierte und immer seinen Mann gestanden hat: *Der* hat hier das Problem. Und damit man das auch versteht, noch mal zurück zur Ausgangsfrage: Ist es wahr, dass für Männer der berufliche Erfolg wichtiger ist als eine funktionierende Beziehung?

Einfache Frage, schlichte Antwort: Nein.

Aha.

Die bessere Frage wäre vielleicht gewesen: Ist es wahr, dass Männer sich so verhalten, als sei ihre Karriere wichtiger als Freizeit, Frau, Familie? Ebenso schlichte Antwort: Jawohl!

Mit dem entschuldigenden Zusatz allerdings: Die Verhältnisse sind eben so. Ludwig – und wir alle – haben keine große Wahl. Ansonsten können wir uns unsere Freizeit nämlich nicht leisten und finden keine Frau, die unser ökonomisches Konkurrenzdefizit mitträgt – und die Familie können wir uns ohne Frau ja abschminken, wie hinlänglich bekannt sein dürfte. Ein Teufelskreis! »Blödsinn! Reines Affirmationsgeschwafel!«, hört man dazu aus den Reihen des fortschrittlichen Frauenlagers, »ihr Männer seid nur an der Manifestierung der bestehenden Rollenklischees interessiert.«

Nun. Beide Parteien zurück in ihre Ecke. Bevor der Kampf in die nächste Runde geht, ein paar Fakten.

Männer sind nicht von Natur aus Arbeitstiere: 44 Prozent aller Männer würden gern weniger arbeiten. 72 Prozent aller Manager in Deutschland glauben, zu wenig Zeit für die Familie zu haben. 82 Prozent ihrer Ehepartnerinnen sehen das genauso. Andererseits überrascht: 65 Prozent aller beruflich erfolgreichen Männer behaupten, dass ihnen die Partnerschaft wichtiger ist als die Karriere. 84 Prozent sind mit ihren Frauenbeziehungen unzufrieden, 20 Prozent aller Manager leiden sogar unter ihrem Beruf.

Was sagt uns das? Sind alle Führungskräfte kranke Leute, die zwei und zwei nicht zusammenzählen

Comics
Unterschätzte literarische Form, die komplexe Inhalte mit der hohen Kunst der Malerei vereint (vgl: Schweinchen Dick).

können? Alles schizophrene Geschöpfe, die Friede, Freude, Familie predigen und Job, Stress und Kohlemachen leben?

Nicht wirklich. Sie stehen da, zerrissen zwischen zwei verschiedenen Anforderungsprofilen, und wissen nicht, welchem Herrn sie denn nun dienen sollen. Oder welcher Frau ...

Klaus Enz, Projektleiter Personal des Bundesfamilienministeriums beschreibt diesen Konflikt: »Dass Männern ihre Karriere wichtiger ist als ihre Familie und ihre Kinder, würde ich so nicht unterschreiben. In Deutschland herrscht noch immer ein ausgeprägtes Rollenverhalten. Von Männern wird erwartet, dass sie beruflich erfolgreich sind. Solch ein Bild wird auch in der Werbung gezeichnet: der tolle erfolgreiche Mann mit dem dicken Auto. Der Erfolg hält sie dann allerdings davon ab, sich beruflich zurückzunehmen. Tatsache ist, dass ein zeitlicher Nachteil entsteht, wenn man sich für die Kindererziehung ausklinkt. In dieser Zeit können andere Karriere machen. Es entsteht eine Lücke, die schwer auszugleichen ist – und das kann man auch nicht wegdiskutieren. Es wird noch Jahre dauern, bis sich die derzeitigen Leitbilder gewandelt haben.«

Hat man sich also hierzulande entschieden, ein bisschen Karriere zu machen, dann verlangt die Firma den totalen Einsatz. Laumänner gehen um 18 Uhr nach Hause – der Mann, der die Gratifikationen und den Lorbeer erhält, bleibt bis 22 Uhr. Der Personalberater Ernst Heiligenthal von Kienbaum und Partner schien darüber in einem Interview mit dem Nachrichtenmagazin FOCUS auch nicht weiter bedrückt; auf die Frage, ob die berufliche Karriere zu Lasten des privaten Glücks ginge, antwortete er: »Da ist wohl was dran. Das hängt mit dem Zeitfaktor zusammen. Topmanager haben keinen Acht-Stunden-Tag – das muss die Frau mittragen. Wenn sie in der Firma Druck haben, dann muss ihr Partner sie entlasten. Irgendwann einmal steht ein Mann sonst vor der Alternative: Firma oder Familie.«

Und jetzt machen Sie mal keinen Fehler. Soll er doch die Familie wählen, höre ich Sie raunen. Soll er wirklich? Und Fred? Was ist mit den Freds auf dieser Welt, den Jungs mit der Muße und der Zeit, all das Geld auszugeben, das sie nicht haben, im Kreise der Familie,

die sich nicht ernähren können, und all die schönen Plätze auf der Welt zu genießen, an die sie niemals hinkommen werden.

D&W
Tempel für Autotuner im Ruhrpott mit eigenem Produktkatalog. Behauptet den Kontext von billigem Sex und ambitionierten Karossen.

Einspruch: zu schwarz-weiß. Zwischen Fred und Ludwig gäbe es auch organisches Leben? Mag sein. Aber der Lebensraum ist begrenzt, sehr, sehr begrenzt. Nehmen wir als Beispiel das Babyjahr, welches jetzt neuerdings ja »Familienzeit« genannt wird. 1,5 Prozent aller Männer in Deutschland nehmen diese gesetzlich verankerte Zeit in Anspruch. (In Skandinavien sind es bereits 40 Prozent, dank einer strukturell effektiveren Gesetzgebung). Warum tauschen Männer nicht die Bank: von der Deutschen- zur Spielplatz-Bank, zumindest für ein Jahr? Wieder Klaus Enz, der für das »Bündnis für Väter« spricht, das sich auf Initiative des Familienministeriums aus verschiedenen Konzernen wie Telekom, VW und Commerzbank zusammengesetzt hat: »Ich habe die Erfahrung gemacht, dass Männer schnell als Weichei gelten, wenn sie eine Babypause machen. Viele interessieren sich für die Möglichkeit, im Job der Kinder zuliebe kürzer zu treten und fragen nach. Die meisten setzen ihr Vorhaben nie in die Tat um – es herrschen noch immer Vorbehalte.«

So ist es.

Machen Sie mal den Test in Ihrem weiblichen Bekanntenkreis. Wer von diesen Frauen findet es a. grundsätzlich gut, dass auch Männer die Familienzeit in Anspruch nehmen können, und b. wer würde das ganz konkret beim eigenen Männe unterstützen? Wetten, dass hier schnell ziemlich absurde Ergebnisse zusammenkommen würden?

Ein schmaler Grat für den deutschen Mann ... Und schon viele haben sich in dieser engen Gasse zwischen Weichei und Workaholic, zwischen Laumann und Familienflüchter an die Wand drücken lassen. Nicht zuletzt von der eigenen Frau.

Computerliebe

Was zum Teufel finden Männer so sexy an ihren Rechnern?

Wir baten Gastautor Roland Franken
um eine ausführliche Stellungnahme. Keine zufällige Wahl.

In der Computerei gibt es keine Tätigkeit, zu der die Geschlechtsorgane benötigt würden. Also gibt es auch keinen Grund, weshalb Frauen am Computer weniger leisten können als Männer.

»Moment, Schatz, bin gleich da. Muss nur noch ein Update aus dem Netz laden und installieren.« Pauls letzte Worte. Zumindest die in seiner Beziehung zu Susanne, seiner eigentlich grundgeduldigen und an allem interessierten Lebensgefährtin. Paul hatte offenbar den Bogen überspannt: Während er im Keller Softwarepakete lud, füllte Susanne den Kofferraum ihres Twingos – mit den Sachen, die sie bis zum Auszug aus der gemeinsamen Wohnung benötigen würde. »Warum bloß«, fragte sie wenig später ihre Freundin Britt, »verbringen Männer so viel Zeit am Computer? Und was genau machen die da eigentlich die ganze Zeit?«

Der amerikanische Soziologe John Gray wird gerne zitiert, wenn es um zivilisationsbedingte Ungereimtheiten im Wechselspiel männlicher und weiblicher Psyche geht. Er weiß zum Beispiel, dass der Mann als vom Planeten Mars gesteuerter Conan-der-Barbar-Nachfahre »lieber über starke Autos, noch schnellere Computer, technische Spielereien und alle möglichen Hightech-Entwicklun-

gen« nachdenkt. Und Gray kennt auch die Folgen, die sich daraus ergeben: »Männer haben vorwiegend Sachen im Kopf, mit denen sie ihre Macht zum Ausdruck bringen, Dinge zu bewegen und ihre Ziele durchzusetzen.«

Das klingt einigermaßen vernünftig. Wirklichkeit und Wahrheit sind in vielen Fällen allerdings erschreckender – und banaler: Wir Männer lieben Computer, weil diese unsere männliche Eitelkeit beflügeln und unseren simplen Ansprüchen an Unterhaltung und Abenteuer bestens gerecht werden.

Der Mann und sein Computer, das ist die Silicon-Valley-Adaption des Cowboy-Mythos »Der Mann und sein Pferd«. Allein in der Prärie eine Marlboro rauchend vor dem Lagerfeuer sitzend. Sie finden, diese Vorstellung hat nichts mit den vielen schmerbäuchigen, flusenbärtigen Langweilern zu tun, die in den Chaträumen dieser Welt den Adonis markieren? Das stimmt – aber die Vorstellung ist doch erlaubt, oder?

Was macht Computer also sexy? Was macht ihre Anziehungskraft aus? Sind die grauen Kisten eine echte Konkurrenz zu den realen Zielen männlicher Begierden – Frauen in möglichst kurzer Zeit mit sinnlosen Anmachsprüchen vollzutexten und ins Bett zu schleppen? Wohl kaum. Der Reiz des Computers hat nichts mit äußerlichen Merkmalen zu tun. Man stelle sich nur eine als Computer gestylte Frau vor: zahnbelagfarbenes Kostüm aus billiger Plaste, leicht angeschmuddelt, offene Eingriffe an primären und sekundären Schnittstellen.

Bei Computern zählt vielmehr das, was Frauen so gerne für sich reklamieren würden: die inneren Werte. Männer interessieren sich brennend für abstrakte Größen wie Arbeitsspeicher, Festplattenkapazitäten und Taktraten ihres PCs, Dinge, die sich vollkommen und präzise mit Zahlen und Einheiten beschreiben lassen und deshalb mit den Maßstäben der Vernunft fassbar sind. Und mit denen man angeben kann.

Mit der verworrenen Seelenlandschaft einer Frau sind wir Männer hingegen überfordert, denn dort scheinen rationale Faktoren nicht die geringste Rolle zu spielen. Frauen sind nicht logisch.

Natürlich sind auch Computer nicht logisch und verursachen im Zweifel mehr Ärger als eine komplizierte Dreiecksgeschichte mit doppelt weiblicher Besetzung. Allerdings: Der Computer bewahrt bei aller Kompliziertheit den Schein der Vernunft. Die Benutzerschnittstelle hat erstens diesen imponierenden Namen und strahlt zweitens genau jene Vernunft und Sachlichkeit aus, die für das einfach gestrickte Denkkostüm von uns Männern wie geschaffen sind.

Das mag daran liegen, dass Computer – zumindest zum überwiegenden Teil – von Männern erdacht und gemacht werden. Man(n) versteht sich untereinander bzw. wahre Freundschaft gibt es nur unter Männern. Wer sich mit der zunächst kompliziert erscheinenden Begrifflichkeit der Computerwelt befasst, begreift sehr schnell, dass viele Klugschwätzer, die mit MIPS und Megahertz um sich werfen, überhaupt keine Ahnung haben. Oder zumindest nicht viel mehr als Sie.

Warum ist es überhaupt ein Problem, dass Männer sich für Computer interessieren? Klar, nichts macht eine Frau neugieriger und misstrauischer als alles, womit ihr Partner ohne sie Zeit verbringt. Dabei könnte man doch gemeinsam ausgehen oder einkaufen oder reden. Wie bitte? Meine Damen, das ist exakt der Grund, warum viele Männer so oft wie möglich am Computer sitzen. Männer wollen nicht reden – zumindest nicht immer und vor allem nicht über »unsere Beziehung«! Lieber starren wir stundenlang stumpf auf einen Bildschirm, installieren sinnlose Programme, bringen Tage damit zu, etwas zu reparieren, das wir zuvor in wenigen Minuten komplett und schuldhaft ruiniert haben. Letzteres würden wir natürlich niemals zugeben. Schuld hat im Zweifel immer ein anderer (der Virus, Bill Gates, die Telekom etc.). Der Computer ist die ewige Wiederkehr von Absturz und Reinstallation, Ying und Yang im digitalen Speicherkreislauf. Mit einem Wort: ein unglaublich unterhaltsamer Zeitvernichter, der dabei die Maske des Nützlichen trägt.

Daniels, Jack
1. Meistens: Ein hochprozentiges Getränk.
2. Manchmal: Bester Freund. Konkurriert mit Walker, Johnny um diesen Job.

Picasso hat zwar gesagt, Computer seien nutzlos, weil sie nur Antworten geben. Schon richtig, doch jedem männlichen Vertreter der Gattung Computerlieb-

haber fallen leicht sechsundzwanzig Gründe ein, wofür sein treuer Begleiter zu gebrauchen ist – außer als Sichtschutz und Kommunikationsbarrikade in Beziehungskrisen und bei mentalen Erschöpfungszuständen.

Der Computer verleiht selbst den größten Stümpern ein Gefühl der Professionalität und ist gerade deshalb so förderlich für das männliche Selbstbewusstsein: Viagra für die vorderen Stirnlappen. Man kann seine Lieblingsmusik archivieren und in immer neuen Zusammenstellungen arrangieren, um sie auf CD zu brennen. Oder Einladungskarten gestalten oder alle wichtigen Termine in einen Kalender schreiben.

Natürlich dient der »Compi« auch und vor allem dem Zweck der Information: Was ist los in der Welt? Wie stehen meine Aktien? Und wer treibt sich gerade im Chat »Einsame Herzen« bei AOL herum? Das Abrufen der E-Mails – gerne auch beim Frühstücken oder statt Sex – hält die Kommunikation mit der Welt, der Familie und der Fußballtippgemeinschaft auf Zack. Außerdem gelangen auf diesem Weg zahlreiche dümmliche, Gewalt verherrlichende oder sexistische E-Mail-Anhänge in unseren virtuellen Postkasten. Diese Anhänge sind eine stete Gefahrenquelle für den sozialen Frieden.

Regelmäßig nehmen wir den Besuch, der eigentlich zu Essen und Plausch eingeladen war, mit den Worten »Ich muss euch mal was zeigen«, stundenlang am Bildschirm in Geiselhaft, um ihm die Preziosen unserer elektronischen Könnerschaft zu demonstrieren, denn was nützt das versammelte Geheimwissen um Schutzverletzungen, Updates und trendige, ausgefallene oder gar schweinische Internetseiten, wenn man nicht damit angeben kann? Die Angeberei ist freilich auch ein Ansatzpunkt zur Rettung Computer-gestörter Beziehungen: Heucheln Sie Interesse! Oder Hilflosigkeit. Die Verhaltensregeln dabei entsprechen denjenigen, die man im Falle eines gerissenen Keilriemens auf dem Seitenstreifen der A4 befolgen muss. Tun Sie so, als hätten Sie von nichts eine Ahnung, während sich unsereins die Finger schmutzig macht bzw. den Mund fusselig redet.

Haben Sie dann genug vom Geschwafel, simulieren Sie kurz und prägnant Fachkenntnis. Wenn Sie z. B. den Satz hören: »Meine Website habe ich komplett in HTML Code programmiert – und das mit

einem Texteditor!«, antworten Sie ganz einfach unverblümt: »HTML, ist ja ganz nett, aber statische Seiten sind doch total out – ich programmiere eigentlich nur noch MySQL und PHP.« Der Effekt ist enorm – als ob Sie einen dieser Tuning-Opel-Fahrer mit dickem Auspuffrohr und schmaler Gehirnbandbreite mit einem echten Sportwagen überholen.

Ein weiterer Aspekt der engmaschigen Lebensgemeinschaft mit dem Computer ist die Privatheit, die Männer brauchen, um sich und die Welt in Einklang zu bringen, der Rückzug in die Höhle. Der Computer birgt unsere größten Geheimnisse. Während Frauen sich in den Schubladen, Regalen und Brieftaschen – einschließlich der darin befindlichen Geheimfächer – eines Mannes erstaunlicherweise oft besser auskennen als diese selbst (»Ich suchte meine Brille/deine Brille /den Autoschlüssel und fand dieses Foto mit einer mir unbekannten attraktiven Frau/das Kündigungsschreiben deines Arbeitgebers/ diesen schweinischen Porno«), wähnen wir solche Preziosen in den komplizierten Gangsystemen und Grabkammern des Rechners sicherer aufgehoben – was sich manchmal als fataler Fehler erweisen kann. Vor allem Frauen, die beruflich mit Computern zu tun haben (und das sind mit 54 Prozent laut Mikrozensus 2000 sogar mehr als Männer mit nur 51 Prozent) entwickeln auch in diesen einen ungeahnten Spürsinn. Ob die Rolle der Mata Hari in der eigenen Partnerschaft allerdings sinnvoll ist, erscheint zweifelhaft: Wir Männer brauchen ganz einfach unsere kleinen Geheimnisse.

Und überhaupt: Jeder Mann, der einigermaßen bei Verstand ist, wird seinen digitalen Sandkasten bereitwillig verlassen, wenn eine andere Tätigkeit größere Befriedigung verspricht. Haben wir jetzt den digitalen Spielball regelwidrig an Sie zurückgespielt? Macht nix, drücken Sie doch auch ganz einfach auf die große Taste, die da heißt: Return!

P.S.: Paul übrigens hat aus der Trennung von Susanne gelernt. Er hat ganz neu angefangen, hat all seine PCs verkauft und schwört jetzt auf »Macs«. Die sparen angeblich unglaublich viel Zeit, und er kann sich mehr um seine neue Freundin kümmern. Behauptet zumindest Paul.

Alles Schlampen außer Mutti!

Über die Rolle der eigenen Mutter im Leben eines erwachsenen Mannes

> Man sagt mit Recht, dass der Ödipuskomplex der Kernkomplex der Neurosen ist (...). Jedem menschlichen Neuankömmling ist die Aufgabe gestellt, den Ödipuskomplex zu bewältigen; wer es nicht zustande bringt, ist der Neurose verfallen.
>
> *Sigmund Freud*

Unsere erste große Liebe ist Mutti. Da sind wir noch ganz klein. Und deswegen hassen wir als Knaben auch unseren Papa – weil der mit Mutti schweinigeln darf, und nicht wir selbst.

So funktioniert, nur ganz leicht vereinfacht, der Ödipuskomplex. Diesen Komplex hat sich der Wiener Psychoanalytiker Sigmund Freud ausgedacht, und er ist damit ziemlich berühmt geworden. Und weiterhin mit seinem Verdacht, das alles, was der Mann als solcher wolle, vögeln sei: Sex als Urantrieb. Klingt logisch, wenn ich mir die Jungs in meinem Club so ansehe. Aber wir wollen ja über Mutter sprechen.

Der Ödipuskomplex ist – zum Glück – keine typische männliche Eigenart. Auch Frauen leiden unter der entsprechenden Verirrung: Sie wiederum lieben ihren Papi. Das nennt man dann Vaterkomplex. Aber dieses Problem können wir vernachlässigen, denn wir wollen darüber berichten, warum selbst der erwachsene Mann seine Mutter über alles stellt. Und ob das normal sein kann. Oder gesund.

Jedenfalls ist die Sache mit Mutti ein ziemlich unangenehmes Thema für einen Mann. »Muttersöhnchen« ist nicht umsonst ein

Schimpfwort aus der ersten Warmduscher-Liga. Obwohl wir ja da keine Alternative haben, wenn man es genau betrachtet: Was sonst?

Der durchschnittliche Mann besteht trotzdem darauf , dass seine Mami *keinen* Einfluss mehr auf sein Leben ausübt. Er schwört 1000 Eide, dass dieses ödipale Dingsda von ihm schon früh und sehr erfolgreich bewältigt worden ist. Wer was anderes behauptet, spinnt, alles Blödsinn, Ende der Diskussion.

Millionen Frauen – allesamt Sozialpartnerinnen – sehen das gänzlich anders. Als Ehefrau oder Lebensabschnittsgefährtin werden sie mit der Mutter ihres Partners beinahe täglich konfrontiert, selbst wenn die in der Wüste Gobi oder auf Mauritius lebt. Einem Menetekel gleich taucht sie immer wieder auf, in allen möglichen Zusammenhängen. Wer kennt nicht die wohlfeilen Merksätze aus alten Kinderzimmer-Zeiten: »Meine Mutter hat immer gesagt, dass morgen auch noch ein Tag ist«. Sehr hilfreich und unwidersprochen. Weniger hilf- als schmerzreich, aber prägend: »Nicht immer weglaufen, wenn der ältere und größere Junge dich hauen will ...« In praktischer Lebensbewältigung war Mama natürlich auch ein Ass: »Meine Mutter brät das Filet vorher immer ein wenig auf mittlerer Flamme an. Dann bleibt es saftig.« Oder schlimmstenfalls: »Meine Mutter hat meine Unterhosen *immer* gebügelt.«

Schon mal gehört? Natürlich ist nicht jeder Mann gleich Norman Bates, der kranke Typ aus Hitchcocks *Psycho*. Aber Mutter sitzt bei den meisten Jungs trotzdem immer irgendwie im Nebenzimmer und checkt die Lage.

Um dem Mutter-Sohn-Phänomen auf die Spur zu kommen, helfen ein paar Fragen. Unangenehme Fragen, bei denen sich bei jedem Mann ein mulmiges Gefühl einstellt. Kann man sich zum Beispiel vorstellen, dass Mutter jemals Sex hatte – oder gar noch hat? Oralsex? Wimmern nach Noten? In Latex? Mutter!?

Blankes Entsetzen!

Kennen Sie diesen IKEA-Spot, in dem die pubertäre Brut früher nach Hause kommt als

Dating-Rules
Vermutlich von Amerikanern erfundene Anhaltspunkte zum besseren Verständnis von Frauen. Sie bezeichnen streng ritualisierte Verhaltensmaßregeln für das erste, zweite und dritte Rendezvous mit der Zielsetzung des Geschlechtsverkehrs.

erwartet, und Papi grunzend hinter Mutti herruckelt, und sie trägt nur eine äußerst reizvolle Schweinsmaske? Witzige Idee – und alle Jungs sind peinlich berührt. So genau will es gar keiner wissen ... Schließlich dealen wir hier mit der personifizierten Unschuld, *dem* Neutrum. Mutti! Natürlich weiß man irgendwie, dass die unbefleckte Empfängnis nur alle paar Jahrhunderte vorkommt, und man hat auf Fotos gesehen, dass man selbst nicht in einem Stall auf die Welt gekommen ist. Aber allein die Vorstellung des Zeugungsakts – oh Gott. Man hofft, dass dieses Spektakel wenigstens im Dunkeln stattgefunden hat.

Umgekehrt aber kann das Licht gar nicht hell genug sein: Der männliche Erzieher, der alte Schlawiner, der wird sich die Hörner schon abgestoßen haben. Und wenn Vater von sexuellen Abenteuern vor der Ehe prahlt, dann fühlen wir uns dem Mann ganz, ganz nah. Und das liegt übrigens nicht daran, dass Männer mit viel Erfahrung Helden, Frauen mit einigen vorehelichen Übungseinheiten dagegen Schlampen sind. Nicht *mehr*, diese reaktionären Denkmuster sind auch für uns inzwischen passé. Trotzdem sollte unsere Mutter idealerweise als Jungfrau in die Ehe gegangen sein. Noch viel idealer wäre es, wenn sie uns unbefleckt empfangen hätte, siehe oben. Die Bibel wurde übrigens von Männern verfasst.

Nächste Frage. Was fürchtet ein Mann, wenn er eine neue Eroberung mit Langzeit-Potenzial im elterlichen Hause vorstellt? Die erste Hürde überspringt er ganz locker. Er weiß schon vorher, dass *Vater* das Mädchen mögen wird. Im Zweifel spielt es auch keine Rolle, wie der vermeintliche Herr des Hauses reagiert. Die zweite Hürde ist das Hindernis, denn natürlich hat ein Mann, der in diesem Moment bloß wieder der kleine Junge aus dem Sandkasten ist, Angst, wie seine Mutter auf die neue Frau an seiner Seite reagieren wird. Warum das so ist? Naja. Es könnte ja sein, dass man sich seine Freundinnen nach einem gewissen Muster aussucht ... Nach dem Abbild der Mutter vielleicht ... Sollen Moni oder Mareile wirklich *sein* wie Mama?

Oh Gott. Was für unangenehme Fragen. Da schrumpelt einem ja alles weg. Und, nächstes Problem: Was sagt Mama, wenn sie sich in der neuen Freundin ihres Sohnes gespiegelt sieht, in jung, mit gro-

Eastwood, Clint
Ex-Bürgermeister der kalifornischen Kleinstadt Carmel

ßen Brüsten und kurzem Rock? Wird ihre Wiedergängerin Gnade finden vor der kritischen Beschau? Ganz schön kompliziert, das alles. Und alles so ... indiskutabel.

Die meisten Männer würden sicher zwei Monatsgehälter darauf verwetten, dass bei ihrer Partnerwahl das Vorbild »Mutti« keine Rolle spielte. Das hätte dann ja inzestuöse Tendenzen, schließlich schliefe man dann durch seine Partnerin quasi mit der eigenen Mutter. Und dieses vorauseilende Entsetzen ist auch richtig so. Die Wissenschaft weiß, dass die Angst vor dem Inzest genetisch bedingt ist, weil sich die Dinge fortpflanzungstechnisch nicht so clever entwickeln würden ...

Doch das Beuteschema des Mannes dürfte trotzdem vom Vorbild der Mutter geprägt, zumindest aber beeinflusst sein. Nicht unbedingt sexuell, doch was Werte, Ideale, Macken und Eigenheiten angeht, Vorlieben, Abneigungen oder einfach nur Schrullen – da hat Mutti schon ordentlich mitgemischt. Ist doch auch logisch. Die eigene Mutter ist der Mensch, der uns aufgezogen, tagtäglich geführt, belohnt und abgestraft hat. Und Papa war selten da – der kann dann später dein Kumpel sein, ein guter Freund, wenn's gut läuft. Mit ihm zusammen geht man zum Fußball oder liegt unter dem ersten eigenen Auto. Vertrautes Gebiet. Doch Mutti wird man in emotionaler Hinsicht auf ewig verbunden bleiben. Ihr vertraut man Sorgen an, oder baut intuitiv auf ihr Urteil. Auch deshalb ist es für eine Frau manchmal wie Halloween und Abiprüfung zusammen, zum ersten Mal bei der Mutter des neuen Partners vorstellig zu werden.

So gesehen klingt der folgende Satz dann eigentlich nicht mehr schlimm: Die ideale Lebenspartnerin für einen Mann ist die berühmte Mischung aus Mutter und Geliebter. Aber so etwas wollen Sie ja nicht hören, nicht wahr, meine Damen?

Mal ehrlich ...

Wovor haben Männer Angst?
25 kurze, wirklich sehr kurze Hinweise

> Wenn einer keine Angst hat,
> hat er keine Phantasie.
>
> *Erich Kästner*

→ Männer haben Angst davor,
innerhalb eines Jahres endgültig den Augenkontakt zu ihren Füßen zu verlieren.

→ Männer haben Angst davor,
dass im Bier ein Schadstoff entdeckt wird, der sie zwingt, bis auf weiteres auf alternative Genussmittel umzusteigen.

→ Männer haben Angst davor,
dass an der beruhigenden Binsenweisheit »size doesn't matter« wider Erwarten nichts dran ist.

→ Männer haben Angst davor,
dass ihre Mütter besorgt fragen, ob sie noch regelmäßigen Sex haben.

→ Männer haben Angst davor,
zum Geburtstag von den Kollegen einen Deoroller geschenkt zu bekommen.

→ Männer haben Angst davor,
während des Geschlechtsverkehrs gefragt zu werden, woran sie gerade denken.

→ Männer haben Angst davor,
dass sie die Führerscheinprüfung wiederholen müssen.

→ Männer haben Angst davor,
zu tanzen.

→ Männer haben Angst davor,
länger als drei Stunden in einen Raum gesperrt zu werden, in dem sich kein Fernseher und kein Playboy befindet.

→ Männer haben Angst davor,
dass sie im Saalpublikum von *Eine Chance für die Liebe* sitzen und Kai Pflaume plötzlich ihren Namen kennt.

→ Männer haben Angst davor,
dass irgendjemand herausfindet, dass sie sich vor dem Hund von nebenan fürchten.

→ Männer haben Angst davor,
bei *Wer wird Millionär* schon vor der 500-Euro-Frage das Saalpublikum befragen zu müssen.

→ Männer haben Angst davor,
nach Hause zu kommen und von ihrer Frau und ihrem besten Freund mit den Worten »Setz dich doch noch zu uns!« empfangen zu werden.

→ Männer haben Angst davor,
dass die schwerbehinderte Nachbarin, die wochentags schon mal auf die Kinder aufpasst, sie freundlich grüßt, während sie gerade ein Pornokino verlassen.

→ Männer haben Angst davor,
dass ein freundlicher Kellner in einem noblen Restaurant die Aussprache ihrer Bestellung verbessert.

→ Männer haben Angst davor,
dabei beobachtet zu werden, wie sie sich in der Videothek *Das Piano* ausleihen.

→ Männer haben Angst davor,
dass ihnen im Bus ein halbwüchsiges Gör seinen Platz anbietet.

→ Männer haben Angst davor,
mit einer Frau gesehen zu werden, die schwerer als ein Sack Kartoffeln und formschöner frisiert als Angela Merkel ist.

→ Männer haben Angst davor,
beim Scharade-Spiel mit Freunden den Begriff »Tennisarm« darstellen zu müssen.

→ Männer haben Angst davor,
an einen Lügendetektor angeschlossen zu werden.

→ Männer haben Angst davor,
dass ihren Kindern die eigenen Zeugnisse in die Hände fallen.

→ Männer haben Angst davor,
dass sie in einer Gruppe von 15 Leuten vom Türsteher einer noblen Bar herausgepickt und abgewiesen werden, obwohl sie erst am Vortag für einen neuen Samtcord-Anzug mehr als 1000 Euro hingelegt haben.

→ Männer haben Angst davor,
dass irgendwann der Tag kommen wird, an dem sie gebeten werden, sich im Sportverein auf ein passives Ehrenamt zurückzuziehen.

→ Männer haben Angst davor,
dass Frauen am ersten Jahrestag der Beziehung die Funktionsweise von Kinderwagen beschreiben.

→ Männer haben Angst davor,
dass sie umständehalber ihren GTI gegen einen Mitsubishi Space Wagon eintauschen müssen.

Männer und Freizeitgestaltung

Geistige Zerrüttung ist keine Entschuldigung
für schlechtes Benehmen.

David Mercer

Lust, Leidenschaft oder pure Not?

Was Männer in den Puff treibt

> In Puffs gibt es die Frauen, mit denen man Sex haben will, sonst aber gar nichts, schon gar nicht mit ihnen gesehen werden. Letztlich zahlt der Mann immer auf die ein oder andere Weise für Sex.
>
> *Niels Ruf*

Machen Sie jetzt keinen Fehler. Oder, um es ein wenig prosaischer zu formulieren: »Don't kill the messenger!« Deutsche Männer gehen in den Puff. Sie tun es. Es ist nicht unser Fehler. Wir sind nicht stolz darauf und wir übernehmen keine Verantwortung dafür, nein, nein, offiziell gehören wir beide auch nicht gern zu einem Geschlecht, das sich Sex kauft wie einen Bademantel oder eine Discokugel für die Kellerbar. Aber es ist halt so: Männer besuchen Prostituierte. Immer schon. Und immer wieder. Nicht alle Männer natürlich, aber viele. »Pah!«, höre ich Sie sagen, und ich kann diese tiefe, unschöne Furche beinahe *sehen*, die Ihre Stirn verkratert, »*ich* kenne aber niemanden, der das macht. Niemanden! Und mein Freund/Partner/Gatte hat das schon überhaupt nicht nötig.«

Unbedingt. Natürlich nicht. Haben wir ja auch gar nicht behaupten wollen. Es ist nur so: Es gibt da diese Zahlen. Statistiken. Bilanzen. Demnach arbeiten in Deutschland mindestens 250 000 Prostituierte. Defensiv geschätzt. Sie erzielen einen Umsatz von rund sechs Milliarden Euro im Jahr. Das entspricht laut BILD dem Jahresumsatz von ESSO. Und auch hierbei handelt es sich um eine eher konservative Berechnung. Es gibt Fachleute, hauptsächlich in Finanzämtern, die von der doppelten Summe ausgehen. Laut Hydra, einem überregional aktiven Huren-Verband, sind pro Tag etwa eine Million Män-

ner unterwegs, um sich in einem »Freudenhaus« zu erleichtern. Eine andere Studie, die lustigerweise in der Fachzeitschrift GELDIDEE zitiert wird, geht davon aus, dass jeder vierte Mann in Deutschland mindestens einmal pro Jahr Sex kauft. Jeder vierte Mann.

Also, einigen wir uns darauf: Männer *tun* so etwas. Ob Ihnen das nun gefällt oder nicht. Natürlich schämen sie sich deshalb abgrundtief. Und es hat nichts – oder nur wenig – mit moralischen Gewissensnöten zu tun. Nein – die Tatsache, dass ein Mann für etwas bezahlt, das sein Kollege womöglich umsonst bekommt, bringt zuweilen selbst derbere und von Selbstzweifeln eher selten geplagte Männer zum Grübeln. Die Verfügbarkeit von Sexualpartnern ist schließlich in einem Land, das sich nicht im Krieg oder in einem ökonomischen Überlebenskampf befindet, also wirklich keine anderen Sorgen hat, ein wichtiges Statussymbol. Wer attraktiv ist, wer über Macht und Geld verfügt und ein Talent, diese Gaben auszuspielen, der hat auch regen Verkehr mit dem anderen Geschlecht zu haben. Wie der Franzose Houllebecq – in den Fragen zeitgenössischer (Un-)Sitten und Gebräuche gerade oberste Instanz – in seinen Romanen immer wieder referiert: Sex ist eine Kampfzone, ein Schlachtfeld – und es geht darum, viele Skalps an seinen Gürtel zu hängen. Und wer für seinen Sex zu Prostituierten gehen muss, zahlt dafür gleich zweimal. Einmal bei der Dame selbst. (Sechs Milliarden Euro!). Und dann noch einmal, wenn er gedemütigt, mit einem Blick, der die Lösungen all seiner Probleme irgendwo in der Nähe seiner Schnürsenkel vermutet, aus einem Bordell stolpert und alle, die zufällig des Weges kommen, wissen lässt: Jawohl. Ich habe für Sex bezahlen müssen! Ich habe das nötig!

Es dürfte einleuchten, dass sich Männer gerne und ausführlich über ihre Autos, Lebensversicherungen und sogar über ihre Aufrissrituale in Großraumdiscos austauschen, ihre Erlebnisse im »Leierkasten« oder in der »Roten Katze« aber in der Regel mit keinem Wort erwähnen.

Effenberg
Perfektes Role-Model für Poser, Übelkrähen und Schwachbegabte in Deutschland

Dabei stimmt es gar nicht, dass nur Männer zu Huren gehen, die ansonsten, wir formulieren das mal umgangssprachlich, keine Frau abbekommen. Das ist bloß einer dieser Mythen,

die stockstrenge Damen gerne kultivieren, um sich und ihr unmittelbares Lebensumfeld weiträumig aus dem Dunstkreis allen Übels herauszuhalten. Schließlich: »Wer sich mit der Hure verfleischigt, wird mit der Sünde eins.« Umso größer dürfte die Sünde für diejenigen sein, die zu Hause über Frau, zwei Kinder und sogar regelmäßigen Geschlechtsverkehr verfügen, und die sich trotzdem nicht bremsen können. Glaubt man den Damen des horizontalen Gewerbes, sind diese Fälle in der Mehrzahl. Die Mär vom einsamen Single, der sich hormongeplagt im Puff holt, was ihm andernorts vorenthalten bleibt, wird auch nicht wahrer, wenn sie immer wieder nacherzählt wird – in der Regel von Leuten, die es sich hoch anrechnen, die Prostitution als kleineres Übel zähneknirschend zu ertragen, wenn die Option so aussieht, dass sich der gemeine Triebtäter in Ermangelung von Alternativen in städtischen Grünanlagen auf die Pirsch nach unschuldigen Schulkindern macht. Ist natürlich Quatsch, dient aber dazu, den Frieden im bürgerlichen Lager zu erhalten: Selbstbetrug und Affirmation statt peinlicher Auseinandersetzung – ein wohl bekanntes und erprobtes Rezept zur Erhaltung des häuslichen Friedens.

Ein kurzer Einschub, aus gutem Grund.

ZEIT-Magazin: »Empfinden Sie es als erniedrigend, wenn ein Mann es nötig hat, für Sex zu bezahlen?«

John Irving: »Das ist doch keine Schande. Wir zahlen für viele Sachen. Manche Leute mähen ihren Rasen selbst. Andere bezahlen jemand, der das für sie macht. Ich nehme an, es gibt auch Leute, die halten es für eine Schande, dass es Leute gibt, die zu faul sind, ihren eigenen Rasen selbst zu mähen. Ich war schon immer der Meinung, dass Prostitution eine gute Lösung für Männer ist, die Probleme mit der Treue haben und sich selbst in eine verzwickte Lage gebracht haben, weil sie eine Ehefrau und eine Freundin haben. Huren halten Männer, die es nach Sex mit mehreren oder neuen Partnern verlangt, davon ab, sich den Rest ihres Lebens zu verbauen. Ich denke, das ist eine ehrliche Sache.«

Vielen Dank, Mr. Irving. Womit wir dann wieder bei der Ausgangsfrage wären – Sie haben gelernt, *dass* Männer ins Bordell gehen, *warum* sie sich dafür schämen und dass es *nicht nur* zu den beliebten

Gebräuchen ungebundener Exemplare gehört. Jetzt wollen wir Ihnen verraten, warum Männer sich *wirklich* so gern in Rotlichtbezirken herumtreiben. Es ist nämlich keine Frage des Müssens (außer bei Michael Douglas oder Charly Sheen vielleicht, die sich internationaler Vögelfreiheit erfreuen und die pathologische Diagnose »Sexsucht« zum Kegelclub-Kalauer gemacht haben). Es ist eine Frage des Wollens.

Ein Besuch im Sperrbezirk ist nämlich aufregend. Spannend. Ein Abenteuer. Selbst das über jeden Zweifel erhabene TV-Magazin für die ganze Familie, die HÖRZU, reportierte markig: »Männer wollen Abenteuer erleben. Wo können sie das sonst noch, in einer Welt zwischen Computer und Stechuhr. Da, wo das Rotlicht leuchtet, wo schwere Samtportieren die Separees abschirmen – da beginnt die verbotene Zone, da lockt eine der letzten Grenzen, die sie überwinden können, ohne wirklich Kopf und Kragen zu riskieren.« Auch wenn hier die gängige RTL2-Rhetorik strapaziert wird – im Kern dürfte das stimmen. Man muss bloß mal die Horden von *Cats* oder *König der Löwen*-Touristen gesehen haben, die in Hamburg aus Gesamtdeutschland angeschwemmt werden und sich im Anschluss an ihren kulturellen Jahreshöhepunkt vor der Herbertstraße versammeln. Lustige Treffen sind das dort vor dem roten Eingangstor der sündigen Straße, in der ansehnliche Frauen in Schaufenstern sitzen und sich für 60 Euro aufwärts mieten lassen. Frauen – jedenfalls solche, die dort nicht arbeiten – müssen hier leider draußen bleiben. Bei Zuwiderhandlungen platschen Jauchebecher auf die keck frisierten Hausfrauen aus Wattenscheid. Vor dem Tor kommt es stets zu rührenden Abschiedsszenen, weil »die Männer« – mindestens in Fünfergruppen – nur mal durch die Straße schlendern wollen, wenn sie schon mal da sind. Die Frauen finden das dann okay und rollen bloß etwas mit den Augen – wann werden sie endlich mal erwachsen, sollen diese Blicke ausdrücken. *Männer!* Wenn sie nicht eine Spur zu laut lachen würden und nicht nach zwei Minuten verstohlen auf die Uhr blickten, dann würde man ihnen vielleicht sogar abnehmen, dass sie sich in diesem Moment *mit* ihren Männern amüsierten.

Das Abenteuer besteht hier zwar aus der bloßen Möglichkeit, mal mit Gwendolin aus Trinidad-Tobago oder Mai Lingh aus Thailand in den Ring zu steigen (oder mit Biggi aus dem Schaufenster ein paar

Sachen auszuprobieren, die man seiner Frau nicht in 100 Jahren vorschlagen würde ...), denn zu mehr reicht die Zeit nicht in der Herbertstraße. Doch das Prinzip dürfte deutlich geworden sein. Dass Männer auf diese Art und Weise Frauen auf ständig verfügbare Ware reduzieren und der Bordellbesuch als solcher verboten werden müsse – in Ländern wie den USA und sogar Schweden machen sich nicht nur Huren, sondern auch deren Freier strafbar! –, predigen EMMA und vergleichbar unmissverständliche Publikationen zwar schon seit jeher, doch wir wollen doch hier nicht über moralische und ethische Feinheiten debattieren? Werten soll das, wer sich zuständig fühlt. Wir erklären Ihnen doch bloß, welche Gründe Ihre Männer dafür haben könnten: Sie wollen Abwechslung. Sie wollen wissen, was die »Budapester Beinschere« oder »Hund im Mond« ist, ein paar delikate erotische Spielchen treiben, die sie aus ihrem eigenen Schlafzimmer noch nicht kennen. Sie wollen sich keine Geschichten über mannigfaltige Migränephänomene anhören. Und sie wollen, ganz wichtiger Punkt, Sex, wann immer sie Lust darauf haben. Das ist egoistisch, triebgesteuert, von mir aus armselig. Aber es ist vermutlich die Wahrheit.

Ehe
Lebensgemeinschaft mit angeschlossenem Imbiss, einer Wäscherei und der Möglichkeit zu regelmäßigem Sex. Leider wird das Kommunikationsbedürfnis des Ehe-Partners viel zu häufig unterschätzt (siehe: Problemgespräch).

Ein letzter Punkt. Reden Sie mal mit einer Prostituierten über ihre Gäste. Vermutlich werden Sie überrascht sein. Die wenigsten Männer kommen, weil sie bei der Lektüre von PRALINE oder COUPÉ besonders perverse Spielideen ausgebrütet hätten. Ein paar natürlich schon, doch das ist die Minderheit. Die meisten Männer kommen, so berichten die Gunstgewerblerinnen, mit ganz trivialen sexuellen Wünschen zu ihnen, und auf die Frage, was ihnen vorschwebt antworten sie so vage wie verschämt: »Ach, ganz normal!« Sie sehen nicht schlechter aus als der Durchschnitt und sie sind nicht schüchterner, es gibt – nach bürgerlichem Ermessen – keinen Grund, warum sie ein Bordell aufsuchen *müssten*. Warum sie es trotzdem tun, hat einen ganz einfachen Grund: Sie wollen nicht abgewiesen werden.

Jeden Tag nämlich lesen Männer in Magazinen über den großartigen Sex von anderen, sehen im Fernsehen Körper der Luxusklasse

und Jungs, die sich daran ergötzen. Doch in ihrem Leben sind Frauen längst nicht so verfügbar, wie der freie Markt der Massenmedien das suggeriert, nein, im Gegenteil. Frauen aus Fleisch und Blut sind anspruchsvolle Wesen, verlangen nach ehrlichem Interesse, nach charmanter Rundumbehandlung, nach intelligenter Unterhaltung. Und selbst wenn Männer in dieser Hinsicht ihr Bestes geben, ist immer noch nicht gesagt, ob sie damit ans Ziel kommen ... Meistens werden sie abgewiesen, wer was anderes behauptet, heißt entweder Brad Pitt oder ist ein übler Aufschneider. Wer einmal in einer Bar einen dreistelligen Betrag investiert hat, nur um an einem sehr, sehr langen Abend mit einer jungen Dame ein Gespräch über ihr Lipgloss und die Libyen-Krise anzustrengen, zu albernen Melodien zu tanzen und um dann gegen zwei Uhr, mit einer beträchtlichen Erektion, einem abfahrenden Taxi hinterherzuwinken, mit nichts in der Hand außer einer Telefonnummer, die nicht mal stimmt, der weiß, wovon ich: rede: Balz ist Krieg!

Vielen Männern ist der ganze Ritus einfach nur lästig. Sie wollen keine Blind Dates hinter sich bringen, keine Abfuhr von der Kollegin im Büro riskieren, sie wollen keine »Fisch-sucht-Fahrrad«-Parties besuchen oder Kontaktanzeigen im örtlichen »Szene«-Magazin aufgeben. Sie wollen oftmals nicht mal eine feste Beziehung zu einer Frau. Sie wollen, mit Verlaub, manchmal einfach nur ficken. Niemand bringt diese schlichte Erkenntnis besser auf den Punkt als der bereits erwähnte Michel Houllebecq in seinem neuen Roman *Plattform*. Er schreibt:

Heutzutage eine Frau anzumachen, die man nicht kennt, um mit ihr zu schlafen, bringt alle möglichen Demütigungen und Probleme mit sich. Wenn du nur an die langen, öden Gespräche denkst, auf die du dich einlassen musst, um eine Frau rumzukriegen, mit dir ins Bett zu gehen, und sie sich dann noch in den meisten Fällen als eine Null im Bett herausstellt, die dich mit ihren Problemen nervt und dir von ihren ehemaligen Typen erzählt – und dir so ganz nebenbei den Eindruck vermittelt, dass du es mit ihnen nicht aufnehmen kannst, aber natürlich trotzdem darauf dringt, dass du den Rest der Nacht mit ihr verbringen musst – dann kann man leicht verstehen, dass sich die Männer eine Menge Sorgen ersparen und dafür etwas Geld bezahlen.

Innenansichten aus Absurdistan

Warum treffen Männer sich und dann reden sie nix?

Man braucht zwei Jahre,
um sprechen, und fünfzig Jahre,
um schweigen zu lernen.

Ernest Hemingway

Also, meine Damen, stellen Sie sich folgendes Szenario vor: Sie treffen abends Ihre allerbeste Freundin in einer Bar. Es ist eine recht gemütliche Bar, mit lauschigen Sofaecken, leiser Chillout-Musik und perfekt gedimmter Beleuchtung. Der ideale Ort, um sich zu unterhalten, um endlich mal wieder herrlich zu lästern, alles Wichtige auszutauschen mit einem Menschen, der einen versteht. Endlich den Stress im Büro, mit dem Blödmann zu Hause oder der ungeduldigen Sparkasse loswerden. So, und jetzt stellen Sie sich vor, Sie sprechen *nicht* miteinander. Sie sitzen einfach nur so da in der Bar, schauen ein bisschen in der Gegend herum und halten sich am Gin Tonic fest. Neben Ihnen hockt Ihre Freundin und starrt ebenso tumb vor sich hin. Unvorstellbar? Männer machen das so.

Klingt jetzt vielleicht etwas übertrieben. Frauen sabbeln ohne Punkt und Komma, wenn sie sich treffen, Männer schweigen gerne mal nebeneinander her. Doch es ist ja bekannt, dass in jedem Klischee ein wahrer Kern steckt. Dass Männer generell schweigsamer sind als Frauen, ist als partnerschaftliches Problem ein alter Psycho-Hut. Gibt es in einer Beziehung Schwierigkeiten und Streit, ziehen Männer sich in ihre Höhlen zurück. Abtauchen ins *Inner Space*, wo sie als Mönche mit einem vorübergehenden Schweigegelübde leben. In

Einparken
Können Männer tatsächlich besser. Hat einen genetischen Hintergrund und hängt mit dem Raumvorstellungsvermögen zusammen. Trotz häufig gegensätzlicher Auslegung handelt es sich um keinen Verdienst.

der Abgeschiedenheit und Geborgenheit ihrer imaginären Klöster denken Männer dann nach; sie grübeln und suchen nach Lösungen, und manchmal suchen sie auch nach ihrer Meinung. Deshalb grübeln sie oft sehr, sehr lange. Und dann, irgendwann, geben sie die freiwillige Klausur auf und präsentieren das Ergebnis dieses Denk-Prozesses – wortkarg wie gewohnt. Frauen macht das rasend. Und frustriert. Sie wollen *sofort* reden. Frauen wollen das Problem anpacken und vor allem *durch* Reden zu einer Lösung kommen. Es gibt Beziehungen, die an dieser Diskrepanz gescheitert sind. Viele. Aber das ist ein ganz anderes Kapitel.

Gut, einigen wir uns darauf: Männer sind von Natur aus schweigsamer als Frauen. Treffen sie sich also mit anderen Männern, um endlich mal in Ruhe *nicht* reden zu müssen?

Wenn man eine Männerrunde belauscht, die sich über die Bundesliga oder die Wahl der Miss Universum unterhält, würde man das abstreiten. Bei *leichten* Themen können auch Männer zu verbal inkontinenten Quarkköpfen werden. Schwer Verdauliches tauschen Männer mit ihren Geschlechtsgenossen allerdings kaum aus. Die Psychologie kennt den Grund dafür. Auch wenn Männer sich das nicht eingestehen: Selbst der beste Freund ist immer auch ein Konkurrent. Männer befinden sich stets auf der Hut und vermeiden tunlichst, ihre schwachen Stellen preiszugeben. Dass Freunde so unterschwellig verdächtigt werden, diese Schwächen bei Gelegenheit auszunutzen, macht die Sache einigermaßen absurd, denn worin besteht der Sinn einer Freundschaft, in der kein wahrer Austausch stattfindet? Einzig der klassischen »guten Freundin« offenbaren Männer ihre Gefühle. Manchmal. Weil sie eine Frau ist. Und nicht so bedrohlich. Und auch nur dann, wenn der Leidensdruck wirklich ganz schlimm ist.

Männern fällt es grundsätzlich nicht leicht, über ihre Gefühle zu reden. Das haben sie schlichtweg nie gelernt. Zu unmännlich. Statt-

dessen lernen sie, rollenbildend: Rick sitzt am Tresen seiner Bar in Casablanca, schaut trübe in sein halbleeres Whiskyglas und leidet still. Dann geht er rüber zu Sam. Rick sagt nicht zu Sam: »Hey Sam, ich bin echt mies drauf. Können wir über diese blonde Schlampe reden?« Er sagt nur: »Spiel es noch einmal.«

Sam fragt nicht nach dem Grund, er kennt ihn. Und er beginnt zu spielen. Frauen suchen das Gespräch mit ihren Freundinnen und nach der Bestätigung ihrer Empfindungen: Geteiltes Leid ist halbes Leid. Männern ist an dieser problembewältigenden Art der Kommunikation nicht sonderlich gelegen. Sie *wissen*, dass der Kumpel neben ihnen der gleichen Meinung ist. Schließlich hat er einen ähnlichen Genpool. Da reicht oft ein wissender Blick. Frauen wissen gar nicht, was der Begriff »Worte verschwenden« bedeutet. Dialoge von Männern hören sich manchmal so an: »Wie isses?« – »Ach.« – »Hm.« Damit ist alles gesagt. Dass die Frau, die einen verlassen hat, ein Luder ist. Dass man trotzdem leidet wie ein Hund. Und dass der Freund mitfühlt.

Man starrt dann gemeinsam ins Leere. Parallel. Das Gefühl, sich nah zu sein und zu verstehen, ist trotzdem da. Ein intensives Gefühl, dem Worte sowieso nicht gewachsen sein würden. Deshalb treffen sich Männer, brauchen nicht zu reden, und alles ist okay. Fehlt nur manchmal noch der glutrote Sonnenuntergang.

PS: Manchmal sind Männer, die zusammen an einem Tresen hocken und nicht reden, einfach nur stumpfsinnige Idioten. Nur Profis erkennen den Unterschied.

Ruf! Mich! An!

0190 – warum können nur Männer etwas mit dieser Zahl anfangen?

Wenn ein Mann sich für unwiderstehlich hält,
liegt es oft daran, dass er nur dort verkehrt,
wo kein Widerstand zu erwarten ist.

Françoise Sagan

Das verstehen Frauen einfach nicht. Man liegt vor dem Fernseher, gegen 23.30 Uhr, und *irgendwie* ist einem so fad zu Mute. Dazu kommen diese verdammten Hormone; Männer drängt es ja quasi *immer* zum Weibe. Und wenn nun in diesem Moment auf DSF oder einem der anderen preiswerten Privaten die Dauerwerbesendung beginnt, diese »Ich bin so heiß, wähle 66 67 68«-Animation, dann kann es passieren. Ja, es kommt dann schon einmal vor, dass man kurzerhand zum Telefon greift und ein wenig Geld verschleudert. Unter anderem. Einfach so. Das klingt erbärmlich, aber so ist es. Schließlich gibt es viele dieser Nummern, und wenn die alle nix verdienen würden, dann wären sie nicht ständig auf Sendung.

Für Frauen ist das ein Parallel-Universum. Im Vergleich zu »0190-Telefonsex praktizieren« können Frauen eher noch damit leben, dass Jungs mal »in den Puff gehen«. Natürlich finden sie es anstößig, aber sie verstehen den Kick daran. Beim Telefonsex dieser kommerziellen Dumpfbacken-Anbieterinnen allerdings, da hört das Verständnis auf.

Ejaculatio Praecox
Haben Männer schon mal von gehort, muss wirklich schlimm sein.

Wohlgemerkt: Frauen gönnen uns dieses Vergnügen. Sie verstehen nur nicht, was daran denn erotisch sein soll.

Es ist aber auch schwer zu erklären: Warum können Männer eine Telefonsexnummer anrufen, sich von einer wildfremden Stimme (die dazugehörige Dame strickt nebenbei vermutlich Topflappen) auf Touren bringen lassen, dabei an sich herumspielen und das Ganze dann auch noch irgendwie geil finden?

Und warum eigentlich gibt es keine Sex-Hotlines für Frauen? Wo sie doch prinzipiell nichts gegen Telefonsex haben? Weil es da diese entscheidende Einschränkung gibt: Frauen müssen den Typen am anderen Ende der Leitung mindestens ein bisschen kennen, Bilder mit ihm verbinden, Gerüche, seinen Charme, seinen Humor erinnern. Distanzerotik mit dem verreisten Ehemann oder einem Flirtpartner aus einer anderen Stadt funktioniert jedenfalls prächtig, doch das anonyme Telefon-Nümmerchen befremdet Frauen, und das hat nichts mit den 3,91 Euro oder mehr zu tun, die pro Minute berechnet werden. An tradierten Tabus kann es nicht liegen. Auch Frauen sind in der Lage und durchaus interessiert daran, Sex auch mal nur schlicht zu »konsumieren«, allerdings benötigen sie dazu komplexere Anheizer. Einfach ein paar wahllose Schweinereien ins Handy zu blubbern, reicht ihnen bei weitem nicht aus. Männer sind da einfacher gestrickt. Primitive Schlüsselreize genügen. Wie früher in der Schule, wo so ein versauter Ingo-Appelt-Vorläufer einfach nur blöde »Ficken! Ficken!« rufen musste und die halbe Klasse den Verstand verlor (welche Hälfte brauchen wir Ihnen wohl nicht zu sagen).

Tatsache: Ein einziger Schlüsselreiz genügt, um uns anzumachen. Und wenn wir diesen Schlüsselreiz in Form einer schweinischen Dummheit von einer anonymen Stimme am Telefon bekommen können, dann bitteschön: Wir sind dabei!

Offiziell sind Männer, die der Telefonerotik frönen, einsam. Sie geben meistens zu Protokoll, sich nur unterhalten zu wollen. Neben der dumpfen, irgendwie immer präsenten Lust auf Sex sei es schlicht die Einsamkeit, die Männer treibt, und das Bedürfnis nach Nähe. Endlich mal wieder mit jemandem reden. Über Gott und die Welt. Frauen haben aus diesem Grund Freundinnen.

»Nur mal reden« wollte auch Hans Wallner, dem wir hier stellvertretend für alle »einsamen« Männer den Titel »Mister 0190« verleihen möchten. Der CSU-Abgeordnete des Bayerischen Landtages

machte Schlagzeilen, weil er bei verschiedenen Stöhnlines 26 832,12 Mark vertelefonierte. In nur drei Monaten! Muss ja ein harter Job sein, den so ein CSU-Mann zu bewältigen hat. Dummerweise hat Wallner diese Körper und Seele streichelnden Gespräche aus dem offiziellen Dienst-Apartment geführt – so kam ihm der parteieigene Revisor auf die Spur.

Wir wollen den Wallner Hans auch gar nicht weiter ärgern, der Mann musste sich genug Spott und Häme gefallen lassen. Und er ist ja auch nicht der einzige Sünder: Zwei Milliarden Euro hat die 0190-Branche im Jahre 2001 umgesetzt. Es gibt viele Wallners, ein Haufen Männer sind nach 0190er-Nummern geradezu süchtig, und das ist dann sicher keine ausschließliche Frage der primitiven Sexualität des Mannes mehr, sondern auch ein authentischer Ausdruck seiner brüchigen sozialen Strukturen.

Natürlich haben wir das alles ausprobiert. Man soll ja nicht über Sachen schreiben, die man nicht kennt, wenn es sich vermeiden lässt. Also haben wir Selbstversuche gestartet: jeder einen. Nur aus Recherchegründen, versteht sich.

Beim ersten Mal war es ein so kreuzblödes, vorhersehbares und unerotisches Vergnügen, als ob ein bekiffter Didi Hallervorden der hörbar mittelalten Dame am anderen Ende der Leitung die Texte geschrieben hätte. Nach fünf Minuten war die Testperson A zwar höchst vergnügt, aber so erregt wie ein Blumenkübel in der Fußgängerzone. Fünf Minuten Dadaismus, und das frei Haus – Respekt. Und Testperson B? Fand das alles auch ... nun ja ... eher enttäuschend. Oder wie soll man es nennen, wenn nach sieben Minuten immer noch eine Warteschleifen-Domina versucht, einen bei der Stange zu halten, ohne dass der geringste Hinweis auf erbaulichen Schweinkram geliefert wird. Es ist definitiv kein Thrill, permanent daran zu denken, dass pro Minute 1,49 Euro fällig sind. Für eine Warteschleife. Vielleicht ist die ungeduldige Testperson ja kein klassisches 0190er-Opfer. Schließlich hatte sie eine Alternative. Sie hat den Versuch abgebrochen, die 0172er-Nummer der eigenen Freundin gewählt und ihr das Herz ausgeschüttet. Endlich mal reden.

Zur Tagesordnung!

Drei Männer = ein Verein! Warum sich Männer so gern organisiert zusammenrotten

Präambel

55 Prozent aller Frauen in Deutschland sind in Vereinen organisiert. Bei den Männern sind es stolze 75 Prozent. Das ist kein Zufall.

»Wenn drei deutsche Männer einen Anlass zum Trinken suchen und sie können sich einigen, wer von ihnen Schriftführer, wer Kassenwart und wer der Vorsitzende sein soll, dann gründen sie einen Verein.« So stand es in der FRANKFURTER ALLGEMEINEN ZEITUNG geschrieben, vor nicht ganz einem Jahr. Ein seriöses Blatt, ein deutschlandtreues dazu. Wie kommen diese Frankfurter Würstchen bloß auf die Idee, so was Reelles wie den Verein, die Keimzelle nationaler Gemütlichkeit, so spöttisch abzukanzeln? Haben die etwa den Verstand verloren?

Fakt ist, dass fast jeder zweite Deutsche Mitglied in einem Verein ist. Für Leute, die sich präzise mit Begrifflichkeiten auseinandersetzen: »Vereine sind Personenvereinigungen von Gleichgesinnten zur gemeinsamen Verfolgung von bestimmten, nicht primär wirtschaftlichen Interessen.« Behauptet jedenfalls das NRW-Lexikon und führt auch fünf gemeinsame Merkmale auf, die einen Verein erst zum Verein machen. Die sparen wir uns aber hier, weil sie sich so spannend lesen wie der Geschäftsbericht der Bad Tölzer Templer.

Emanzipation
Schlimmes Reizwort in lila Buchstaben, das Männer intuitiv mit asymmetrischen Frisuren, Ina Deter und Erdkundelehrerinnen auf Kreta assoziieren und sie unwillkürlich schützend ans Gemächt greifen lässt (siehe auch: Gleichberechtigung).

Zu den »nicht primär wirtschaftlichen Interessen« kommen wir später. Das können wir nämlich so nicht stehen lassen. Zuerst aber eine kleine Hitliste: Der größte Verein in Deutschland ist der Allgemeine Deutsche Automobilclub (ADAC), aber der gilt irgendwie nicht. In dem sind zwar etwa 14 Millionen Menschen ordentliches Mitglied, aber die typischen Merkmale eines »normalen« Vereins erfüllt der ADAC sicher nicht: Man muss kein Amt übernehmen, keinen Kuchen für die Weihnachtsfeier backen, und es ist eher die Ausnahme, dass man den Vorsitzenden des ADAC an der Theke beim Apfelkorn trifft (Haben die da überhaupt einen Vorsitzenden?).

Nein, 14 Millionen Menschen wollen nur sichergehen, nicht allein zu bleiben, wenn ihnen in dunkler Nacht auf der Landstraße nach Uelzen der Keilriemen reißt. In Sachen Pannen dürfte der ADAC in Deutschland führend sein, noch vor Oliver Reck, dem Torhüter von Schalke 04.

Auch weit vorn in der Rangliste mit den meisten Mitgliedern: alle Vereine im Bund Deutscher Karneval! Rund 2,5 Millionen Pappnasen organisieren das fröhlichst-mögliche Volksfest. Dagegen sind nur 700 000 Aufrechte im Tierschutzbund organisiert. Soll noch einer behaupten, der Deutsche hätte keinen Humor!

Weit weniger Mitglieder hingegen versammeln sich bei der »Gesellschaft für lebendgebärende Zahnkarpfen« und auch der »Verein zur Förderung des Ansehens der Blut- und Leberwürste« leidet vermutlich unter Nachwuchssorgen. Kein Witz, diese Vereine gibt es – und viele mehr, deren Existenz aber an dieser Stelle im Dunkeln bleiben soll. Ein letzter absurder Schlenker sei uns jetzt noch gestattet, bevor wir das Phänomen des Vereinslebens mal ein wenig näher beleuchten: In den Niederlanden – ja, auch dort – gibt es viele Vereine. Uns haben besonders die »Horsemen« imponiert – die »Gesellschaft homosexueller Männer mit extragroßem Geschlechtsteil.« Müssen lustige Abende sein, wenn über die Aufnahme neuer Mitglieder abgestimmt wird.

Warum aber organisieren sich so viele Menschen in einem der 544 701 eingetragenen Vereine (Stand 10/2001) in Deutschland? Und warum bloß sind es in der Regel Männer? Weil sie die gleichen

Interessen bündeln, voneinander lernen, was auf die Beine stellen möchten? Auch. Ganz sicher: auch. Ein bisschen. Aber in erster Linie geht's ihnen um:

1. die Flucht,
2. die Geselligkeit,
3. das Amt,
4. das Geld.

Und weil wir Ihnen das Prinzip »Verein« mal am lebenden Objekt vorstellen möchten, behandeln wir diese vier Punkte streng formgerecht.

Tagesordnungspunkt (TOP) 1: Die Flucht

Männer haben Familien, einen Fernseher und viel Langeweile. Immer bloß mit den Kindern spielen, im Hobbykeller bosseln oder mit der Frau auf dem Sofa hocken und in »Kontaktbörse Harzer Umland« zu blättern, macht auf Dauer keinen schlanken Fuß. Eine aushäusige Beschäftigung muss her. Dafür nimmt er zuweilen sogar in Kauf, etwas Sport treiben zu müssen oder ein Instrument zu erlernen, doch in der Regel lässt man andere für sich arbeiten (Brieftauben) oder simuliert die sportliche Betätigung bloß (Golf, Kegeln). In der Regel gilt die Mitgliedschaft in einem Verein als legitimer Vorwand, sich mindestens einen Abend in der Woche mit anderen Familienflüchtern hinter dichten Rauchwolken und bauchigen Humpen zu verschanzen. Damit wären wir auch schon bei ...

TOP 2 : Die Geselligkeit

Offenbar gehört es zum Wesen von Männern, sich in großen Runden zusammenzurotten und sich mit gebeugtem Kopf auf der Lehne eines Tresens oder einem groben Tisch aus Holz auszutauschen. Er weiß, dass er zu Hause wenig Punkte damit macht, diesem Wunsch allzu offensiven Ausdruck zu verleihen. Aus diesem

Erektile Dysfunktion
Euphemismus für die Unfähigkeit von Männern, genug Blut in ihrem Penis zu stauen. Kommt aber quasi so gut wie nie vor ...

Euro-Palette
Wichtigstes Möbelstück in variabler Funktion für die erste bis dritte Wohnung im Leben von Männern. Wird dann von »Ledercouch, schwarz« abgelöst.

Grund ist der Verein und die damit verbundene Tätigkeit wichtig, um sich loszueisen von Heim, Herd und Kinderzimmer. Egal, ob der Basar zum Vatertag, das nächste Punktspiel oder der Bau eines Vogelhäuschens für das Seniorenheim in der Nachbarschaft anstehen – man muss einfach dahin, man wird gebraucht. Dann wird schnell erledigt, was zu erledigen war – getagt, trainiert oder gebaut – bevor es zum zeitaufwändigsten Teil des Abends geht: zusammensitzen. Wenig Vereine gibt es in Deutschland, die sich »Zusammenhocker e. V.« nennen oder auch nur »Trink-Truppe Neumünster«, doch das ist es, was 90 Prozent aller Vereine in Deutschland verbindet. Stundenlang hocken sie beisammen, machen – je nach Bildungsgrad – schlechte oder sehr schlechte Witze, pumpen sich alkoholische Substanzen in die Venen und küngeln aus, was und wie alles zu laufen hat. Letzteres ist wichtig, sehr wichtig für die Dynamik eines Vereins. Schließlich geht es um ...

TOP 3: Das Amt

Kein Verein ohne Regeln und keine Regeln ohne Boss. Egal ob Skatclub oder Tierschützer, Bodenfrost-Fotografen oder Stotterer – in jedem ordentlichen Verein gibt es zwei, drei Gestalten, die das Sagen haben. In der Regel sprechen wir hier vom »Vorsitzenden«, selbstbewusstere Verbindungen wählen gleich einen Präsidenten. Nur der FC Bayern gönnt sich einen Kaiser, aber das ist jetzt wieder eine ganz andere Geschichte. Vorsitzender zu sein in einem Sport-, Kegel- oder »Wir-wollen-ein-neues-Bushäuschen«-Club verlangt in der Regel immensen Zeitaufwand, ist aber auch vorzüglich dazu geeignet, im sozialen Bereich gewisse Defizite zu kompensieren. So mancher Versicherungskaufmann im Außendienst bezieht sein Selbstbewusstsein fast ausschließlich aus seiner Funktion und seinen zahlreichen Auftritten als Redner und Repräsentant der örtlichen Blaskapelle, und der Schornsteinfeger, der im März und September beim Schützenumzug vorneweg die Fahne trägt, fühlt sich ganzjährig als Motor der Gemeinde. Männer sind wie kleine Jungs,

und es ist wichtig für sie, ab und zu das Wort zu führen. Wenn ihnen ein Amt dazu auch noch die formale Berechtigung verleiht, sind sie nicht mehr zu bremsen. Sie werden darauf bestehen, dieses Recht auch einzufordern, und das kann schlimmer sein, als mit Didi Hallervorden und Guido Westerwelle in einem Kartoffelkeller zu zelten. Vielleicht haben Sie es ja noch nicht erlebt, dass der zweite Kassierer eines Vereins, der sich um die Grünbepflanzung von Gewerbezentren kümmert, vor seinem Jahresbericht eine 75-minütige Grundsatzerklärung zum Ozonloch verliest – langsam, stockend und tonlos. Er hat sich einige Wochen auf diesen Auftritt vorbereitet und ein neues Hemd erworben – kann man so einem Verfechter des Ehrenamts das Wort entziehen, schon nach 20 oder 25 Minuten? Wohl kaum. So ein Mann macht das nicht für Geld, auch nicht für gute Worte. Es ist das Bewusstsein, hier und an Ort und Stelle Amtsträger zu sein, also, in jedem Fall: wichtig!

Top 4: Das Geld

Wenn Sie auf dem Land wohnen und Mitglied in einem Verein sind, dem mehr als zehn Prozent der hiesigen Gesamtbevölkerung angehören, dann achten Sie mal darauf, wer sich da im Vorstand tummelt. Vermutlich sind es a. kommunale Politiker und b. Handwerker mit einem eigenen Betrieb. Meistens kommt beides zusammen. Aber wir wollen von den Handwerkern sprechen und dem Umstand, dass wir es hier dann doch mit Leuten zu tun haben, die aus ökonomischen Gründen in einem Verein wirken. Egal ob Maler, Klempner, Tapezierer oder Schuster: Wer viele Freunde hat, der kann auf viele Kunden hoffen. Und so ergibt es sich, dass der Begriff »Vereinsmeier« beim örtlichen Installateur Huber eine ganz neue Bedeutung erhält. Er ist bei den Flötisten, Fußballern, Synchronschwimmern und Philatelisten im Vorstand, und wenn seine Frau ihn einmal in ihrem exquisiten Flachdach-Neubau zu Hause begrüßen darf, dann nur, weil seine Vereinsfreunde, also potenzielle Kunden bei ihm zum Saunaabend geladen sind. Sie ist dann für die Schnittchen zuständig.

Und was folgt jetzt, nachdem die Tagesordnung brav abgearbeitet worden ist? Klar:

Vermischtes

An dieser Stelle wäre vielleicht der Hinweis angebracht, dass Frauen und Männer in ihrem Vereinsleben unterschiedliche Schwerpunkte setzen. Frauen engagieren sich nach einer Studie des Bundesinnenministeriums häufig für familienbezogene und sozial bestimmte Vereine. Männer dagegen sind da zu finden, wo Berufsrelevantes und Prestigeträchtiges zu erwarten ist. War das jetzt eine Überraschung? Wohl nicht. Und der Jungs-Faktor beweist sich auch noch durch eine andere Zahl: Der Männeranteil bei den Rettungsdiensten und der Freiwilligen Feuerwehr liegt bei stolzen 73 Prozent. Alles kleine Helden. Oft aber am falschen Platz, wie eine letzte Information erhellt, nicht zufällig vom Familienministerium veröffentlicht: »Junge Mütter schränken ihr Engagement außerhalb der Familie bis zum dritten Lebensjahr des Kindes deutlich ein, wohingegen es bei Männern genau umgekehrt zu einem überproportionalen Anstieg der Vereinsmeierei kommt.«

Übersetzt für Spätmerker: Wenn es zu Hause ungemütlich wird, weil das Baby blökt, setzt sich Gschaftlhubers Michi ab und bläst die Backen auf. Männer. Und weil wir gerade so kräftig dabei sind, Nestbeschmutzung zu betreiben (zusammen sind die Autoren in fünf Vereinen ...), möchten wir noch auf Kurt Tucholsky verweisen, der ein oder andere hat sicher schon von ihm gehört. Er schrieb über die Motivation von Männern, sich einem Verein anzuschließen, Folgendes:

Da draußen bin ich nur ein armes Luder.
Hier bin ich ich – und Mann und Bundesbruder.

Wir stimmen zu. Und bitten um Entlastung der Versammlung. Vielen Dank.

Heute wird's später, Schatz

Warum drücken sich Familienväter so gerne 14 Stunden im Büro herum?

Die richtigen Männer
sind entweder schon verheiratet –
oder sie arbeiten zu viel.
Juliette Gréco

Oder beides, möchten wir den weisen Satz der französischen Chansonsängerin ergänzen, die in dieser Hinsicht offenbar leidvolle Erfahrungen gesammelt hat, denn besonders verheiratete Männer finden den Weg vom Büro nach Hause immer seltener und immer später. Luise Ulrich hat zu diesem Thema eine schlichte, aber durchaus zutreffende Weisheit auf Lager: *Für eine gute Ehe gibt es einen einfachen Maßstab: Man ist dann glücklich verheiratet, wenn man lieber heimkommt, als fortfährt.*

In unserem Bekanntenkreis gibt es da diesen Fall – keine schöne, aber eine wahre Geschichte. Sie betrifft unsere Freundin Corinna. Das Familienleben hatte sie sich *etwas* anders vorgestellt. Corinnas Geschichte steht für Tausende dieser traurigen Schicksale, die Frauen verbindet, und auch wenn sich dieser Epilog anhört, als hätten wir ihn aus einem Courths-Mahler-Roman geklaut, so trifft er doch leider zu.

Corinnas Lebenspartner Nils war ein Workaholic. Besser gesagt: ist zu einem geworden. Als Corinna ihn kennen lernte, nahm er sich Zeit, trotz seiner gerade in Angriff genommenen beruflichen Selbstständigkeit. Sie verbrachten Abende in Kinos, Restaurants, Galerien, trafen Freunde, machten Urlaub – bis Nils immer mehr und

mehr Zeit im Büro verbrachte. Dummerweise begann das etwa zu der Zeit, als Corinna schwanger wurde und sie in eine gemeinsame Wohnung zogen. Zufall? Aus durchschnittlich acht oder neun Stunden, die Nils täglich im Büro zubrachte, wurden schnell 13 oder 14 Stunden.

Wer so viel arbeitet ist natürlich a) stets müde, b) meistens unausgeglichen und c) nie *da*, wenn man ihn braucht. Nils war da keine Ausnahme. Die wenigen Stunden in der Woche, die Corinna und er noch zusammen verbrachten (wollen Sie die gemeinsame Schlafenszeit mitzählen?) vergingen mit zähen Diskussionen um seine ständige Abwesenheit. »Im Grunde«, beklagte sich Corinna einmal bei uns, »bin ich allein erziehende Mutter.« Es dauerte nicht lange und Frau Müller verwandelte diese abstrakte Erkenntnis in einen formalen Fakt. Armer Nils?

Was Männer dazu bringt, sich an ihren Schreibtisch zu ketten, ist nur auf den ersten Blick schwer nachvollziehbar. Wir haben Gründe dafür ausfindig machen können, und sie offenbaren, dass der Druck tatsächlich systemimmanent ist – und dass viele Männer sich einfach nicht vorstellen können, aus den repressiven Systemen ihrer Arbeitswelt auszubrechen.

Zum einen ist da natürlich dieser Leistungsdruck, den Männer sich selbst machen. Der männliche Hang, besser als andere sein zu wollen, um sich und seiner Umwelt etwas zu beweisen, nach dem im Grunde niemand gefragt hat, taucht in diesem Buch ja immer wieder auf. Männer wollen sich nicht überholen lassen – weder auf dem Sportplatz noch im Büro. Und wer an der Spitze stehen will, ideell und ökonomisch, der muss zwangsläufig Karriere machen. Die Karriere steht für viele Männer im großen Plan ihres Lebens an erster Stelle, Helden zeugen hin, Bäumchen pflanzen her. Und Karriere macht, neben einigen anderen Kriterien, nur derjenige, der an seinem Arbeitsplatz knüppelt und keult. Das ist im Normalfall mit einem erheblichen Zeitaufwand verbunden. An Hochschulabsolventen wurde die Bereitschaft, der Karriere sein Privatleben zu opfern, einmal untersucht. Die männlichen akademischen Jobsucher hatten kein Problem, sich auf Stellen zu bewerben, in denen eine Wochenarbeitszeit von 70 Stunden und

mehr voraussehbar war. Dass ihre sozialen Kontakte darunter leiden würden, war den Männern durchaus bewusst, jedoch auch mehr oder weniger egal – der Preis des Erfolgs halt. Bei den weiblichen Akademikerinnen wurde die Jobwahl viel stärker durch den Faktor »Zeit übrig haben für das Privatleben« beeinflusst. Sie achteten darauf, dass neben der Arbeit noch genügend Freizeit für Freunde oder den Partner vorhanden war.

Frigide Kuh
Haben Männer alle schon mal kennen gelernt, ist wirklich schlimm.

Jetzt wird es richtig absurd: Häufig führt auch der Umstand, dass Männer ein – für sie – intaktes und beschauliches Familienleben führen, zu erhöhter Bereitschaft, sich vermehrt der Arbeit zu widmen. Bitter für Frauen: Sie schaffen durch ihr Streben nach einer Harmonisierung ihrer Ehe erst die Voraussetzungen dafür, dass ihre Gatten im Job mehr Gas geben können. In einer US-Studie über sieben Jahre mit 12 336 Männern, welche die *Amerikanische Ärztegesellschaft* (AHA) veröffentlichte, heißt es: »Verheiratete Männer können besser mit Stress am Arbeitsplatz umgehen. Für geschiedene Männer verdoppeln dagegen die berufliche Belastung und die Trennung das Risiko, einen frühen Herztod zu erleiden oder an einer anderen Ursache zu sterben.« Läuft das Privatleben also in geregelten Bahnen, schöpft der Mann die Kraft daraus, an der Karriere zu basteln und das Abenteuer Berufsleben zu bestehen. Auf Kosten der Frauen.

Noch eine auf den ersten Blick abstruse, aber bewiesene These: Wer zu viel arbeitet, flüchtet vor zu viel Zuneigung. In einem Beitrag von Dr. Steffen Fliegel zum Thema »Arbeitssucht« bei wdr.de liest sich das so: »Arbeitssüchtige Menschen haben oft ihr Bedürfnis nach Nähe verloren. Wunsch nach Nähe bedeutet gegenseitige Liebe und Verständnis für eine Person. Menschen, die lange im Büro sind, brauchen oft die Illusion, Kontrolle zu haben und andere zu beherrschen. Es fällt ihnen schwer, auf Kontrolle zu verzichten, deshalb fällt es ihnen auch schwer, anderen nahe zu sein. Menschen, die übermäßig arbeiten, haben Angst vor Situationen, in denen sie mit ihrem Partner lange Zeit alleine sein müssen.«

Überflüssig zu erwähnen, dass es in der Regel Männer sind, die vor zu viel Nähe flüchten und ihren Hang nach Alleinsein durch ausgedehnte Arbeitstage exzessiv ausleben. Und schwupps beginnt der schleichende Tod der Beziehung: Die Frauen fühlen sich ausgegrenzt, unattraktiv und nicht begehrenswert. Einer der häufigsten Trennungsgründe bei Scheidungen ist deshalb »Er arbeitete zu viel«. Etwas in dieser Art hat Corinna auch geäußert.

Auch Nils zeigt sich inzwischen geläutert: »Kann sein, dass ich vor meiner Familie richtig geflüchtet bin. Aber da war der Druck, plötzlich mehr Verantwortung zu haben, und das Gefühl, gerade jetzt für meinen Erfolg kämpfen zu müssen. Ich brauchte ja jetzt einen sicheren Arbeitsplatz ... Und ich war wohl auch etwas hilflos im Umgang mit unserem Baby – das waren plötzlich Anforderungen, von denen ich an der Uni noch nie gehört hatte ...«

Kommt Ihnen das bekannt vor? Hoffentlich nicht.

Im Zustand der Gnade

Woher haben Männer ihren Bierbauch? Und warum tragen sie ihn mit Würde?

Ich mag deinen Bauch!
Simone Buchholz, eine gute Freundin des Autors

Wann tust du endlich mal was gegen deinen Bauch?
Konstanze Marckstadt, DIE Freundin

Ein Mann ohne Bauch ist wie Flasche leer. Natürlich darf es kein Wanst sein. Nicht so ein schwabbeliges Etwas, das aus dem Hosenbund quillt und von Hemd/T-Shirt/Pullover mühsam daran gehindert wird, die Kniescheibe zu liebkosen. Nicht so fett, dass ein zu schmaler Gürtel den Bauch wie ein Äquator in nördliche und südliche Halbkugel teilt. Und auf gar keinen Fall so formlos, dass er links und rechts des Reißverschlusses die Hose ausbeult, wo normalerweise andere männliche Attribute für Ausbuchtungen sorgen sollten. Aber so ein kleiner, runder, fester Bauch, ja, der hat was. Der zeugt von Wohlstand, davon, dass man sich gutes Essen leisten kann. Eine schöne Kugel in der Körpermitte des Mannes suggeriert außerdem, dass er ein Hedonist ist. Wahrscheinlich genießt er auch andere Sachen intensiv, nicht nur Essen und Trinken.

Und so ein Bauch schadet auch nicht. Das sind, wenn es hoch kommt, drei oder vier Kilo Übergewicht. Damit ist man beim Sport immer noch fit, nötigenfalls kann man ihn sogar verbergen, wenn man die Luft an- oder den Rücken gerade hält. Diese Art Bauch ist *wunderbar.*

Das galt für Männer vom Urknall bis in die 70er-Jahre des 20. Jahrhunderts. Dann tauchte der Davidoff-Mann auf.

Es passierte mit Ute, einer formschönen Sportstudentin aus Hannover, und muss so Mitte der achtziger Jahre gewesen sein. Wir studierten beide an der gleichen Fakultät und waren auf dem besten Wege, uns ineinander zu verlieben. Also gingen wir ins Kino. *Dirty Dancing* – man muss Kompromisse machen. Wir saßen in unseren Sesseln, und ich freute mich schon auf mindestens 90 Minuten im Dunkeln. Noch liefen Zigaretten-, Eis- oder Klamottenspots. Da sprang plötzlich ein Mann aus blauem Wasser, der Oberkörper in V-Form geschnitten und mit Armen wie Adlerschwingen. Das Wasser perlte ihm von Gesicht und Armen und rann auch über seinen Waschbrettbauch (wenn ich das Wort hier verwende, muss dazu gesagt werden, dass es die Begriffe Waschbrettbauch oder Sixpack damals noch gar nicht gab). Ich hätte diesen Hänfling vermutlich gar nicht registriert, hätte nicht Ute gesagt: »Wow, schau dir mal den Bauch an.« Ich verstand sofort, dass sie das Zusammenspiel der oberen Bauchmuskeln nicht aus Interesse an der Anatomie kommentierte. Ute fand die Rippchen *scharf*!

Es war mir neu, dass Frauen auf so etwas achten. Dieser Kinobesuch veränderte meine naive Sicht auf die Welt (glücklicherweise hatte *Dirty Dancing* nichts damit zu tun). Ich wusste ja bereits, dass Frauen einiges erwarten von jungen Männern – nett sollen sie sein, intelligent, witzig. Doch charakterliche Vorzüge reichen offensichtlich nicht mehr aus. Nein, Frauen wissen körperliche Vorzüge nicht nur zu schätzen, sie erwarten sie geradezu von ihren Liebhabern! Waschbrettbäuche inklusive. Damals musste ich mir noch keine Gedanken machen. Ich nahm Ute vorsichtig in den Arm. Ich war 23.

Bis Männer ungefähr 30 sind, müssen sie sich in der Regel um eine Wampe wenig Sorgen machen, totale Sportverweigerer und Schweinshaxen-Fetischisten mal ausgenommen. Doch so etwa ab 30 entwickelt so ein Körper destruktive Eigenarten: Er verändert den Stoffwechsel. Das bewirkt, grob gesagt, dass der Kalorienverbrauch geringer wird. War der Körper vorher mit Frühstück, Mittagessen, Abendmahl, drei Bier, ein, zwei Twix und 'ner Pizza ge-

gen den schnellen Hunger zwischendurch noch optimal bedient, wird ihm das plötzlich alles zu viel. Bevor man es bemerkt, »setzt man an« – gerne am Bauch. Dort speichert der Körper die überflüssigen Kalorien in Form von ... Vorsicht, fieses Wort: Fett. Für Notzeiten.

Fußball
Synonym für: »Davon verstehst du nichts, Schatz.«

Bei Frauen sitzen diese Depots an der Hüfte, dem Po und an den Oberschenkeln. Sie kennen das ...

Erschwerend kommt mit zunehmendem Alter hinzu, dass unbeschwertes Herumtollen auf Wiesen, Klettern auf Bäumen und stundenlanges Kicken auf Bolzplätzen aus Zeitmangel ausfallen müssen. Man ist schließlich jetzt berufstätig und nicht mehr so zeitsouverän, wie Joschka Fischer das in seinem Laufbuch so euphemistisch genannt hat. Und weil immer weniger Schmiede gebraucht werden, handelt es sich in unseren Soziotopen meistens um eine sitzende Verrichtung. Kalorienverbrauch im Büro: gegen null. Bauchwahrscheinlichkeit: 95 Prozent.

Essen ohne ausreichende Bewegung ist der *wahre* Grund, warum Männer einen Bauch bekommen – und keinen *Bier*bauch. Dass nämlich der leckere Trank aus Hopfen und Malz die entscheidende Rolle bei der Formung des männlichen Leibes spielt, entspringt einem weit verbreiteten Vorurteil.

Richtig ist vielmehr: Der (Bier-)Bauch kommt vom Hunger, der dem exzessiven Trinken unweigerlich folgt. Professor David Williams und Jeremy Philpot von der Universität Wales haben das herausgefunden. Dafür sollten ihnen Brauwirtschaft und Millionen Männer ein Denkmal setzen. Die Bierbauchforscher loben in ihrer Studie vor allem die Fettfreiheit von Bier. Deswegen wird der *so genannte* (ab jetzt darf man das so sagen) Bierbauch nicht durch den süffigen Gerstensaft verursacht. Bier wirkt viel mehr als Appetitanreger. Wir nennen es mal erstes Axiom für Biertrinker: Nur süffeln plus nix futtern ist gleich kein Bauch! Jetzt kommt's: Die Wissenschaftler empfehlen sogar eine Bier-Diät, denn einige Biere haben weniger Kalorien als Magermilch! Überhaupt wirkt sich Bier gesundheitsfördernd aus. Ein, zwei Fläschchen täglich verlängern laut Professor Williams die Lebenserwartung um bis zu zwei Jahre

im Vergleich zu einem Abstinenzler. Der geringe Alkoholgehalt im Bier erhöht zudem die Blutzirkulation und verringert somit das Herzinfarkt-Risiko. Der hohe Wassergehalt im Bier von etwa 93 % kompensiert den entwässernden Effekt des Alkohols. Bier enthält Proteine und B-Vitamine sowie Kohlenhydrate aus dem Getreide und ist völlig frei von toxischen Schwermetallen.

Na, klingt *das* gesund? Trinkt man Bier jetzt nicht mit völlig anderen Augen, sozusagen? Schließlich geht es um Leben und Tod. Und wenn ihr Mann ein kleines Figurproblem mit sich herumschleppt: Verriegeln Sie einfach den Kühlschrank, so dass seine postalkoholische Fressattacke ins Leere läuft. So bleibt das Herz gesund und der Bauch flach.

Haben und sein

Warum machen Männer so einen Wirbel um ihre Plattensammlung?

Meinen Schnitt mache ich dank der Leute, die sich samstags extra hierher bemühen – junge Männer – und nur junge Männer, mit John-Lennon-Brillen, Lederjacken und den Armen voll mit quadratischen Einkaufstüten – und dank des Mailorderversands: Ich inseriere im Kleinanzeigenteil der Hochglanz-Rockmagazine und bekomme Post von jungen Männern, und nur jungen Männern, aus Manchester, Glasgow und Ottawa, jungen Männern, die offenbar unverhältnismäßig viel Zeit darauf verwenden, nach vergriffenen Smiths-Singles oder Frank Zappa-Lp's mit der Aufschrift ›Original – Keine Nachpressung‹ zu suchen. Eigentlich dürften die gar nicht frei rumlaufen.

Nick Hornby, High Fidelity

Diese Frage taucht in bunten, modernen Zeitschriften immer wieder auf, und Prominente unterschiedlichster Fasson müssen eine kluge Antwort darauf parat haben. »Was war die erste Platte, die Sie sich gekauft haben?« (Ersatzweise: ... geschenkt bekommen haben?) Die Antwort darauf überlegen sich Soap-Opera-Darsteller, Nachrichtensprecher oder wer auch immer gerade in den Genuss dieses Interviews kommt, ganz genau. Sie wissen, wie viel von einer richtigen Antwort abhängt. Mit *In The Air Tonight* von Phil Collins oder *Abenteuerland* von Pur kegeln sie sich auf der Stelle aus dem Kreis der ernst zu nehmenden Kulturteilnehmer, selbst wenn die betreffende akustische Körperverletzung nur versehentlich in ihren Besitz geriet. Stattdessen bietet es sich an, mit irgendeiner obskuren Garagenband aus einem Glasgower

Gedichte
Kurze unverständliche Texte, die man schnell abschreiben kann, wenn einem selbst für den Brief an liebreizende junge Damen nichts einfällt.

Vorort oder mindestens einem Smiths- oder Talking-Heads-Album aufzuwarten – das zeugt von Kennerschaft und Geschmack schon in jungen Jahren. Und das ist es ja bekanntlich, was zählt.

Frauen werden diesen subtilen Scharmützeln nur selten folgen können. In erster Linie sind es Männer – oder besser: Jungs – die sich in musikalischen Geschmacksfragen duellieren, als handle es sich bei der Auswahl und Wahrnehmung der eigenen Musikvorlieben um ein Geschäft auf Leben und Tod. Was haben wir gelacht über diese armen Irren, die 1976 tatsächlich Status-Quo-Platten erwarben, obwohl sie doch auch die Möglichkeit gehabt hätten, *Tales from Topographic Oceans* von *Yes* zu hören. Ein paar Jahre früher waren es *Sweet* und *T.Rex*-Fans, die sich unversöhnlich gegenüberstanden, ein paar Jahre später hielten sich *Supertramp*- und *Gentle-Giant*-Supporter jeweils für außerirdisch, geschmacksunsicher oder vollkommen hirntot, meistens alles zusammen.

Der einzige Ort, an dem sich die verfeindeten Gruppen freiwillig über den Weg liefen, war der Plattenladen der Stadt. So oft wie möglich in der Woche, ganz sicher aber an den Wochenenden hing die Kleinstadtszene aus Wuppertal, Bayreuth oder Osnabrück bis in den späten Nachmittag in diesen Löchern herum, die sich in Einrichtungsfragen selten zwischen Getränkemarkt und Trödelladen entscheiden konnten, und verditschten ihr Taschengeld für *Wishbone Ash, Nektar* oder *Ramones*-LP's. Ich erinnere mich an Jungs, die sich auf Flohmärkten schaufelbaggernd in Ramschkisten bedienten, nur weil dort ein Album für fünf Mark zu haben war, und eine Doppel-LP schon für acht Mark – ohne dass sie einen blassen Schimmer hatten, was genau sie zu Hause auf der Kompakt-Anlage von Schneider zu hören bekommen würden. Hauptsache, die Beute war groß genug und man zog mit sechs oder sieben neuen Platten nach Hause. Im Zweifel abstrahierte man vom Cover-Artwork, ob man es mit ein paar wilden Hardrockern zu tun bekommen würde oder mit verkopften Freaks, die ihre 32-minütigen Bombastrock-Epen mit Violinen, Bratschen oder ähnlich exotischen Gerätschaften zuammenbastelten – und tauschen konnte man den Krempel ja immer noch, wenn sich das erworbene Produkt wie ein Eisenbahnunglück oder eine vibrierende Plastiktüte anhörte. Wichtig war damals nur: Eine Plattensammlung hat groß zu sein, damit das Leben einen Sinn erhielt.

Mädchen waren zu dem Zeitpunkt bereits ausgestiegen. Sie hatten mit diesem beiläufigen Interesse, das von authentischer Souveränität zeugt, ein paar Jahre mit Cat Stevens oder David Cassidy gelebt (heutzutage würden sie wohl *Echt* oder *Tocotronic* unterstützen), doch bald schon fokussierten die meisten von ihnen ihre Energien auf lohnenswertere Ziele: Benetton-Pullover, Jungs oder gute Schulnoten, wenn ich mich richtig erinnere. Wir Jungs aber hatten keine Wahl: Bis auf die paar Streber, die sich, gefördert von Vati, über dicke Briefmarkenalben beugten und die Zurückgebliebenen, die auch mit 16 noch Fußballbildchen aus dem Bergmann-Verlag tauschten, sammelten wir Platten und phantasierten uns in eine Rockstar-Karriere. Über die ungesunden Zusammenhänge zwischen der Wahl des Idols und der eigenen Selbstwahrnehmung muss hier wohl nicht weiter gesprochen werden – es dürfte einleuchten, dass der *Nirvana*-Fan nicht ausschließlich musikalische Motive benötigte, um sich vom Chris-de-Burgh-Anhänger abzuheben. (Wer von beiden arbeitet wohl heute in der Bank?)

Irgendwann, so zwischen der Suche nach einem Platz im richtigen Leben, einem Job und der Gründung einer Familie, tritt der Drang zur größten Platten- oder aktuell CD-Sammlung der Welt dann vorübergehend in den Hintergrund. Schließlich gilt die Persönlichkeitsbildung als weitgehend abgeschlossen, im MUSIKEXPRESS oder dem SPEX taucht schon lange niemand mehr auf, mit dem man wirklich gern tauschen würde, und das eigene Lebensgefühl lässt sich auch immer seltener bei WOM erwerben. Es soll eine Menge Männer geben, die sich in dieser Phase von ihrer Plattensammlung getrennt haben. Niemanden kenne ich allerdings, der darüber nicht spätestens zehn Jahre später fluchen würde wie ein Fuhrkutscher.

Denn plötzlich merkt der entwurzelte Ex-Sammler: Wo ist meine Vergangenheit geblieben? Wo sind all die Jahre hin, in denen ich mehr Zeit in Plattenläden vergeudet habe als Dieter Bohlen an Prosecco-Bars? Was habe ich gehört, als mir mein erster Vollrausch, mein erster Geschlechtsverkehr, mein erster Führerscheinentzug passierte? Wie sah noch einmal dieses Cover aus, auf dem Alice mich damals bedröhnt wie ein Dromedar gezeichnet hat, und wie hieß noch mal diese Telefonzellen-LP von Bowie, auf der auch *Five*

Geschossalarm
Vorwarnsystem von Männerrudeln in gastronomischen Zusammenhängen. Kreuzt eine attraktive Frau den Blick eines Rudelmitglieds, ruft er »Geschossalarm« und sensibilisiert die geifernden Kollegen rechtzeitig.

Years drauf ist? Der situierte, zum beiläufigen Radiohörer konvertierte Ex-Fan realisiert plötzlich, dass er vielleicht schon so viel Zeit hinter sich gebracht hat, wie noch *vor* ihm liegt, und das erfüllt ihn mit Unsicherheit und nostalgischer Wehmut. War das Sammeln von Platten, Zeitschriften und ähnlich codierten Artikeln des täglichen Gebrauchs in jungen Jahren eine Maßnahme, Eingang in eine Sphäre, Zugehörigkeit zu einer bestimmten Gemeinschaft zu gelangen, wechselt Jahre später die Bedeutung des Sammel-Rituals: Das Anhäufen von Platten, Briefmarken, Telefonkarten oder Zinnsoldaten wird zum Synonym für die Beschäftigung mit der eigenen Geschichte, die Sammlung wandelt sich zum Nachweis der eigenen Vergangenheit, das Sammeln beweist Wurzeln.

Natürlich hilft das Sammeln auch, das eigene Zeit-Konto auszubalancieren, doch es wäre unfair, dem sammelnden Erwachsenen zu unterstellen, er würde bloß Zeit totschlagen. Nein, ich behaupte: Männer müssen sammeln, um ihr Chaos und einen tief sitzenden Ordnungs- und Kontrollzwang auszuleben. Anders als das in den komplexen Zusammenhängen der eigenen Existenz mit all seinen emotionalen, ökonomischen und kommunikativen Anforderungen der Fall ist, stellt sich »Sammelleidenschaft« als vergleichsweise strukturierte, methodisch machbare Angelegenheit dar. Theoretisch ist Sammeln eine Aufgabe mit einem Anfang und einem – zumindest absehbaren – Ende: Alle Singles von Abba in der Originalpressung zu finden, lässt sich theoretisch ein bisschen realistischer umsetzen, als der Versuch, eine vernünftige Ehe zu führen oder Kinder zu erziehen, die sich die Brustwarzen piercen, obwohl man ihnen jahrelang aus *Die Kinder von Bullerbü* vorgelesen hat. Nur so ist es zu erklären, dass Männer akribisch sammeln, dass sie absurde Ordnungs- und Archiv-Kategorien entwickelt haben, dass es Männer gibt, die 3500 Videokassetten oder CDs alphabetisch geordnet haben und längst keine Filme mehr ansehen oder Alben ein zweites Mal anhören, weil ihnen die Verwaltung und der Umfang der Sammlung dazu einfach keine Zeit mehr lässt.

Es ist also prinzipiell okay, wenn Männer Uhren, Telefonkarten oder Filzpantoffeln sammeln, und man sollte ihnen ein wenig mehr Respekt entgegenbringen, denn sie versuchen nur, ein wenig Struktur ins Chaos ihrer Existenz zu bringen. Persönlich ist es mir allerdings sympathischer, wenn sie ihr Herz an Musik hängen, und wer könnte das besser begründen als Nick Hornby, der Schutzpatron der Schallplattensammlungs-Aufräumer:

Ist es so falsch, zu Hause bei seiner Schallplattensammlung sein zu wollen? Plattensammeln ist nicht so wie Briefmarken oder Bierdeckel oder antike Fingerhüte sammeln. Da steckt eine ganze Welt drin, eine schönere, schmutzigere, gewalttätigere, friedlichere, farbenfrohere, schlüpfrigere, gemeinere Welt als die, in der ich lebe. Da gibt es Geschichte und Geographie und Poesie und zahllose andere Dinge, die ich in der Schule hätte lernen sollen, einschließlich Musik.

Lauter langweilige Leute!

Oder: Warum gehen Männer so ungern mit ihrer Partnerin auf eine Party?

> Geselligkeit gehört zu den gefährlichen, ja verderblichen Neigungen, da sie uns in Kontakt bringt mit Wesen, deren große Mehrzahl moralisch schlecht und intellektuell stumpf oder verkehrt ist.
>
> *Arthur Schopenhauer*

Dieter Bohlen ist ein Held. Er kümmert sich um gute PR für ambitionierte Teppichverkäuferinnen, sorgt sich um die Rolle der deutschen Hausfrau am Herd und zeigt sich neben ungebrochener Begabung als Musikant auch als einfühlsamer Sozialpartner von seiner besten Seite. Auf die Frage einer Gesellschaftskolumnistin (neudeutsch für: Klatschtante), warum er die aktuelle Gespielin an seiner Seite am Wochenende nicht mit auf Partys in die Hamburger Etablissements *Valentinos* oder *Wollenberg* nimmt, antwortete er, dass er seine Estefania doch nicht mit diesen ganzen Geiern zusammentreffen lassen möchte, die sie doch nur anbaggern würden. Stattdessen wartet Estefania nun brav in Bohlens Villa im Hamburger Hinterland, bis sich Disco-Dieter im Morgengrauen aus den Klauen der Geier befreit hat. Angeblich hat Bohlen ihr ja bereits die Ehe versprochen. Das hat sie nun davon.

Keine Ahnung, ob Estefania die Fürsorge ihres prominenten Partners wirklich zu schätzen weiß. Sicher ist allerdings, dass der Großteil der bundesdeutschen Männer mit Bohlens Argumenten nicht so weit kommen würde.

Frauen sind ja nicht (alle) doof! Sie wissen, sofern sie nicht blind oder taub auf die Welt gekommen sind, dass eine Party ein Ort ist,

an dem Männer tun, was sie tun müssen – oder es zumindest versuchen. Sie trinken Alkohol, sie erzählen von ihrem neuen Auto und sie versuchen, bei allen anwesenden Damen einen guten Eindruck und im Laufe des Abends womöglich auch einen guten Abdruck zu hinterlassen, auf welchem Körperteil auch immer. Eine Party, auf der Alkohol gereicht wird und beide Geschlechter zugelassen sind, ist potenziell eine Gefahr für die guten Sitten – und genau deshalb sind sie sehr beliebt. So lange sich Männer im Zustand der Adoleszenz befinden und noch keine feste Bindung eingegangen sind, hat das auch seine Richtigkeit. Sind Männer allerdings dauerhaft begleitet, haben sie zwei, drei Probleme, sofern sie nicht tolldreist und/oder Dieter Bohlen sind.

Ein Mann geht mit seiner Partnerin auf eine Party. Er ist stolz auf sie, er mag sie, er hat einen Bausparvertrag abgeschlossen. Von der ersten Minute an weiß er nicht, was er auf dieser Party überhaupt soll. Er hat keine Lust auf Smalltalk, ihm fällt sowieso nicht so viel ein. Er will sich auch nicht betrinken, weil er die Frau, die er haben will, bereits angesprochen hat – vor Monaten. Tanzen findet er albern, und seine Freunde haben an diesem Abend ganz bestimmt keine Zeit für ihn. Sie müssen sich entweder an die Rockzipfel der unbewachten, allein stehenden Frauen heften oder selbst ihre mitgebrachten Exemplare bewachen. Das ist auch die Aufgabe *unseres* Mannes, der sehr viele Dinge gleichzeitig beachten muss: Hat sie genug zu trinken? Langweilt sie sich zu sehr? Langweilt sie sich in der Gesellschaft von diesen ganzen Aufreißern nicht eine Spur zu *wenig*? Wie viel darf er trinken, um noch fahren zu können? Um wie viel Uhr kann er zum ersten Mal nachfragen, ob man es sich nicht zu Hause noch etwas gemütlich machen soll?

Solch eine Veranstaltung kann zum Martyrium werden, für alle Beteiligten. Selbst wenn er dafür sorgt, dass sie sich leidlich amüsiert, vergeht die Zeit langsamer als bei der Verleihung des deutschen Filmpreises. Die wahre Bedeutung von »bleierner Zeit« kommt einem in den Sinn, wenn man seit gefühlten sechs Stunden von einem Bein aufs andere tritt, Orangensaft mit Sektspritzern

Glatze
Gibt's nicht mehr. Heißt jetzt: moderne, männliche Frisur.

absaugt und realisiert, dass man gerade mal 45 Minuten da ist. Nein, gesellschaftliche Veranstaltungen sind für Paare nicht geeignet. Zumindest sehen Männer das so.

Was da alles schief gehen kann: schon die Begrüßung. Hat der Gastgeber – ein legendärer Schwerenöter – die eigene Begleiterin eher bewundernd registriert (gut!), signalisiert aber, dass er seine Territorialansprüche auch auf die Begleitung seiner männlichen Freunde ausdehnen wird (nicht so gut!)? Dann ist Vorsicht geboten. Oder war da sogar Missachtung und Amüsement im Blick des Gastgebers, so als habe die Frau, der er gerade die Hand schüttelt, ungefähr das Attraktivitätsniveau einer komatösen Bergziege? Wie peinlich. Und dann diese Balanceakte: Sinn und Zweck geselliger Zusammenkünfte soll ja sein, dass man Freunde trifft, oder noch schlimmer: »neue Leute kennen lernt« – jedenfalls als Paar nicht bräsig beieinander steht und dummes Zeug erzählt, denn das hätte man zu Hause schließlich einfacher haben können. Und es gibt ja auch nichts Peinlicheres als Paare, die sich öffentlich, knapp neben der Tanzfläche, aneinander reiben und ihre Zusammengehörigkeit demonstrieren. Das wirkt gerne leicht verzweifelt und ist oft bei Paaren zu beobachten, von denen mindestens einer von beiden gedanklich schon den nächsten Geschlechtspartner herbeisehnt.

Also – neue Leute ... Doch wer will schon was von Minchen Moppel wissen oder von Monique Müller-Lüdenscheidt, wenn sich zur gleichen Zeit, ungefähr 15 Meter Luftlinie entfernt, die Frau seines Herzens mit dem Doppelgänger von Ralf Bauer unterhält und dabei schon dreimal auffordernd ihr Haar zurückgeworfen hat. Wie lange muss man sich in einer solchen Situation zusammenreißen und dem Geschwätz der Junior-Texterin Müller-Lüdenscheidt lauschen, die gerade ihre *phatte* Kampagne eines Kaubonbons für Dalmatiner erläutert? Fünf Minuten? Zehn? Und ist es nun aufmerksam, lässig zu Ralf Bauers Kleinstgruppe zu trotten, seine Partnerin in den Arm zu nehmen, als käme sie gerade von einer Weltreise zurück und sich

Gleichberechtigung
Männer sind dafür. Sie sind nur gegen Quotenregelungen und würden prinzipiell gern zu Hause beim Baby bleiben, wenn sie nicht blöderweise besser verdienen würden als ihre Partnerin.

Herrn Bauer vorzustellen – mit gefletschten Zähnen? Oder eher peinlich, nichtswürdig und erniedrigend?

Heavy Metal
Primitive musikalische Ausdrucksform mit mindestens drei Gitarren und/oder peinlichen Frisuren

So viele Entscheidungen – und so wenig Zeit, sich respektabel aus der Affäre zu ziehen. In solch einer Situation kann man nur verlieren – sich gerade jetzt ganz toll amüsieren funktioniert nämlich auch nicht. Entweder man hat sich gerade entschlossen, auf die Tanzfläche zu stürmen und ein wenig weltmännisches Bewegungstalent zum Besten zu geben, da legt der DJ garantiert *AC DC* oder *Ramones* auf, und man sieht sich genötigt, anstandshalber drei Minuten allein auf der Tanzfläche rumzuhampeln wie ein Fön im Badewasser. Stellt man sich hingegen neben eine dralle Vertreterin der traditionell unbegleiteten Party-Luder und verliert sich während eines kurzen, aussagelosen Dialogs in ihrem Ausschnitt, steht garantiert innerhalb der nächsten 30 Sekunden die eigene Partnerin daneben und schaut, als habe sie so etwas Widerliches wie diese Szene bisher nur im Toilettentrakt eines Open-Air-Festivals zu Gesicht bekommen. Der Abend jedenfalls ist gelaufen, und auch der erste Teil der kommenden Woche. Durchschnittlich redet eine auf einer Party »respektlos« behandelte Sozialpartnerin frühestens ab Mittwoch wieder mit dem Übeltäter, und oftmals wird Geschmeide im Wert eines Mittelklassefahrzeugs benötigt, um den erneuten Stimmungsumschwung einzuleiten.

Nein, es ist schon richtig: Männer in festen Beziehungen können auf einer Party nur verlieren: ihre Würde, ihre Beherrschung und nicht zuletzt auch ihre Partnerin. Dieter Bohlen ist ein schlauer Mann, der weiß so etwas einfach. Und deshalb lässt er Estefania auch zu Hause und vergnügt sich besser ohne seine Lebensgefährtin. Und was er so erlebt hat im Kreise seiner Freunde, das erfährt sie ohnehin am nächsten Tag aus der Zeitung. Wie schon gesagt: Dieter Bohlen. Held.

Männer und Frauen

Es kommt gewiss nicht bloß auf
das Äußere einer Frau an.
Auch die Dessous sind wichtig.

Karl Kraus

Eine kleine Still-Kritik

Warum reden Männer nicht mit Frauen?

Meide die Fragen der Weiber,
sonst wirst du nicht zur Weisheit gelangen.
Sokrates

Männer sprechen im Durchschnitt um die 25 000 Worte pro Tag und Frauen etwa 30 000. Das Dumme ist nur, dass ich abends, wenn ich nach Hause komme, meine 25 000 Wörter schon vergeben habe, während meine Frau mit ihren 30 000 noch anfängt.
Michael Collins

Kaum etwas unterscheidet Männer und Frauen so sehr wie ihr unterschiedlich großes Mitteilungsbedürfnis. Das klingt jetzt vielleicht *etwas* zu wertfrei, so nüchtern ausgedrückt. Also mal beispielhafter, zum besseren Verständnis: Wir kennen da ein paar Herren, die an akuter Unterkiefersperre leiden, sobald ihre Freundinnen oder Frauen nach etwas verbalem Austausch gieren. Ihre Krankheit ist offenbar nicht zu therapieren, so dass die betroffenen Frauen irgendwann die Geduld verlieren. Oder schon längst verloren haben, denn unsere Kandidaten verbindet neben ihrer Freude an der Stille noch eine weitere Gemeinsamkeit: Sie wurden aus diesem Grund schon von *einigen* Frauen verlassen.

Böse Sache? Kein falsches Mitleid jetzt. Die Küchenpsychologie des aufgeklärten Großstädters hat dieses Problem längst erkannt und weiß: Neben Männern mit einem ausgeprägt kleinen Mitteilungsbedürfnis *verhungern* Frauen, bildlich gesprochen. Sie verhungern, weil sie sich ausgeschlossen, unverstanden und missachtet fühlen. Punkt.

Heiraten
Perfekte Gelegenheit, sich endlich den schwarzen Armani-Anzug zu kaufen.

Und hier sind jetzt nicht einmal die ernsthaften Paar-Probleme gemeint – hier geht es zu allererst einfach nur um das schlichte Gespräch. Alltagsquatsch. Einfache Fragen, einfache Antworten. Kleine Aufmerksamkeiten. Deutschland um halb zehn, eine kleine verbale Zwischenmahlzeit:

»Wie hast du geschlafen?«

»Schönes Kleid hast du da – ist das neu?«

»Schon gehört – Ally Mc Beal hat zwei Pfund zugenommen?«

Es gibt Männer, die sind nicht einmal zu solch schlichtem Beziehungssmalltalk in der Lage.

Woher das Schweigen der Männer rührt, weiß natürlich wieder niemand so genau. Sicher, Erziehung und Sozialisation spielen wie so oft eine Rolle. Was Papa nicht sagt, spricht der Filius nimmer mehr. Papa hat die Sprechhemmungen von seinem Papa, und so weiter. Vielleicht kennt der ein oder andere das aus der Kindheit: Wurde die Tochter nach ihrem Tag in der Schule befragt, holte die weit aus und erzählte vom Schulweg, von der ersten Stunde, und was in den Pausen passiert ist. Als Sohn hatte man auf die identische Gesprächseinleitung der Mutter genau *eine* lapidare Antworts-Option: »Gut.«

Sozialisation rules. Noch immer sind die wahren Helden in Filmen oder Büchern von der Sorte »Lonesome cowboy«. Bruce Willis schwatzt in *Die Hard* permanent und offenbar freiwillig mit den bösen Terroristen, wortgewandt und witzig. Die Beziehung zu seiner Frau scheiterte zuvor aber an seiner bockigen Sprachlosigkeit. Okay, mag jetzt der ein oder andere einwerfen: Am Ende kehrt sie doch wieder zu ihm zurück. Mag sein. Aber das ist ja auch ein *unrealistisches* Filmende. Hätte sie ihn doch nur gefragt, wie sein Tag gewesen sei – Bruce hätte lapidar mit »Okay!« geantwortet, und sie wäre schreiend weggerannt. Von wegen »Wo ein Willis ist, ist auch ein Weg!«

Männer ändern sich nicht.

Männer ändern sich *wirklich* nicht ...

Das Problem der unterschiedlichen Kommunikationsformen und -ebenen scheint unausrottbar, so als ob die Generation »Du, wir

sollten mal reden« und die gut gemeinten VHS-Kurse zum gleichen Thema nie existiert hätten. Ist also doch bloß wieder dieser umgekippte männliche Gen-Pool schuld?

Psychologen sehen im »Klappe halten« des Mannes eine simple Strategie, mit dem Stress des Alltags fertig zu werden, das Chaos der Alltagsbewältigung zu ordnen. Also werden vor der Gesprächsaufnahme mit der Partnerin daheim die E-Mails gecheckt, der Kühlschrank repariert oder RTL2 eingeschaltet. Erwacht er dann nach einer Zeit aus seiner kognitiven Starre und hat sein inneres System neu geordnet, dürfte er auch wieder in der Lage sein, eine Unterhaltung zu führen – wenn es denn sein muss. In aller Regel kurz und knapp. Männer glauben eben nicht an die Kraft des Wortes. Sie *tun* lieber was – von *Fliege* auf »Wrestling« umschalten zum Beispiel, oder sich mit dem Kreuzworträtsel der MINDENER ALLGEMEINEN auseinandersetzen. Falls es Frauen geben sollte, die sich damit nicht abfinden wollen – seien Sie gewarnt: In den Niederlanden wurden von der Universität Leiden vor einigen Jahren »Hausmänner« befragt, was für sie der größte vorstellbare Stressfaktor sei. Bügeln und Kinderwickeln hat *nicht* gewonnen. Stress-Spitzenreiter war laut MÄNNER VOGUE mit großem Abstand: »Der Frau zuhören müssen, wenn sie nach Hause kommt und ihrem Mitteilungsbedürfnis freien Lauf lässt.«

Eine Anfang 2002 vorgestellte Studie der Pharmafirma Propecia geht noch weiter und bezieht die Maulfäule von Jungs auf die Grundsätzlichkeiten im klein gedruckten Regelwerk zwischen Männern und Frauen: »Männer reden äußerst ungern über ihre wahren Gefühle, Ängste oder Probleme.« Schon gar nicht mit der Partnerin. Selbst, wenn es ihnen so richtig dreckig geht – und sie es sogar vor sich selbst nicht länger verleugnen können –, vermeiden sie es, ihre Probleme anzusprechen. So albern es klingt: Sie wollen sich nicht durchschaubar, angreifbar und/oder verwundbar machen.

Gesund ist das nicht. Die männliche Strategie, isoliert und sprachlos mit allen Problemen fertig werden zu wollen, scheint nicht besonders gut zu funktionieren. Von rund 11 000 Selbstmorden in Deutschland im Jahr 2001 wurden 8 000 von Männern begangen.

Wer will das wissen?

Was reden Männer eigentlich über Frauen, wenn sie unter sich sind?

Aufrichtigkeit ist die Zuflucht derer,
die weder Phantasie noch Taktgefühl haben.
Henry de Montherlant

Fragen, die niemals gestellt werden dürften, wenn das Leben von Männern ein Wunschkonzert wäre:

»Liebst du mich noch?«
»Findest du, ich habe zugenommen?«
»Was redet ihr eigentlich über uns, wenn ihr zusammenhockt?«

Man kann uns einen prima Schreck einjagen, wenn eine Frau unangemeldet, quasi aus der Hüfte, mit so einem Kaliber um die Ecke kommt. Männer wissen ganz genau, dass sie jetzt ziemlich tief, mit Verlaub, in der Scheiße waten. Viele richtige Antworten auf diese Fragen darauf gibt es nämlich nicht. Keine jedenfalls, die nicht zu längeren Diskussionen führen würden. »Ja«, »Nein«, »Nichts« sind übrigens die Reaktionen, die Männern als Erstes auf die obigen Fragen einfallen würden, wenn sie ehrlich sind. Und die Unerfahrenen unter ihnen sind vielleicht sogar so hilflos, sie völlig uncodiert auszusprechen; dann können sie gleich einpacken, denn eine noch eindrucksvollere Demonstration des Desinteresses am Seelenheil ihrer Partnerin ist kaum noch vorstellbar – aus weiblicher Perspektive.

Männer halten das übrigens für eine unlogische Reaktion, und es ist vollkommen egal, dass sie damit Recht haben – der Abend, das

Wochenende oder der Urlaub sind erst mal gelaufen. Frauen fragen nicht ohne Grund nach dem Status ihrer Beziehung; wer wissen will, ob ihn sein Partner noch liebt, hat subjektiv immer einen guten Grund, diesen Umstand in Zweifel zu ziehen. Vermutlich hat ihre argwöhnische Partnerin auch bereits eine lückenlose Argumentationskette im Hinterkopf, die diese Annahme beweisen soll, und so ein akribisch vorbereitetes Problemgespräch lässt sich nicht einfach mit einem schlichten »Klar liebe ich dich noch, Schatz« verhindern. Frauen genießen diese Auseinandersetzungen mit masochistischer Freude, und sie lassen sich alle paar Wochen eine solche Vorstellung nicht entgehen. Männern, denen derartige Schauspiele vorenthalten bleiben, sollten sich jedenfalls ernsthafte Gedanken machen und sich schon mal auf einen herannahenden Neubeginn als Single einstellen.

Hilti
Hochleistungsbohrer für Pseudo-Profis. Verhält sich im Vergleich zu Black&Decker oder AEG wie ein Porsche zu Opel und Skoda.

Da dieses Buch aber *Die Verräter* heißt und nicht *Die Lustigmacher* und Frauen die Adressaten unserer neckischen Weisheiten sind, möchten wir Ihnen jetzt dringlich und seriös eines mit auf den Weg geben: Wenn Männer auf die Frage, ob sie immer noch in Liebe entbrannt sind, wie ein störrisches Pferd vor dem Wassergraben verweigern und sich auf den Standpunkt stellen: »Weißt du doch, und da verhandele ich nicht mal drüber!«, dann heißt das *nicht*, dass sie schuldig sind, im Sinne der Anklage. Es hat nichts zu bedeuten, dass sie sich nicht jeden Tag in Gedichten erklären, Ihnen nicht mehr die Tür aufhalten, in Ihrem Beisein schamlos Geschäfte mit Villeroy & Boch verrichten und am Valentinstag mit einem trostlosen Stiefmütterchen bei Ihnen auftauchen. Naja, vielleicht *hat* es was zu bedeuten, nämlich dass sie alle miteinander ein gedankenloses, uncharmantes Pack sind. Das ja. Aber es bedeutet nicht, dass sie etwa aufgehört hätten, Sie auf diese bescheidene, unaufwändige, männertypische Art zu lieben. Das tun sie nämlich meistens: wie ein Haustier oder die blaue Lieblingsdecke auf dem Diwan. Wer dieser Information nicht traut, dem sei versichert: Rund 70 Prozent aller langjährigen Beziehungen werden von Frauen beendet. Von Ihnen also. Äußerst unwahrscheinlich, dass der Ihrige gerade die Absicht hat, zu desertieren.

»Nein.«

»Du schaust ja auch gar nicht richtig hin!«

»Doch klar, ich seh' das doch: Du hast nicht zugenommen.«

Pause.

»Du siehst toll aus.«

Pause.

»Ehrlich!«

»Ja, klar. Du würdest es nicht mal merken, wenn mir ein Rüssel wachsen würde.«

»Du spinnst doch. Ich seh' nix!«

»Sag ich ja!«

»Weil da nichts ist, verdammt noch mal.«

»Und doch ist da was. Ich habe zwei Pfund zugenommen. *Zwei* Pfund!«

»Die Waage ist bestimmt kaputt.«

»Blödmann, die Waage ist okay. Auf der wiege ich mich immer.«

»Du siehst toll aus. Wirklich, mach dir keine Gedanken.«

»Na super. ›*Mach dir keine Gedanken.*‹ Vielen Dank, da bin ich ja beruhigt.«

Pause.

»*Mir* wäre es jedenfalls nicht egal, wenn ich aussähe, als würde ich eine Schwimmweste tragen ...«

»Was soll das denn heißen?«

»Nichts ...«

»Aha, ich bin der Typ mit der Schwimmweste ...«

»Naja, du warst nur schon mal dü ... ich meine, etwas ... äh ... trainierter.«

»Na und, ich mag mich so.«

»Ist ja auch die Hauptsache, gell?«

Pause.

»Also, ich find mich nicht fett.«

»Typisch. Jetzt reden wir wieder nur über dich und deine Figurprobleme!«

»Aber du hast doch angefangen ... ich meine, wer hat denn ... und außerdem habe ich *keine Figurprobleme.* Vielleicht einen kleinen, sympathischen Kugelbauch. Den sollte jeder haben. Den mag ich.«

»Auch bei mir?«

»Auch bei dir.«

»SIEHST DU, jetzt gibst du es zu, ich bin fett geworden!«

»Ich meinte das theoretisch, um Gottes willen, wenn du einen kleinen Bauch *hättest*. Hast du aber nicht.«

»Weil du nicht hinschaust. Du schaust mich überhaupt nicht mehr an. So wie früher.«

»*Wie* schaue ich nicht mehr?«

»So wie früher.«

»Wie hab' ich denn da geschaut?«

»Anders.«

»Und da habe ich gesehen, dass du Übergewicht hast?«

»Nein, du Blödmann, damals HATTE ich ja kein Übergewicht ...«

»Heute auch nicht.«

»Doch, hab ich doch ...«

....

IKEA
Codewort skandinavischer Wissenschaftler, die das Klonen natürlicher Wohnräume in westlichen Industrienationen erforschen.

Wir verlassen diese spannende Szene ohne weiteren Kommentar. Bitte stellen Sie sich nun einen Mann vor, der schulterzuckend in der Ecke seines Zimmers steht, verzweifelt tief in Ihre Augen blickt und fragt: »Was ist die richtige, charmanteste, effektivste Antwort, die man auf die Frage seiner geliebten Freundin, Lebensabschnittspartnerin oder Frau geben kann: ›Sag mal, findest du, ich bin zu dick geworden?‹«

Dies ist ein ernst gemeinter Hilferuf. Bitte senden Sie Ihre Antwort an unsere E-Mail-Adresse Hilgers@asv.de. Wir danken Ihnen.

PS:

Ach ja, eine Frage ist noch offen. Was reden Männer über Frauen, wenn sie unter sich sind. Ganz ehrliche Antwort: Nichts. Annähernd nichts.

Ich weiß, *das* passt Ihnen jetzt auch nicht. Aber da können wir nix machen.

Wozu braucht die Menschheit Gynäkologen?

Männer und der weibliche Unterleib – eine Geschichte voller Missverständnisse ...

Der Vergleich mit dem Phallus macht aus dem weiblichen Schambereich eine aufdringliche Abwesenheit ... Ein unbekanntes Wesen, von dem es noch nicht einmal Abbildungen gibt und von dem niemand jemals erzählt. Von ihm gehen gleichermaßen süße Versprechungen und furchteinflößende Schrecken aus ... Selbst der Teufel heißt es, sei beim Anblick eines weiblichen Geschlechtsteils zutiefst erschrocken.

Dietrich Schwanitz, Männer

Männer können einen Frosch aufblasen und das herumfliegende Gekröse anschließend ohne Probleme sezieren. Sie frickeln am Innenleben eines Gameboys herum, interessieren sich für die chemischen Bestandteile von Dixi-Toiletten und gehen den Fahrplänen der Bundesbahn mit akribischer Pedanterie auf den Grund. Männer sind eben neugierig, und Dinge, die sie nicht schon einmal bis aufs letzte Schräubchen auseinander genommen und wieder zusammengesetzt haben, sind ihre natürlichen Feinde.

Es gibt allerdings einen Bereich im Leben jedes Mannes – na ja, jedes heterosexuellen, geschlechtlich aktiven Vertreters seines Geschlechts –, von dem er buchstäblich *nichts* wissen will: der weibliche Unterleib!

It 's raining men
Erkennungsmelodie von Jahrmarkt-DJs

Ich meine, er interessiert sich schon dafür, bildlich gesprochen, aber so, wie ein Analphabet sich bei Nieselregen in eine Buchhandlung rettet: Er nutzt das Etablissement, ohne sich für sein Geheimnis zu interessieren. Männer lieben

es, Sex mit Frauen zu haben, obwohl man ehrlicherweise zugeben muss: Sie haben auch keine andere Wahl. Und sie akzeptieren schulterzuckend, dass die Vagina der Frau dabei eine gewisse Rolle spielt – aber alle weiteren, womöglich anatomischen Details sind ihnen ein Rätsel, ein Mythos und irgendwie auch ein Tabu. Und das soll auch so bleiben, wenn es nach ihnen ginge.

Ich kannte mal einen Gynäkologen, Friedrich. Netter Kerl eigentlich, spielte im defensiven Mittelfeld unserer Hobbytruppe. Üblicherweise sind ausführliche Gespräche über berufliche Zusammenhänge in Fußballmannschaften selten. Bei Friedrich war das anders. Ständig musste er sich Bemerkungen, Fragen und blöde Kalauer anhören, in denen gynäkologische Stühle, Monstermuschis und willige, grüne Witwen vorkamen. Je derber, desto besser. Und irgendwann fragte immer einer, halb im Spaß, aber auch mit einem verlegenen Interesse: »Sag mal, wenn du den Frauen den ganzen Tag in der Möse wühlst – hast du da überhaupt noch Lust auf Sex mit deiner Freundin?«

Natürlich ist das eine ziemlich blöde Frage, und ich entschuldige mich zudem in aller Form für die Bezeichnung »Möse« für das weibliche Geschlechtsorgan, muss aber an dieser Stelle zugeben, dass Männer zuweilen noch ganz andere Bezeichnungen dafür parat haben: Fotze. Muschi. Bär. Schlitz. Büchse. Und das ist nur ein kleiner Ausschnitt.

Friedrich blieb übrigens immer ruhig und gelassen; er hat sich daran gewöhnt, dass ihn andere Männer hinter vorgehaltener Hand für »irgendwie krank« halten und ihn manchmal auch Frauen mit diesem unergründlichen Blick abstrafen, der normalerweise für Kinderquäler und Strauchdiebe reserviert ist. Das alles tangiert Friedrich nicht, offenbar hat er Frieden mit seinem Beruf gemacht. Nie, nicht ein Mal hat Friedrich aus seiner Praxis erzählt. Keine Zote, kein Witz über eine Patientin, nicht einmal die anonyme Beschreibung einer besonders exotischen Abnormität.

Und wir, seine Teamkollegen, sind ihm dankbar, auch wenn das so deutlich keiner von uns ausdrücken würde, denn im Grunde wollen wir diesen Zwiespalt zwischen »süßem Versprechen und Furcht einflößendem Schrecken«, wie es Schwanitz über den weiblichen

Unterleib in seinem Männer-Buch schreibt, ja gar nicht auflösen. Am Ende zerstören die nackten Fakten und die möglicherweise unschönen Details noch die Anziehungskraft und Faszination, die Frauen auf den Mann als solchen ausüben. Genau darauf zielt ja auch die Frage ab, die sich Friedrich immer stellen lassen musste. Nein, darin sind sich Männer einig: So genau wollen sie nicht wissen, was es mit dem Unterleib der Frau auf sich hat – und wie die Innenausstattung funktioniert. Sie wenden sich ab, wenn von der Menstruation die Rede ist, sie suchen nicht nach dem G-Punkt, und was es mit Gebärmutterhälsen auf sich hat, wollen sie auch nicht wissen. Der Unterleib von Annie Sprinkle ist in dieser Hinsicht die große Ausnahme, aber da befinden wir uns im Zirkus und nicht im Spannungsfeld zwischen Mann und Frau.

Ich kenne einige Männer, die stolz darauf sind, bei der Geburt ihrer Kinder dabeigewesen zu sein. Am Kopfende der Partnerin haben sie mitgeatmet, ihre Hand gedrückt und nach Kräften mitgelitten. Nur eines haben sie tunlichst vermieden: zu sehen, aus welcher Körperöffnung ihrer Frau das Baby gepresst wurde und wie das im Speziellen vonstatten ging, denn: »Das wollte ich mir nicht ansehen, danach hätte ich bestimmt nie wieder Lust gehabt, mit ihr zu schlafen!«

Das finden Sie krank? Vermutlich richtig. Aber verwunderlich ist es nicht, dass sich Männer zutiefst verunsichert und ignorant gebärden, das hat eine lange Tradition, wie man einem erstaunlichen Buch von Marlene Faro entnehmen kann: *An heymlichen orten – Männer und der weibliche Unterleib. Eine andere Geschichte der Gynäkologie.* Darin schreibt die Autorin: *Tausend Jahre Vorurteile über den weiblichen Körper lassen sich nicht innerhalb von ein, zwei Generationen wegdesinfizieren. Noch im vergangenen Jahrhundert haben Gynäkologen bei Kurzsichtigkeit die Entfernung der Clitoris empfohlen, wurden Frauen bei Gebärmutterentzündung mit Stromstößen zwischen die Beine traktiert.*

Klingt übel, ist aber nur die Spitze des Eisbergs. Es folgt jetzt ein kleiner Exkurs in die Historie der Gynäkologie, aber ich warne eindringlich davor, gelangweilt das nächste Kapitel aufzuschlagen – Sie verpassen am Ende eine unglaublich unterhaltsame Episode aus der Praxis Friedrichs. Nun aber zuerst zur Wissenschaft. Sie kennen

doch sicher Plato. Griechischer Philosoph, anerkannter Denker. Für den war die Frau das schwache Geschlecht und die Gebärmutter, nun »die Ursache von tausend Übeln«. Mehr noch – »ein nach Befruchtung gieriges Tier«. Und würde diesem Begehren nicht Rechnung getragen, so beginne es im Körper umherzuwandern, wodurch allerlei Frauenkrankheiten entstünden. Eine abenteuerliche Theorie, aber durchaus nicht Platos exklusive Ansicht. Auch Hippokrates, der wohl berühmteste aller Ärzte, diagnostizierte ein »Herumirren« der Gebärmutter im weiblichen Körper. Und wenn sie nicht erforscht worden wäre, dann würde sie wohl heute noch herumirren und verantwortlich gemacht für allerlei der übelsten Frauengebrechen. Es dauert halt lange, bis Unwissenheit und absurde Vorurteile aus der Welt geschafft werden – und bei manchen ist es bis heute noch nicht geschehen. Schon Aristoteles wusste, dass der Anblick einer menstruierenden Frau genügte, um jeden Spiegel zu trüben. Paracelsus, auch ein berühmter Mann, schrieb im Jahre 1566: *Es gibt kein Gift in der Welt, das schädlicher ist als das menstrum,* und so galt es als abgemacht, dass Menstrualblut fortan als Ursache für Pest, Syphilis und Pocken zu gelten hatte.

Na immerhin hat sich in den letzten fünf Jahrhunderten eine Menge getan – 1991 forderte ein Juraprofessor aus Mainz nur noch, seine Studentinnen mögen doch bitte im Hörsaal in die letzten Reihen abwandern, wenn sie gerade menstruierten – er könne bei dem Gestank nicht arbeiten.

Ist es bei derlei Vorkommnissen ein Wunder, dass sich die Mehrzahl aller Männer unbehaglich windet und am liebsten weghört, wenn vom »Untenrum« der Frau die Rede ist? Bei diesen unangenehmen Konnotationen und irgendwie doch manifesten Weisheiten dürfte das noch der sicherste Weg sein, auf Dauer mit dem weiblichen Unterleib auszukommen ... Zum Schluss dieses kleinen Exkurses noch ein Hinweis auf das Handbuch *Die Krankheiten der Frauen,* erschienen 1894, in dem steht, dass schmerzhafte Blutungen besonders häufig durch geistige Anstrengung bei Frauen hervorgerufen würden. Ganz besonders betroffen seien Lehrerinnen, und hier vor allem Musiklehrerinnen.

Je t'aime
Sagt man nicht. Kann man aber anhören, in der Gainsbourg/Birkin-Fassung.

Ein Hoch auf die Wissenschaft. So viel abenteuerlichen Blödsinn hat nicht mal Karl May über das wilde Kurdistan zusammengetragen. Und was lernen wir Männer daraus? Vermutlich nicht viel. Wir werden weiter am Kopfende stehen, wenn unsere Frauen gebären, werden weiter Witzchen über PMS und Scheidenkrämpfe machen, ohne zu wissen, was das eigentlich genau ist. Und wir werden versuchen, uns kein genaues Bild davon zu machen, wie es in einer Frau aussieht und was in ihr vorgeht, obwohl wir die dumpfe Ahnung haben, dass ein paar ausgeräumte Missverständnisse in dieser Hinsicht auch *unsere* Lebensqualität steigern dürften – und zwar nicht nur in erotischer Hinsicht. Aber so weit sind wir einfach noch nicht, erkenntnistheoretisch. Gebt Plato die Schuld, Hippokrates oder auch Aristoteles. Doch immerhin wollen wir uns an dieser Stelle vor weiteren Anekdoten zum Thema hüten. Die versprochene, unglaublich unterhaltsame Episode aus Friedrichs Praxis muss deshalb leider ausfallen. Schließlich sind wir ja lernfähig – ein bisschen.

Drum prüfe, wer sich ewig bindet

Wen Männer heiraten. Und mit wem sie wirklich Spaß haben

> Die Männer heiraten, weil sie müde sind, die Frauen, weil sie neugierig sind. Beide werden enttäuscht.
>
> *Oscar Wilde*

> Heiraten heißt, seine Rechte halbieren und seine Pflichten verdoppeln.
>
> *Arthur Schopenhauer*

Provokante Überschrift? Hört mit dem Heiraten *wirklich* der Spaß auf? Heiraten Männer lieber langweilige Frauen? Nein. Dass mit dem Bund der Ehe auch das Tor der Lebensfreude geschlossen wird, halten selbst hartgesottenste Pessimisten nicht mehr für wahrscheinlich – es sei denn, man erwischt Zsa Zsa Gabor oder eines der Spice Girls.

Hier geht es um das Leben vor der Ehe. Und um die Gründe, warum Männer das präeheliche Dasein irgendwann doch beenden, oft wider besseren Ahnens ...

Zur Erläuterung eine persönliche Geschichte, die ich in diesem Zusammenhang gerne erzähle. Ich sollte früher nämlich Spaß mit weiblichen Zwillingen haben. Von einer kleinen Episode abgesehen, die ich als Jugendsünde verstanden haben will, ist in diesem Zusammenhang ausschließlich das Sternzeichen gemeint. »Zwillinge sind gut für dich!« – so hatte mir das einst die Schwester meines besten Freundes prophezeit. Sie beschäftigte sich intensiv mit Astrologie und erstellte mir ein Geburtshoroskop. Heraus kam: Mit

Kaffee, noch auf einen mit raufkommen
Codierte Aufforderung zum Geschlechtsverkehr. Hat historisch die Formel »Nächste Woche halte ich bei deinem Vater um deine Hand an« abgelöst.

Zwillingen dürfte ich prima Spaß haben, meinen sexuellen Erfahrungsschatz erweitern, sie aber auf keinen Fall ehelichen. Zwillinge eigneten sich für mich als Stier zum klassischen »Hörner abstoßen«.

Heute, etwa 15 Jahre später, kann ich dazu sagen: Welches Sternzeichen ich später mal heiraten soll, weiß ich immer noch nicht. Doch mit den Zwillingen traf meine Hobbyastrologin im Spaßbereich voll ins Schwarze!

Wen (oder warum) Männer wirklich heiraten sollten, darüber gehen die Meinungen weit auseinander. Version eins: Männer heiraten aus Liebe. Das behauptet erstaunlicherweise eine Frau, die Soziologin Esther Vilar. Sie sagt: »Wenn Frauen in der Ehe keine Vorteile mehr suchen, werden sie sie auch nicht länger zweckentfremden – sie werden entweder gar nicht heiraten oder aus dem gleichen Grund wie Männer: aus Liebe.« Übersetzt für uns Nicht-Soziologen heißt das: Frauen werden bei ihrer Entscheidung für die Ehe beeinflusst von Kriterien wie Schutz, Geborgenheit oder Versorgung einer künftigen Familie. Da Männer in der Regel nicht nach dem Ernährer der Familie suchen, bleibt ihnen eigentlich nur *ein* Grund für die Heirat. Große Gefühle: die Liebe. Eine gewagte Theorie, doch immerhin eine, die uns Männern schmeichelt, weil sie uns bescheinigt, dass wir doch tatsächlich richtige Gefühle haben und nicht *alles* der Frage unterordnen: »Was soll das bringen?«

Version zwei. Wie die Frauenzeitschrift FREUNDIN herausgefunden hat, haben sich zwei Drittel aller verheirateten Männer institutionell domestizieren lassen, weil ihre Partnerinnen dies so wollten. Im Grunde hatten sie selbst nicht das Gefühl, unbedingt heiraten zu müssen. Um unwillige Männer schneller zum Heiraten zu bewegen – das nur nebenbei – sollten Frauen mit ihren Reizen geizen (Migräne!) oder die potenzielle Schwiegermutter in ihre Pläne einweihen, so sieht das jedenfalls die FREUNDIN. Dagegen rät das selbst-

ernannte Fachorgan der Ehestiftung von heimtückischen Schwangerschaften ab. Auch ein überraschender Auftritt als Hauptdarsteller bei Kai Pflaumes *Eine Chance für die Liebe* sei nicht ratsam. Danke dafür im Namen aller diskreten und zeugungsfähigen Männer.

Interessant erscheint der Blick auch auf die weiteren Ergebnisse der Umfrage. Wann sagen Männer »Ja«? Ganz klarer Favorit ist mit 74 Prozent die Begründung »Wegen der Steuer«. Auf Platz zwei rangiert »Weil die Frau es will«. Harter, unsentimentaler Stoff ...

»Wenn Sie mit einer Frau länger zusammen sind, ist Ihnen der Status der Beziehung irgendwann egal«, entschuldigt in diesem Zusammenhang die Berliner Psychologin Lydia Wagner die Gattung Mann. 59 Prozent der Männer nannten als einen möglichen Grund für die Ehe die eigene Karriere, für die der Trauschein förderlich sei. 52 Prozent der Befragten meinten, für Kinder sei es besser, wenn sie in stabilen Verhältnissen aufwachsen. Vier von zehn Männern halten eine Ehe immerhin noch für dringlich, wenn ein Kind unterwegs ist. So ein profanes Gefühlsgemenge wie die »Liebe« findet sich in dieser Liste auf dem letzten Platz wieder, gleichauf mit der Eifersucht und dem Wunsch, Hausmann zu werden.

Tolle Bilanz.

Trotzdem wenig aussagekräftig, was die Ausgangsfrage angeht. Wen heiraten Männer denn nun, *wenn* sie sich überhaupt dazu überreden lassen? Antwort: keinen bestimmten Typ, nicht das Hausmütterchen auf der einen oder Lady Kamasutra auf der anderen Seite der vorstellbaren Skala. Sondern: die Frau, die zufällig zum richtigen Zeitpunkt im Leben eines Mannes auftaucht. Das Timing ist entscheidend. Wer kennt mit 20 Jahren schon seine Bedürfnisse; glaubt, dass er sich ausgelebt und ausreichend rausgelassen hat, was der Volksmund gern »die Sau« nennt? Also probiert man(n) erst mal aus.

Das klingt jetzt zynischer als es ist. Wenn Männer sich verlieben, ob mit 18, 25 oder 31, ob drei- oder zehnmal: *Zuerst* glauben sie wirklich, diesmal sei es aber endlich die Frau für's ganze Leben. Naja: häufiger. Dass es sich bei

Kai Pflaume
TV-Kuppler; ostdeutsches Äquivalent zu einer Tüte Fruchtgummi

der jeweiligen Sozialpartnerin bloß um einen erotischen Testballon, eine Brückenbeziehung oder einen schlichten Irrtum gehandelt hat, begreifen sie immer erst, wenn der letzte Streit ausgefochten ist. Aber irgendwann spürt selbst der längste anzunehmende Pubertierende, dass die Zeit reif ist für ein bisschen Zärtlichkeit. Dauerhaft, vielleicht sogar mit undichtem Kleinteil-Anschluss. Es gibt Optimisten, die das als Reifeprozess bezeichnen. Nun. Komischerweise trifft dieser Prozess Männer um die 30 oft ganz plötzlich nach einer langjährigen, just gescheiterten Beziehung. Das nächste Opfer hatte noch nicht mal Zeit, eine Zahnbürste in seinem Badezimmer zu deponieren, da steckt ihr schon sein Ring am Finger. Blitzreife? Wohl kaum. Gutes Timing, würden wir sagen, gemischt mit einer gewissen Resignation und einer Prise Torschlusspanik. Unter Umständen eine falsche Entscheidung, wie die schriftstellernde Freifrau Marie von Ebner-Eschenbach schon vor 100 Jahren vermutete: *Heiraten heißt, all seine Vernunft zusammenzunehmen, um die wahnsinnigste Handlung zu begehen, die ein Mensch begehen kann.*

Echt blond!

Endlich ein paar Hinweise, warum Männer blonde Frauen wirklich wollen

Wenn der Kopf ab ist,
weint man den Haaren nicht nach.
Nikita Chruschtschow

Ein paar Dinge gibt's da draußen, von denen möchte man eigentlich nichts mehr hören. Über den Opel Manta, Lothar Matthäus und Blondinen ist vermutlich alles gesagt – ein Auto, ein Blubberautomat und eine Haarfarbe. Sooo langweilig. Stimmt. Im Grunde wahr. Leider gibt es aber da in einem Fall noch *immer* einen gewissen Resterklärungsbedarf: Manta und Matthäus sind es nicht. Nur über die Haarfarbe wird weiterhin zu reden sein. Und Sie sind selbst schuld daran, meine Damen. Sie verstehen uns in dieser Hinsicht nämlich falsch. Ganz falsch, sehr falsch, verhängnisvoll falsch. Reden wir also über Blondinen.

Sie kennen doch diese Frauenmagazine, diese bunten. Unbezahlbare Klamotten, Brad Pitt und 1000 andere Wege zum multiplen Orgasmus. In diesen Redaktionen arbeiten Frauen unterschiedlichen Gemüts, einige schlau, andere ambitioniert, manche schön. Gemeinsam verbindet sie der unausrottbare Glaube an die Macht des blonden Haares. Egal, ob der nun genuin durch Kriemhild, Claudia Schiffer oder Courtney Love genährt wurde – im Glauben daran, dass blond alles ist, was Frau braucht und Mann haben will, rücken die Damen fest zusammen. Und immer im Frühjahr, wenn in den Redaktionen tief durchgeatmet wird und die moppelig wintermelancholisierten Geschöpfe dort mal wieder so richtig was erleben wollen, dann haben sie diese Idee auf der monatlichen Themenkonferenz:

»Ich ziehe mir eine blonde Perücke auf!«, spricht die brünette Kurzgewachsene aus der Abteilung Zeitgeschehen, die sich normalerweise in einem Männeranzug von Yamamoto versteckt, »und dann ziehe ich mal ein langes Wochenende durch die Bars der Stadt. Mal sehen, ob mich diese blöden Männer wie ein Sexobjekt behandeln, nur weil ich jetzt blond bin!«

Die Kolleginnen nicken wohlwollend und finden die Idee super.

Am nächsten Freitag rückt der investigative Journalismus auf zwei Beinen dann aus. Wir sehen eine grotesk aufgemotzte, für Familie und Freunde nicht wiederzuerkennende Persiflage auf die frühe Anna Nicole Smith, und sie ist wild entschlossen, ein liebgewonnenes Klischee zu bestätigen: Männer haben keinen Respekt vor blonden Frauen, weil diese dumm sind, dicke Titten haben und extrem leicht hergehen! Sie hat sich einen Rock bei der kleinen Schwester geliehen, der sich bei der Begriffsbezeichnung ein schweres Identitätsgefecht mit einem Gürtel liefert, und ihre hochhackigen Schuhe und ihr Make-up sind *Rocky-Horror-Picture-Show*-tauglich.

Schon dieser Aufzug ist eine Frechheit und ein Missverständnis. Tatsächlich sieht die brünette, angehende Pulitzerpreisträgerin aus, als gäbe es sie auf *Rudis Resterampe* auch in Gummi, und wenn ihr Outfit sprechen könnte, würde es sagen: Nimm! Mich! Mit!

So stellen sich Frauen also Blondinen vor, die von Männern geliebt werden. Eine völlig durchgeknallte Idee. So sehen nur Blondinen aus, die Männer poppen wollen.

Natürlich widerfährt den konvertierten Brünetten im Laufe ihres Wochenendes genau das, was sie erwartet haben, was kein Wunder ist, aber in dieser Aufmachung auch ohne blonde Perücke geklappt hätte. Männer sind ja nicht blöd. Diese Perücken-Blondinen sind platte Einladungen, Giveaways, Elfmeter. Und die Männer, die ihnen begegnen, werden sich angesichts dieser eher kleineren Herausforderung an ihren Jagdinstinkt nur mäßig ins Zeug legen und vermutlich schon nach einem popeligen Cola-Whiskey-Getränk

Karneval
Sehr ausgelassene, religiös motivierte Feier mit Musik, die mehrere Tage andauert und bei der neben Volltrunkenheit und Verkleidung die Nächstenliebe im Vordergrund steht.

sehr deutlich zum Ausdruck bringen, dass sie jetzt gerne Körper aneinander reiben würden.

Am Ende des Abends wird auf beiden Seiten bilanziert. Die »blonde« Journalistin, noch leicht erhitzt von so viel eindimensionaler Aufmerksamkeit, wird sich genüsslich zurücklehnen und ein Häkchen machen hinter der These: »Männer halten Blondinen für Freiwild!« Und in der anderen Ecke hängt der mundwässrig gemachte Herr im Seil und flucht auf die »blonde Schlampe«, die ihn erst so offensiv angebaggert hat, als käme sie nach vier Jahren im geschlossenen Vollzug auf direktem Weg aus dem Frauenknast – und die ihn dann einfach so abblitzen ließ.

Und warum erzähle ich Ihnen das? Na, wegen dieses Missverständnisses, von dem ich eingangs sprach. Frauen und Männer meinen nicht dasselbe, wenn sie von Blondinen sprechen. Oder besser: Blonde Frauen und Blondinen, das kann ein himmelweiter Unterschied sein!

Ein paar Beispiele: Jenny Elvers schob sich in »Männerpension« den Rock hoch und entblößte im Kino ihren nackten Unterleib – Grace Kelly heiratete einen Adeligen mit einem eigenen Casino. Pamela Anderson ist stolz darauf, sechsmal Titelgirl des Playboys gewesen zu sein – bei Claudia Schiffer traut man sich nicht einmal, ihr solch ein Angebot zu machen. Madonna erinnert sich an mehr Liebhaber, als Finnland Fjorde hat – über Meg Ryans Privatleben ist weniger bekannt als über die erotischen Vorlieben des Papstes.

Verstehen Sie? Frauen mit blonden Haaren mögen sich auf den ersten Blick ähneln wie Produkte aus dem Hause Gucci oder Prada; erst auf den zweiten Blick wird klar, dass wir hier in verschiedenen Universen zu Hause sind. Die ganzen Vorurteile, dummen Herrenwitze und albernen Klischeeszenarien aber, die beziehen sich ausschließlich auf die Stellvertreterinnen der Gattung »blond«, die Geschmack, Klasse und Diskretion für etwas halten, das es im Sparmarkt auf Rabattmarken gibt. Klassische Vertreterinnen dieser Plage wie beispielsweise die erwähnten Jenny Elvers, Pamela Anderson oder das mystische Dummchen Marilyn Monroe sind es, für die Blondinenwitze erfunden wurden. (Angeblich waren die amerikanischen GIs die Ersten, die sich Blondinenwitze ausgedacht ha-

ben – Marilyn Monroe war kurz vorher auf Truppenbesuch ...) Und sie sind es auch, die als Vorbilder für all die journalistischen Teilzeit-Blondinen fungieren, die sich nach einem Wochenende an der Hormonfront am PC den Frust über die notgeile Männerwelt aus dem Leib hacken. Und ein Missverständnis zementieren – immer noch ein bisschen fester.

Wobei wir hier gar nicht bestreiten wollen, dass Männer blonde Frauen toll finden. Aber aus ganz anderen Gründen, als das im Lager des Feindes angenommen wird.

Männer wollen Blondinen *heiraten* – für den Spaß sind alle anderen Frauen zuständig!

Nein, nein, das ist kein Witz, das meinen wir durchaus ernst. Und wir können es sogar beweisen. Besser gesagt: Ein Wissenschaftler hat das getan. Hans Wilhelm Jürgens, Anthropologe an der Universität Kiel, hat einen Versuch gestartet. Er schaltete zwei fast gleichlautende Kontaktanzeigen in mehreren überregionalen Tageszeitungen: »Medizinisch-technische Assistentin, 26 Jahre alt, sucht passenden Ehepartner«, hieß es da. Es gab nur einen Unterschied: Im ersten Fall suchte eine blonde, blauäugige Frau nach dem Mann fürs Leben, im zweiten Fall eine dunkelhaarige und dunkeläugige Frau. Überraschendes Ergebnis: Mit fast 200 Zuschriften erhielt die dunkelhaarige Probandin beinahe dreimal so viele Zuschriften, allerdings mit eindeutig zweideutiger Konnotation. Mit ihr in die Kiste wollten die Männer schon, für eine langfristige, saubere und ehrpusselige Geschichte wie eine Heirat aber, da wollten die Herren auf jeden Fall die blonde Kandidatin. Jürgens bilanzierte, nachdem er die Männer auf die Motivation ihrer Offerten getestet hatte: »Wird es sinnlich und lustbetont, kommt die Brünette zum Einsatz, geht es um Sauber- und Langlebigkeit einer Beziehung, ist garantiert eine Blondine im Spiel.« Der Münchener Psychologe Stephan Lermer – den wir in diesem Buch ja schon einige Male zitiert haben – hält es auch für erwiesen, dass Männer ganz gezielt nach blonden Frauen suchen, weil die eine seltenere, ergo edlere Beute seien. Selten stimmt: Nur 16 Prozent der weiblichen Bevölkerung in Deutschland, so der aktuelle Zählstand, sei naturblond. Und nur das zählt ja, denn, so Anthropologe Jürgens: Platin- und Silbrig-

blonde wie Marlene Dietrich oder Marilyn Monroe sind als Prototypen »größtmöglicher Luderhaftigkeit« kategorisch ausgeschlossen, wenn es um Reinheit und Heiratsfähigkeit geht.

Okay. Ein Wissenschaftler. Ein Einziger. Und dazu noch so eine Art Psychologe, der sich auf Anfrage auch zum Balzverhalten der Küchenmilbe äußern würde. Glauben Sie dem?

Kunstausstellung
Reizlose Veranstaltung, bei der es nur am ersten Abend etwas zu trinken gibt. Die meisten Männer, die dort anzutreffen sind, tun das, a. um ihrer Freundin einen Gefallen zu tun, imitieren b. den sensiblen Sachverständigen, um überhaupt mal eine Frau kennen zu lernen, oder c. haben gehört, dass unbekannte Pamela-Anderson-Poster entdeckt worden sind ...

Sollten Sie aber. Denn *wir* sind auch Jungs. Und wir *glauben*, dass 67 Prozent aller Männer blonde Frauen bei der Partnerwahl bevorzugen, wir *glauben*, was unlängst im Magazin der SÜDDEUTSCHEN ZEITUNG stand, dass nämlich Blond »kostbar« ist, die »Farbe wertvoller Dinge, wie Gold, wie Weizen, wie die Sonne«. Und wir wissen, wie *aufregend* blonde Frauen wirklich sein können. Dann nämlich, wenn sie ihr Geheimnis nicht auf einer wehenden Fahne vor sich her tragen, wenn ihre Erotik und ihre Abgründe so tief verborgen scheinen, dass wir Lust haben, ein Leben lang danach zu schürfen (na ja, vielleicht kein *ganzes* Leben, aber für eine Staffel von *Sex & the City* dürfte es reichen). Wir lieben blonde Frauen. Wir respektieren sie. Manchmal verehren wir sie sogar. Beinahe so sehr wie Alfred Hitchcock.

Dem Großmeister des Spannungskinos gebührt in dieser Angelegenheit das letzte Wort, schließlich ist die Vorliebe für Blondinen sein erklärter, in vielen seiner Filme ausgewiesener Zuständigkeitsbereich: »Ich glaube, die in sexueller Hinsicht interessanteren Frauen sind die Engländerinnen. Ich finde die englischen Frauen, die Schwedinnen, die norddeutschen Frauen sind interessanter als die romanischen, die Italienerinnen und die Französinnen. Der Sex darf nicht gleich ins Auge stechen.«

Steht mir das?

Warum es für eine Frau manchmal schöner ist, sich das Bein zu brechen, als mit einem Mann einkaufen zu gehen

Auch sollen die Frauen sich anständig, bescheiden und zurückhaltend kleiden; nicht Haartracht, Gold, Perlen oder kostbare Kleider seien ihr Schmuck, sondern gute Werke«.

Neues Testament, Paulus (1 Timotheus 2, 9-10)

Nie werden wir das verstehen: Warum ist es bloß so aufregend, sich neu einzukleiden? »Shopping« kann doch wohl kein Hobby sein?

Für Frauen offenbar schon: Gleich neben »Lesen, Reiten, Kino und Aerobic« rangiert es in der Liste der größten Freizeitvergnügungen an vorderster Front. »Shopping« hieß früher bloß »Klamotten kaufen« und klang nach lästiger Pflicht. Heute gilt der stundenlange Erwerb von sündhaft teuren Markenartikeln in »Boutiquen« beinahe als Kunstform – zumindest für *ein* Geschlecht. Das Problem, das in vielen Partnerschaften dann zwangsläufig an jedem zweiten Wochenende auftaucht, liegt auf der Hand: *Diesen* Freizeit-Trend haben Männer noch nicht für sich entdeckt. Trotzdem – oder gerade deshalb? – begreifen Frauen Shopping als einen wesentlichen Teil der gemeinsamen Freizeitgestaltung. Und haben wir eine Wahl?

Zugegeben: Auch Männer haben Spaß am Konsum. DVD-Spieler, TV-Geräte mit Dolby-Surround-System, Cabrios. Auch mal eine neue Hose ist drin, und nicht nur, weil der lieb gewonnene alte Jeanszausel nun endgültig nicht mehr zu flicken ist. Moderne Männer sind schließlich modebewusst: Die Generation der Sandalenträger, garniert mit weißer Tennissocke, ist in den zivilisierten Arealen der deutschen Stadtlandschaft beinahe ausgestorben. Halleluja!

Doch Männer kaufen anders, ganz anders ein als Frauen. Rein in den Laden, anprobiert die Hose. Das gute Stück passt? Hintern okay? Gut, dann ab an die Kasse. Schneller kommt Schumi nicht mal aus der Boxengasse. Männer finden das effektiv, und sie sind stolz darauf, schnell zu wissen, was sie wollen. Frauen aber ist diese Fast-Shopping-Mentalität zutiefst zuwider. Sie rollen mit den Augen und apportieren uns noch bis an die Kasse, wo wir zum Bezahlen bereit stehen, immer neue Hosen, Pullis oder Hemden – von wo wir sie unbesehen wieder in den Verkaufsraum zurückwerfen. Die Geschichte des gemeinsamen Einkaufs ist eine Geschichte voller Missverständnisse ...

Einkaufen ist für Frauen ein sinnliches Sieben-Gänge-Menü, für das sie sich viel Zeit nehmen, für Männer hingegen nur eine lästige Pflichtveranstaltung wie ein Arztbesuch oder die TÜV-Untersuchung für die Karosse. Gourmettempel gegen McDonalds – das knallt!

Shopping-Stress beginnt zu Hause. Vor dem Kleiderschrank.

»Ich habe nichts (Vernünftiges) mehr anzuziehen«, sagt sie.

»Aber du hast doch noch dies oder auch jenes!«, sagt er und zeigt auf ein paar Meter edelste Textilware in diesem Holztrumm von Schrank, in dem man mühelos einen Kleinlaster verstecken könnte. Ein verzweifelter, aber völlig ungeeigneter Versuch, den drohenden Ausflug in die Fußgängerzone noch abzuwenden. Clevere Männer verzichten von vorneherein darauf, das Unabänderbare noch beeinflussen zu wollen. Das ist aber lediglich eine Frieden erhaltende Maßnahme. Glücklicher macht ihn das, mit der Aussicht auf einen mindestens vierstündigen Marathon durch alle Boutiquen der Stadt, mit Sicherheit nicht.

Es mag entspannt beginnen, doch spätestens nach einer Stunde wird es harte Arbeit. Die Geschäfte sind wie immer zu voll, und *wir* gehen samstags auf eine Shopping-Tournee. Die Luft in den Läden ist stickig und warm, die Beine schmerzen, George Michael und die aktuellen Top-Ten-Konsorten dröhnen unsere weichen Birnen voll. Und wieder haben Männer viele Fragen: Wie ist es möglich, dass Frauen das exakt gleiche Szenario wie einen frühmorgendlichen Spaziergang im Wald empfinden? Und warum nehmen sie, verdammt noch mal, nicht das erste Teil, das passt und *wirklich* okay aussieht? Warum reagieren sie so gereizt, nur weil man kurzfristig mal die Wache vor der

Lederhose
Speckiges Beinkleid für Jungs mit Ambitionen und vielen Def-Leppard-LPs im Schrank; auch als Aussichtsplattform in Gebrauch.

Kabine unterbricht, um draußen vor der Tür eine Zigarette zu rauchen? Ganz schlecht kommt auch, wenn man sich als Demonstration des stillen Protestes ein Schild malt, auf dem steht: »Du kannst einfach alles tragen!« Falls Frauen über Humor verfügen, dann kommt er ihnen während des Großeinkaufs ganz sicher abhanden.

Wie in vielen anderen Situationen im Leben müssen Männer nun sehr tapfer sein. Jetzt auf keinen Fall aufgeben und sich mit den Worten »Du findest mich im Café nebenan!« aus dem Staub machen! Eventuell beflügelt von der Liebe zu ihrer Partnerin wird jetzt vielleicht sogar ein Begleitungsdauerrekord aufgestellt. Fehler machen wir natürlich trotzdem. Haufenweise. Hier eine kleine Übersetzungshilfe unserer verbalen Unklarheiten.

Was falsch rüberkommt
Die nüchterne Analyse des dargebotenen Kleidungsstückes – Männer beurteilen Kleidung oft nach fragwürdigen Kriterien wie Tragbarkeit und Funktionalität.
Was wir meinen
Etwas mehr Spitze am Kragen einer Bluse oder Puffärmelchen sind *nicht* bloß ein vorhersehbares Problem beim Bügeln, sondern sehen echt süß aus.

Was falsch rüberkommt
Die Bewertung, dass ein Kleidungsstück passt, rein größentechnisch gesehen. Da Männer wie wir in der Regel nicht in der Lage sind, Frauenmode hinsichtlich ihres Chics zu beurteilen, äußern wir uns ausschließlich zu handfesteren Dingen, wovon wir vermeintlich Ahnung haben. Frauen mögen es aber seltsamerweise nicht, wenn man ihnen sagt, die Hose spanne am Bauch.
Was wir meinen
Die Hose macht natürlich einen tollen Po. Dass das gute Stück im Bund nicht passt, spielt für eine geschmackssichere Frau keine Rolle – also erwähnen wir es auch nicht, weil wir glauben, sie benötige unsere Hilfe, sondern nur aus Langeweile.

Was falsch rüberkommt
Zu direkte Hinweise auf die horrend hohen Preise eines Designerteils. Wir haben zwar kein Problem damit, irrwitzige Summen für Alufelgen hinzublättern, und wissen, dass unsere Freundin das *auch* weiß, doch komischerweise verlässt uns in diesen Momenten immer der gesunde Menschenverstand.
Was wir meinen
Die ungläubige Nennung des Preises ersetzt im Grunde bloß den ängstlichen Biss auf die Unterlippe und bedeutet nicht, dass wir nicht bereit wären, mit unserer Kreditkarte auszuhelfen ...

Was falsch rüberkommt
Unerlaubtes Entfernen von der Kabine. Frauen können es nicht nachvollziehen, dass wir nach zwei Stunden Extremshopping das Bedürfnis verspüren, den Blutstau in den Beinen durch lockeres Schlendern in der »Butike« zu beseitigen. Sie hassen es, wenn sie mit erwartungsfrohem Lächeln den Vorhang der Kabine zurückschlagen, um den roten Spitzen-BH zu präsentieren, und wir stehen nicht da, um brav zu applaudieren und etwas zu speicheln.
Was wir meinen
Wir wollten bloß mal kurz gucken, ob wir nicht noch was finden, was sie noch anprobieren kann, damit wir diese schöne Erfahrung noch etwas ausdehnen können.

Was falsch rüberkommt
Unaufgefordertes Zurückziehen des Vorhangs. Um Interesse zu heucheln, schauen Männer oft schon in die Kabine, während sie noch dabei ist, sich anzuziehen. Dann wird sie übellaunig, weil es etwas behindert aussieht, wenn sie sich gerade in gebeugter Haltung die Hose über die Ohren zieht und jeder zufällige Passant einen Blick auf ihre Problemzonen erhascht.
Was wir meinen
Wir wollen sie bloß noch einmal halbnackt sehen, weil sie so schön und die Spannerei in der Öffentlichkeit viel aufregender ist.

Wenn Männer diese fünf Ratschläge beachten ... macht ihnen Shopping mit ihren Frauen genauso wenig Spaß wie vorher. Doch mit ein bisschen Glück ist wenigstens nicht der ganze Abend versaut.

Tausend Mal berührt …

Warum können Männer und Frauen nicht miteinander befreundet sein?

Platonische Liebe ist ein schwachsinniger Name
für die Neigung zwischen einer Unfähigkeit und einem Frost.

Ambrose Bierce

Harry & Sally ist kein Film, den man auf einen Blick als bahnbrechendes Werk der Filmgeschichte erkennt. Es handelt sich um eine recht konventionelle Liebesgeschichte zwischen zwei durchschnittlich gut aussehenden Amerikanern, Meg Ryan und Billy Crystal. Am Anfang mögen sie sich nicht, dann mögen sie sich immer noch nicht, dann werden sie Freunde, haben eine Affäre, werden sauer aufeinander und am Ende lieben sie sich ganz furchtbar und wollen, dass der Rest ihres Lebens möglichst schnell beginnt, weil sie den nämlich gern gemeinsam verbringen wollen.

1989 war nicht abzusehen, dass *Harry & Sally* auch fast 15 Jahre später noch immer ein Thema ist und in den ewig jungen Fragen des Geschlechterkriegs als verlässliches Referenz-Medium funktioniert. Offenbar wirft der Film gleich mehrere Fragen auf, die sich zwischen Männern und Frauen nicht befriedigend beantworten lassen. So gilt es auch in skeptischen Männerkreisen inzwischen als wahrscheinlich, dass Frauen einen Orgasmus glaubwürdig vortäuschen können. Meg Ryans eindrucksvolle Restaurant-Performance in *Harry & Sally* hat so manchen selbstverliebten Beischläfer ins Grübeln gebracht; ebenso der beiläufige Hinweis von Billy Crystal, seine letzte Sexualpartnerin habe vor Entzücken miaut!

»Gibt's so was wirklich?«, fragten sich Deutschlands Männer skeptisch und weiterhin: »Warum habe *ich* das noch nie erlebt!«

Die wichtigste und meist diskutierteste Frage aber, die durch *Harry & Sally* angekurbelt wurde, hieß: »Können Männer und Frauen wirklich Freunde sein?« Der Film von Rob Reiner gelangte zu einem eindeutigen Ergebnis: Nein. Können sie nicht. Vor dem Abspann liegen sich Meg Ryan und Billy Crystal in den Armen, und sie sind wild entschlossen, ihre gute freundschaftliche Beziehung demnächst mit allerlei erotischen Spielarten zu garnieren, vielleicht sogar eine Familie zu gründen. Der Film ist diskret und barmherzig genug, abzublenden, bevor es zu den üblichen Peinlichkeiten und Enttäuschungen kommt.

Minirock
Kleidungsstück mit offenem Aufforderungscharakter; wer etwas anderes behauptet, soll sich zu Elton John trollen.

Aber der interessante Aspekt an dieser ganzen Chose ist doch wohl die Frage: Warum war niemand in den Kinosälen der ganzen Welt wirklich interessiert daran, dass Harry und Sally *nur* gute Freunde wurden und es dabei beließen? Warum hoffte niemand auf einen zuverlässigen Beweis, dass Freundschaft zwischen Männern und Frauen nicht nur möglich, sondern auch wertvoll, schön und erstrebenswert sein könnte? Gemeine Frage, oder?

Kein Hollywood-Studio hätte Regisseur Rob Reiner eine Art Happy End zweiter Klasse gestattet, in dem Meg Ryan und Billy Crystal sich nach neunzig Minuten bloß züchtig in den Arm nehmen, um sich zu beteuern, wie wichtig ihnen ihre ernsthafte Freundschaft sei. Und natürlich, dass man in Zukunft vermeiden wolle, dieses Geschenk mit so profanen Dingen wie Leidenschaft, Sex und Familiengründung auszuhöhlen. Nein, stattdessen wollten sie das »real thing«, die ganz großen Gefühle! Das nämlich ist doch hier der Punkt: Harry und Sally hätten Freunde sein *können*. Aber warum sollten sie?

Ich weiß, was Sie jetzt sagen wollen. Warum *nicht*? War doch nett, wie Harry und Sally durchs Museum schlenderten, gemeinsam in Telefonkonferenzen *Casablanca* synchronisierten oder im Central Park spazieren gingen. Na klar war das schön. Aber diese Unternehmungen waren nur oberflächlich absichtslos und unschuldig: Ich will sie jetzt für einen kurzen Moment mit den lieb gewonnenen

Mittelfinger
Ein weiteres unterschätztes Geschlechtsorgan des Mannes

Klischees langweilen, die üblicherweise an dieser Stelle der Diskussion kommen *müssen*. Wenn zwei Menschen unterschiedlichen Geschlechts aufeinander treffen, die sich gegenseitig für halbwegs attraktiv halten (es reicht eigentlich, wenn einer der beiden das tut ...), ist ein sexuelles Element mit im Spiel, ob sie das nun schön finden oder nicht. Und auch ganz unabhängig davon, ob diese Lunte auch nur einmal im Leben gezündet wird oder man sich dafür entscheidet, diese Form der Anziehung in eine platonische Beziehung einmünden zu lassen. Zu diesem Thema hat übrigens der Satiriker Bloor Schleppey den smarten Satz formuliert: »Platonische Liebe ist, wenn man zu zweit mit einem Gewehr spielt und glaubt, es sei nicht geladen.«

Ob dieses Gewehr dann irgendwann scharf schießt oder was sich aus dem verführerischen Gemenge aus Hormonen, sozialen Umständen und gelernter Zivilisation dann tatsächlich entwickelt, hängt von vielen Faktoren ab. Bei Harry und Sally war es schlechtes Timing, der Umstand, dass man jeweils in anderen Beziehungen steckte oder schließlich die unklare Lebenssituation nach den jeweiligen, schmerzhaften Trennungen, die zu Beginn ihrer Bekanntschaft die Aufnahme geschlechtlicher Beziehungen verhinderte. Hätten Harry und Sally sich aber nicht unterschwellig ein gewisses Potenzial für eine mögliche Partnerschaft zugebilligt, dann hätten sie wohl kaum so viel Zeit miteinander verbracht und versucht, sich so gut kennen zu lernen. Auf einen kurzen Nenner gebracht: Wären Harry und Sally nicht irgendwie scharf aufeinander gewesen, wäre der Film nach 15 Minuten vorbei gewesen. Von wegen Schicksal.

Vielleicht ist es an der Zeit, auch kurz über den Begriff »Freundschaft« nachzudenken. Männer haben Freunde, durchaus, mit denen »machen sie was«. Im Gegensatz zu Frauen, das haben wir ja bereits gelernt, sind ihre kommunikativen Interessen aber bei weitem nicht so ausgeprägt. Sie reden nicht so häufig über ihr Gefühlsleben mit ihren Freunden, sie rennen stattdessen auf den Sportplatz und schauen Autorennen an, kurz: Sie leben auf einem anderen Planeten als Frauen. Nicht zuletzt darin besteht ja der Reiz.

Aber warum sollten sich Männer mit Frauen anfreunden, um sich dann selbst lang und breit erklären zu müssen, sich mühselig anzunähern und dann doch zwangsläufig missverstanden zu werden? Warum sollten sich Männer mit Frauen anfreunden, wenn sie das auch mit anderen Männern könnten – und zwar wesentlich unaufwändiger? Überspitzt formuliert: Warum sollten Hund und Katze gute Freunde sein, wenn sie eine Alternative haben?

Natürlich gibt es viele Gegenbeispiele – attraktive Männer und gut aussehende Frauen, die sich viel bedeuten und nie anfassen. Tatsächlich gibt es diese Fälle, sie sind nicht einmal selten, doch in neun von zehn Fällen ist es nicht die Seelenverwandtschaft, das tolle Gespräch und die Zuneigung füreinander, die dieses »freundschaftliche Verhältnis« konstituiert. Manchmal ist es nur der unterschwellige Kick, vielleicht doch einmal miteinander im Bett zu landen, und die erhabene Befriedigung an der nonverbalen Übereinkunft, sich gegenseitig attraktiv, anziehend und scharf zu finden.

Oder es handelt sich um diese erbärmliche, aber vermutlich jedem Mann viel zu vertraute Situation, in der er sich an eine – zumindest temporär – unerreichbare Frau heranpirscht und unter dem Deckmantel der guten Freundschaft auf Abruf bereitsteht für den Tag, an dem sie plötzlich offiziell wieder verfügbar ist. (Oder die Nacht, an der sie mal so betrunken ist, dass er ohne Gegenwehr in ihr Bett grätschen kann!)

Natürlich spüren Frauen so etwas. Sie sind meistens nicht mal besonders beunruhigt, dass es sich hier offenbar um die bloße Simulation einer »nur-freundschaftlichen« Verbindung handelt. Im Gegenteil. Sie genießen die Aufmerksamkeiten des Herrn, der bei ihr maximal in der zweiten Reihe sitzt, und sie halten ihn sich wie ein treues Haustier, das für charmante Aufmerksamkeiten und als abendliche Begleitung in Notfällen immer zur Verfügung steht.

Was lernen Sie daraus? Vertrauen Sie keinen Männern, die behaupten, unschuldige Freundschaft zwischen Männern und Frauen sei die normalste Sache der Welt. Vertrauen sie stattdessen denen, die nicht abstreiten, dass eine gute Freundin auch immer eine Versuchung sein kann. Das ist nicht nur ehrlich, sondern auch viel, viel spannender ...

Bleib sachlich, du Arschloch!

Warum können Männer und Frauen nicht vernünftig miteinander streiten?

Es hat keinen Sinn, mit Männern zu streiten.
Sie haben ja doch immer Unrecht.
Zsa Zsa Gabor

Der Mensch als solcher ist nicht besonders originell, da werden Sie mir nicht widersprechen. Und am Ende sind es immer dieselben Fragen, die für Unfrieden sorgen, für böse Gedanken, für Streit. Es ist, wenn wir ehrlich sind, nicht der Terror in Afghanistan oder die Frage, ob sich Stoiber nicht viel lieber zum bayrischen König ausrufen lassen würde, statt bloß so ein läppischer gesamtdeutscher Kanzler mit einem Amtssitz in Berlin zu werden. Probleme dieses Kalibers werden zwar durchaus auch zwischen Männern und Frauen – selbst in einer Partnerschaft – debattiert, und zwar in einem gelassen-informierten Tonfall, der auf die Lektüre führender Wochenzeitungen schließen lässt. Aber das geschieht mehr aus dem Wunsch heraus, eine gewisse Weltläufigkeit unter Beweis zu stellen und sich voreinander zu bestätigen, dass man schon irgendwie die richtige Wahl getroffen hat. Wirkliche Emotionen aber sind bei derlei Scharmützeln selten zu beobachten – zur Hungersnot im Kongo, dem Schlächter von Beelitz oder der Riester-Rente haben wir vielleicht eine klare Haltung, aber wir werden uns doch deshalb nicht gleich wie Barbaren in die Haare geraten. Das heben wir uns lieber für Probleme von existenziellerer Bedeutung auf.

Morgenlatte
Erektion aus den falschen Gründen. Ursprung: volle Harnblase, die auf die Nervenenden des Beckenbodens drückt. Zuweilen trotzdem nutzbar für erotische Zwecke.

»Warum räumst du nicht endlich deine Schmutzsocken in den Wäschekorb?«

»Kannst du *bitte* mal aufhören, jeder vorbeilaufenden Frau auf den Busen/in jeden verdammten Schuhladen zu starren?«

»Sag mal, hast du deinen Führerschein in der Lotterie gewonnen?«

Das sind die Themen, die Frauen und Männer wirklich beschäftigen, lange, immer wieder und – ergebnislos. *Natürlich* ergebnislos.

Es gibt doch diese kleine, armselige Binsenweisheit, dass bestimmte Probleme sich nicht einfach aus der Welt schaffen lassen, nicht mal nach hartem Kampf. Selbst in der von uns sehr geschätzten Zeitschrift für die in Würde ergraute Frau, der BRIGITTE, waren vor kurzem viele kostbare Seiten dem Phänomen gewidmet, dass es da draußen Probleme gibt, die in einer Partnerschaft *nicht lösbar* sind. Hallo, meine Damen: NICHT lösbar. Wann der richtige Zeitpunkt ist, den Müll runterzutragen oder eine Kleinfamilie zu gründen, ob man um 19 Uhr am Samstag *ran* schauen muss, gut Auto fährt oder den lukrativen Traumjob in der 400 Kilometer entfernten Stadt ablehnen soll – darauf gibt es selten eine Antwort, die zwei Menschen unterschiedlichen Geschlechts gleichzeitig glücklich macht. Und deshalb sollte man auch nicht seine Energie in endlose Debatten investieren, die, so viel ist gewiss, am Ende bloß in einen üblen Streit ausarten. Und hinterher muss wieder einer von beiden im Gästezimmer oder gleich bei guten Freunden übernachten. Es macht einfach keinen Sinn. Das Dumme daran ist nur: Männer wissen das intuitiv. Frauen wollen es nicht wissen. Sie glauben an die Macht des Gesprächs, an Überzeugungskraft und daran, dass es einen Gott gibt, der ihr Kommunikationsproblem löst, denn um nichts anderes handelt es sich, glauben sie, um ein kleines, unbedeutendes Kommunikationsproblem. Männer reagieren in der Regel unwirsch auf derartige »Kommunikationsprobleme«. Sie werden laut oder bockig, unsachlich und albern, und irgendwann sagen sie gar nichts mehr ohne ihren Anwalt (bzw. ihren besten Freund).

Ich begriff, dass Menschen zwar zueinander sprechen, aber sich nicht verstehen, dass ihre Worte Stöße sind, die an den Worten der anderen abprallen, dass es keine größere Illusion gibt als die Meinung, Sprache

sei ein Mittel der Kommunikation zwischen Menschen.

Das hat Elias Canetti gesagt, und Hoffnung macht der Mann einem ja auch nicht gerade.

In seinem amüsanten Ratgeber *Die Taktik des Streitens* hat der amerikanische Kommunikationstrainer und Universitätsprofessor im kalifornischen Berkeley, David Stiebel, seine Meinung zu diesem Komplex prägnant auf den Punkt gebracht:

Wir kennen einen Königsweg, um mit anderen zurechtzukommen und Probleme zu lösen: Kommunikation. Stimmt's? Wir sagen: »Reden wir doch darüber.« Wir denken: Solange wir miteinander reden, besteht Hoffnung. Dabei spielt es keine Rolle, ob Sie ein Problem mit Ihrer Frau, Ihrem Chef, Ihrem Kunden, Ihrem Vermieter, Ihren Kollegen oder Ihrem Kind haben. Die allgemeine Überzeugung lautet, man müsse nur zuhören und seine Meinung offen und ehrlich kundtun, dann lässt sich jedes Problem lösen. Verlassen Sie sich nicht drauf. Wenn Menschen ihre wahren Gefühle, Meinungen und Interessen äußern, so bringt sie das einander nicht immer näher. Häufig geschieht sogar das genaue Gegenteil. Klarstellungen können einen noch größeren Keil zwischen Menschen treiben.«

David Stiebel, so viel ist klar, hat fürs Streiten nicht viel übrig. Das liegt vermutlich daran, dass er ein Mann ist: ein Kommunikationsproblem? Was wir hier wirklich haben, ist jede Menge Gerede, das alles nur noch schlimmer macht.

David Stiebel empfiehlt stattdessen klares strategisches Vorgehen. Und dem können wir uns nur anschließen. Schließlich sind wir ja auf Ihrer Seite ... Weil das so ist, möchten wir Ihnen ein paar gängige Männertypen vorstellen – sozusagen eine kleine Streithansel-Typologie. Und ein, zwei Ratschläge, wie Sie von diesen Männern bekommen, was Sie wollen. Ganz ohne groß zu streiten.

Der Harmoniesüchtige

»Du könntest mir auch mal wieder Blumen schenken«, sagen Sie, und eine Stunde später schaut die Firma Fleurop mit einem Kleinlaster roter Rosen vorbei. »Weißt du eigentlich, dass du für ein weich gekochtes Ei länger brauchst als für den Sex mit mir?«, werfen Sie ihm vor. Beim nächsten Akt widmet er sich mit Hingabe einem vierstündigen Vorspiel, bis Sie vor Langeweile anfangen, die Mitglied-

staaten der Europäischen Gemeinschaft zu memorieren. Am Tag darauf verlieren Sie die Geduld und brüllen ihn an: »In meinen Augen bist du ein knurriger Landwirt ohne Manieren und Verstand, und außerdem ist dein Schwanz zu klein!« Er reagiert darauf, indem er sich auf der Abendschule anmeldet, einen Knigge-Bildband nach Hause schleppt und Ihnen schuldbewusst einen Platinvibrator der Marke »Titan« überreicht.

Unser Rat

Es ist leichter, einen Vanillepudding an die Wand zu nageln, als mit solch einem konfliktscheuen Exemplar zusammenzuleben. Er wird Sie mit seinen Unterwerfungsgesten um den Verstand bringen. Wenn Sie ihn nicht gleich verlassen wollen, dann verlangen Sie, dass er Sie mindestens einmal am Tag hart kritisiert, beim Sex beschimpft und sich einen kleinen, störrischen Hund zulegt, mit dem er den Hundeführerschein machen muss. Spielen Sie mit ihm *Mensch ärgere dich nicht*. Und beobachten Sie genau, ob sich bei Ihrem Gummirücken auf zwei Beinen nach einigen Wochen so etwas wie ein aufrechter Gang einstellt.

Der Verbockte

Der bockige Mann ist schon per se beleidigt, dass Sie ihm überhaupt einen unschönen Streit zumuten wollen, IHM, dem Mann, an dem es nun wirklich wenig, ganz wenig auszusetzen gibt. Er brummt bereits Satzfetzen wie »Stimmt gar nicht!« oder »Pah!«, bevor Sie auch nur Ihren ersten Satz beendet haben. Er bestreitet grundsätzlich alles, was Sie sagen und behauptet präzise das genaue Gegenteil. Dabei kneift er die Augen zusammen, verschränkt die Arme vor dem Körper und würde Sie am liebsten mit Legosteinchen bewerfen, wenn er nicht dafür schon unerhebliche 25 Jahre zu alt wäre. Gern schaut der verbockte Typ auch während einer Auseinandersetzung mit starrem Blick an Ihnen vorbei, so als gäbe es da etwas furchtbar Interessantes zu sehen.

Unser Rat

Sprechen Sie leise und sanft auf Ihren störrischen Muli ein, orientieren Sie sich im Tonfall an der Vorstellung, Sie würden für die Zeugen Jehovas eine Lernkassette mit Bibelzitaten besprechen. Suchen Sie seine körperliche Nähe, streichen Sie ihm über Arm und Kopf,

wiederholen Sie Ihre Argumente rund sieben, acht Mal ohne das leiseste Anzeichen von Ungeduld oder Aggression – nur so haben Sie eine Chance, dass Ihre Botschaften sein Bewusstsein überhaupt erreichen.

Der Hysteriker

»Ich halte diesen Druck nicht mehr aus, immer machst du mich an, immer wird gleich meine Person in Frage gestellt, beim geringsten Anlass, das bringt doch nichts, wir waren doch glücklich zusammen, ich meine, so bin ich nun mal, scheiße! Schau nicht hin, ich hab' da nur was im Auge, kein Grund so blöde zu glotzen, ich HEUL schon nicht, keine Sorge, aber du kannst von mir aus auch gleich gehen, das willst du doch, stimmt's, dann verlass mich doch, hau doch ab ...«

Kommt Ihnen das bekannt vor? Die ganz normale Reaktion Ihres Partners, nachdem Sie ihn gefragt haben, wann er sich mal wieder badet, einen Job sucht oder seine Schulden bei Ihrer Mutter zu bezahlen gedenkt?

Unser Rat

Begeben Sie sich auf sein Niveau, und zwar als Erster. Sagen Sie absurde Sachen wie »Ich werde mich von dir trennen müssen, wenn du nicht sofort den Müll runterträgst/deinen Mietanteil überweist /noch mal in meinem Mund kommst«. Er wird angesichts dieses bedrohlichen Blödsinns keinen großen Spielraum für *seine* Ängste erkennen und stattdessen panisch versuchen, Ihr Gespräch auf den sachlichen Kern des Ärgers zu verlagern.

Der Choleriker

Der Wutausbruch eines Cholerikers hat durchaus seinen Reiz. Betrachten Sie seine Verwandlung vom Mann zum Geifermännchen einfach mit der Distanz des Kinogängers: Seine Halsschlagader pocht und pumpt wie ein Abflussrohr Sekunden vor einem unschönen Malheur, seine Gesichtsfarbe schillert in Tönen, die aus alten Pink-Floyd-Filmen in Erinnerung geblieben sind. Außerdem ist so ein Mann laut, sehr laut, egal ob er seine Ansichten über andere Verkehrsteilnehmer, seinen Boss oder Ihre neue Frisur nun kastratenlaut oder brunzdumpf zum Besten gibt.

Unser Rat
Lächeln Sie seine heftigen, maßlosen Ausbrüche einfach nieder, sprechen Sie nicht, provozieren Sie ihn mit einer Demonstration lässiger Kinderstube. Schon Sekunden nach seiner emotionalen Eruption wird sich dieser Mann schämen und um Vergebung winseln. DAS sind dann schöne Momente, um auf Dinge zu kommen, die Sie immer schon mal ansprechen wollten: Urlaubsziele etwa oder Brillanten im Gegenwert eines japanischen Mittelklassefahrzeugs.

Der Scharfrichter
Vorsicht, Sie verlassen den zivilisierten Sektor zwischenmenschlichen Miteinanders. Wer das Pech hat, mit Robespierre liiert zu sein, der sollte sich argumentativ warm anziehen, um keine seelischen Unterkühlungen zu riskieren. Der Scharfrichter will keine Auseinandersetzung und keine Debatte, der Scharfrichter will *gewinnen*. Sprechen Sie ihn in aller Unschuld darauf an, dass Sie in letzter Zeit unter seiner Gleichgültigkeit leiden, wird er Ihnen lückenlos nachweisen, dass dem a. nicht so ist und b. wenn überhaupt, von Ihnen selbst verursacht worden sei. Anhand einiger Zitate, die er perfekt paraphrasiert, peinlich genau datiert und in einen tückischen Kontext setzt, wird er Ihnen eigenes Versagen unterstellen. Zu seiner Verteidigung wird er an eine Fülle seiner liebenswürdigen Gesten innerhalb der letzten 72 Stunden erinnern – und bald werden Sie sich fühlen, als hätten Sie ein weiches Hirn und bei ihm etwas gutzumachen. An diesem Punkt legt er nach und trifft, mit wachsweicher Stimme, gnadenlos Ihren wunden Punkt: »Vielleicht bist du ja nur so unglücklich, weil man die Kilos sieht, die du in den letzten drei Monaten aufs Bindegewebe gepackt hast, Schatz!«
Unser Rat
Überlegen Sie genau, was Sie Ihrem Freund sagen wollen, spielen Sie den Gesprächsverlauf durch, machen Sie sich Listen mit Datum und skizzieren Sie den genauen Wortlaut, wenn Sie seine Äußerungen und sein vermeintliches Fehlverhalten anprangern wollen. Kurz: Bereiten Sie sich gut vor!

Outdoor-Macho
Kerniger Spezialausdruck für das, was Männer sind: drinnen (bei ihr) ganz weich, draußen (in der Welt) total hart.

Der Blubberer
Ganz heikler Streiter. Gibt sich in der heißen Phase des Gesprächs als verständnisvoller Zuhörer (»Du, das finde ich gut, dass wir das hier mal ansprechen«), lauscht andächtig und schaut Sie aufmunternd an. Bei Ihrer ersten Atempause allerdings ergreift er das Wort, womit Sie sich dann auch für lange, lange Zeit von ebenjenem verabschieden müssen. Ihr ursprünglicher Unmut über seine indiskutablen Arbeitszeiten führt ihn schnell von einer Erörterung der Regelarbeitszeit in Deutschland über die dritte Welt als Billiglohnland zur Einführung des Euro und schließlich zu der Möglichkeit auch über die Apokalypse hinaus schöne Entfaltungsmöglichkeiten für die menschliche Spezies am Horizont aufscheinen zu sehen. Sie steigen kognitiv spätestens beim Euro aus, und das war es dann auch mit dem Gespräch, das er formal dann meistens mit einer vorwurfsvollen Frage beendet: »Kannst du mir eigentlich noch folgen?«
Unser Rat
Rütteln Sie während seiner punkt- und kommalosen Ausführungen heftig an seinem Arm. Stellen Sie zur Not eine vollkommen unpassende Zwischenfrage, so im Stil von: »Wann schaut eigentlich der Halleysche Komet mal wieder vorbei?« Und wenn das alles nichts hilft, stellen Sie provokativ eine Eieruhr auf. Das lähmt erfahrungsgemäß selbst ausdauerndste Volltexter.

Komm, lass mich mal

Warum glauben Männer, dass Frauen nicht Auto fahren können?

> Es gibt Frauenparkplätze. Es gibt Frauenfahrschulen.
> Wann gibt's denn endlich auch wirklich Frauenstraßen?
> Ja, frauengerecht, ohne diese blöden Kurven …
>
> *Harald Schmidt*

Ein gescheiter Mann weiß zwar, dass er nichts weiß, aber ein paar Sachen, die weiß er doch. Ganz sicher. 100 Prozent. Zum Beispiel weiß er, dass er gut aussieht, wenigstens *irgendwie*. Dann weiß er, dass die Erde keine Scheibe ist, Bier schmeckt, früher alles besser war und *Wetten, dass* ziemlich nachgelassen hat. Schließlich, und hier wird sein Wissen geradezu sakrosankt, weiß er: Männer fahren besser Auto als Frauen.

Das ist einfach so, es handelt sich um ein Naturgesetz. Echte Männer *müssen* tolle Autofahrer sein, ebenso wie sie einen Nagel mit einem Schlag in die Wand dreschen und unter der Dusche furzen können. Männer haben eben einige Talente, und darüber lassen sie auch nicht mit sich reden. Und außerdem: Ist Michael Schumacher eine Frau? Benz und Daimler waren doch Männer? Und dann noch diese vielen persönlichen Erfahrungswerte, die man auflisten könnte, wenn man denn mal gefragt würde. Ich zum Beispiel besitze seit über 20 Jahren den Führerschein. In der ganzen Zeit hatte ich genau einen Unfall. Der passierte nur, weil mir eine *Frau* die Vorfahrt nahm. Überzeugendes Argument, nicht wahr? Ach, zu subjektiv und statistisch nicht haltbar?

Da könnte was dran sein.

Dem Verkehrszentralregister in Flensburg wurden im Jahr 2000 etwa 6,7 Millionen Vergehen gemeldet. Von zu schnellem Fahren bis zum ordinären Falschparken war alles dabei. Für etwa 5,5 Millionen dieser Einträge waren Männer verantwortlich.

Ja, gut, wird so mancher Herrenfahrer jetzt einwenden: »Was sagt schon ein Knöllchen wegen Geschwindigkeitsüberschreitung über meine Fahrkünste aus?« Das bescheinigt einem doch quasi amtlich, dass man sein Fahrzeug auch bei hohem Tempo sicher beherrscht. Und rasen Frauen einfach nur deshalb nicht, weil sie so unsicher fahren ...?

Eine weitere Statistik. Das Kraftfahrzeugbundesamt (KBA) nahm es 1997 ganz genau. 3,1 Millionen Verkehrsdelikte gab es in diesem Jahr in Deutschland. Für etwa 2,45 Millionen trugen Männer die Verantwortung. Kleiner Ausschnitt aus der Statistik »Erfüllter Straftatbestand im Verkehr«: 43 200 Männer zu 4 700 Frauen, »Unfalldelikt«: 33 200 zu 5500 für die Männer. Selbst bei »Vorfahrtmissachtung«, nach Meinung vieler Fahrmachos das Frauenverkehrsleiden schlechthin, bleibt die Statistik gnadenlos: 34 600 zu 5 500. Die Zahlen lassen genau *einen* Schluss zu: Frauen fahren sicherer als Männer.

Frauen zeichnen sich durch umsichtigere, den Verkehrsverhältnissen angepasstere Fahrweise aus. Männer schließen daraus fälschlich, dass weibliche Chauffeure nur so defensiv fahren, weil *sie* es nicht besser (gemeint ist: schneller) können. Umgekehrt darf man Männer niemals fragen: Wenn ihr alle mindestens Formel-1-Weltmeister seid, warum baut *ihr* dann so viele Unfälle?

Dass Männer stolz auf ihren Bleifuß sind, scheint ein psychologisches Problem zu sein. Die meisten Frauen jedenfalls geraten gar nicht erst in den Verdacht, ein libidinöses Verhältnis zu einem Blechkasten mit vier Rädern zu entwickeln. Für sie ist ein Auto in erster Linie ein Fortbewegungsmittel. Es muss praktisch sein, möglichst wenig verbrauchen und wenn es dazu auch noch schmuck aussieht – fein! Männer hingegen lieben das Auto im Allgemeinen und ihr eigenes ganz speziell. Sie hegen und pflegen ihren blechernen Liebling und bringen ihm öfter was Nettes mit nach Hause als ihren genervten Sozialpartnerinnen. Was wollen die auch mit Alufelgen?

Sogar Spieltrieb, Klassenkampf und Machtstreben spielen im symbiotischen »Ein Mann und seine Karosse«-Verhältnis eine Rolle.

So ist es doch ein putziges Bild, wenn der Führerscheinneuling beim ersten Schnee sofort auf ein leeres Parkdeck düst, um dort mit seinem neuen Spielzeug Kreise zu malen. Geradezu rührend, wie Manni Mustermann zweimal im Monat bei Porsche Wonnigmeyer vorbeifährt, um sich dort die Nase vor unerreichbaren Sportkarossen platt zu drücken. Und was ist das schön, wenn auf der Autobahn überholt werden kann, wie beim Stricken, zwei rechts, zwei links, nur etwas schneller und so geil illegal! Endlich mal an jemandem vorbeiziehen, wo man doch im Job schon seit Jahren auf dem gleichen Stück PVC hockt und aus dem gleichen Fenster schaut? Ist es da nicht ein wunderbares Gefühl, so einen armseligen PS-Looser auf der Autobahn anzublinken und auf die rechte Spur zu nötigen?

Männer bauen eine innige Beziehung zu ihrem Auto auf. Frauen nicht. Ist es da ein Wunder, dass Männer glauben, ihr liebstes Spielzeug auch entsprechend zu beherrschen? Wo sie es doch so sehr mögen? Flensburg aber beweist: Fatalerweise überschätzen die meisten Männer ihre Fahrkünste. Glücklicherweise machen Frauen diesen Fehler nicht.

Eine besonders peinliche Rolle spielen Männer übrigens beim Delikt »Fahren unter Alkoholeinfluss«. Mit »Fahrqualität« im Wortsinne hat das zwar nichts zu tun, erwähnenswert ist es aber allemal. 23 700 Fälle hat das KBA registriert, in denen betrunkene Männer im Verkehr auffällig wurden. Elfmal häufiger als Frauen verursachen männliche Trunkenbolde Verkehrsunfälle auf deutschen Straßen. Spielt es also eine Rolle, ob Männer sich beim ADAC-Fahrtraining ein wenig geschickter durch den Parcours schlängeln? Wohl kaum – sie sind auf jeden Fall die dümmeren Verkehrsteilnehmer.

Wirklich *besser* sind Männer nachweislich nur in einer Disziplin: beim Einparken. Hallo, schönen Gruß an die Stammtische, hier kriegt ihr euer wasserfestes Argument, behandelt es gut, denn es ist euer einziges: Männer parken besser ein als Frauen, weil die Struktur ihres Gehirns ihnen ein besseres räumliches Wahrnehmungsvermögen ermöglicht als Frauen. Vermutlich rechnen sie sich das als Verdienst an.

Sätze, die wir nie wieder von Frauen hören wollen

Drückt dich ein Leid.
So breit es nicht vor vielen aus.
Schweigend soll man
Sein Leid ertragen.

Sophokles, Fragmente

→ »Du, wir müssen mal reden.«

→ »Kann ich auch mal fahren?«

→ »Haaalloo!? Hörst du mir überhaupt zu?«

→ »Kannst du dich nicht mal wieder rasieren?«

→ »Ach Quatsch, ein Fiesta tut es doch auch!«

→ »Am Sonntag hat meine Mutter Geburtstag.«

→ »Habe ich dir eigentlich schon erzählt,
dass ich die Pille abgesetzt habe?«

→ »Nein, nein, ich bin nur müde,
das hat nichts mit dir zu tun, Schatz.«

→ »Müssen wir uns jetzt anschauen,
wie 22 Blödmänner hinter einem Ball herrennen?«

→ »Sag mal – musst du immer so viel trinken?«

→ »Du könntest mir auch mal wieder Blumen mitbringen.«

→ »Was denkst du gerade?«

→ »Das ist bloß ein guter Freund!«

→ »Hast du mich auch vermisst?«

→ »Sag mal, schläfst du etwa schon?«

→ »Ach Schatz, das war jetzt fast so schön wie mit meinem Ex-Freund.«

→ »Fällt dir nichts an mir auf?«

→ »Ich hab' überhaupt nichts anzuziehen.«

→ »Lass uns doch mal wieder schön tanzen gehen.«

→ »Komm doch mit, die sind alle supernett!«

Herrin und Knecht ...

Warum haben Männer ein Problem, wenn ihre Frauen mehr Geld verdienen als sie?

> Ein energischer Mann ist ein toller Mann,
> eine energische Frau ist schon an der Grenze,
> keine richtige Frau mehr zu sein.
>
> *Birgit Breuel*

Weise Männer haben ihre Lektion gelernt: Es gibt immer einen, der besser ist als sie selbst. Auch die ehrgeizigsten und erfolgreichsten Männer, die wir kennen, haben sich mit dieser Tatsache abgefunden. Je nach Gusto heißen die unerreichbaren Winner Bill Gates, Gerhard Schröder, Johannes Paul II., Zinedine Zidane, Wolfgang Amadeus Mozart oder Rupert Murdoch – mit viel Talent gesegnete Überflieger jedenfalls, gegen die man auf dieser Welt nichts ausrichten kann.

Mit dieser Niederlage können Männer leben – das ist Schicksal. Sie haben sich sogar damit arrangiert, dass die ein oder andere Frau erfolgreicher ist als sie selbst. Madonna zum Beispiel.

Alles kein Thema – doch wehe, wenn die Bedrohung in den eigenen vier Wänden Gestalt annimmt, wenn zum Beispiel die Freundin oder Frau plötzlich auf der linken Seite vorbeizieht – und auf dem gemeinsamen Konto plötzlich die größeren Summen von *ihr* beigesteuert werden. Das bedeutet für manche Herren den schlimmsten anzunehmenden Unfall für ihr Selbstbewusstsein. Wir kennen Männer, die angesichts so einer Blamage – aus ihrer Sicht ist es nichts anderes – in eine ausgewachsene Depression stürzen.

Panini
Firma, die irgendwas Unbedeutendes herstellt und verkauft, die aber für diese prima Fußballsammelbildchen verantwortlich ist.

So wie bei Hans und Maria, einem Paar wie aus dem Bilderbuch. Hans, ein junger Mann auf der Überholspur. Jung, dynamisch, gut aussehend in diesem Chefsteward-Sinne, den potenzielle Schwiegerväter lieben. Global Brand Manager eines stadtbekannten Nahrungsmittelherstellers. Sportlich, Hund, zwei Autos und eine schick renovierte Altbauwohnung in einem angesagten Hamburger Stadtteil. An seiner Seite: Maria. Werberin, ansonsten: siehe oben. Der Unterschied: Für mehr Bruttoarbeitszeit erhielt Hans *weniger* Bruttoarbeitslohn als Maria. Eine schreiende Ungerechtigkeit, wie er fand. Und statt sich darüber zu freuen, dass die gemeinsame Feierkasse prall gefüllter daherkam als das Bustier von Naddel Abd el Farrag, schob Hans immer wieder Frust. Das mit der Verteilung der Gehälter und den Rollen von Mann und Frau hatte man ihm in seinem Elternhaus aber ganz anders beigebracht ... Der Umstand, dass Maria am Monatsende von ihrem Arbeitgeber mehr Geld erhielt, als *ihm* aufs Girokonto gutgeschrieben wurde, führte zu einigen absurden Debatten auf allerlei Nebenschauplätzen. Dieses unwürdige und infantile Schauspiel fand erst ein glückliches Ende, als Hans eine – natürlich längst überfällige – Gehaltserhöhung gewährt wurde. Die Verhältnisse waren zurechtgerückt, die Männerwelt wieder in Ordnung.

Sie sind übrigens immer noch zusammen und jetzt, wo die Geldfrage geklärt scheint, werden sie wahrscheinlich irgendwann eine perfekte Ehe führen – solange Maria nicht plötzlich eine neuerliche Gehaltserhöhung erleidet.

Wo lag sein Problem? Ist es nicht lächerlich, das Einkommen zum Maßstab eines Wettbewerbs innerhalb der eigenen Beziehung zu machen?

Natürlich ist es das. Aber es ist eine Albernheit mit Tradition. Grundsätzlich halten sich Männer schließlich *immer* für besser – ganz generell und im Vergleich zu Frauen erst recht. So wurden sie erzogen, mit dieser Einstellung sind sie groß geworden. Eigentlich keine schlechte Stütze, diese stabile, von den Eltern übermittelte emotionale Grundausstattung. Ist ja schön, mit einem intakten Selbstbewusstsein aufs Leben losgelassen zu werden. Frauen dürften an dieser Stelle zustimmend nicken – sie sind schließlich in der

Regel mit mehr Zweifeln und Unsicherheiten ausstaffiert worden.

Und sie halten es dementsprechend für gottgegeben, dass sie im Vergleich zu Männern durch die Bank schlechter wegkommen – in der Schule, im Studium und später auch auf der Karriereleiter im Job.

Läuft das einmal anders als »gelernt«, haben Männer ein Problem. Ganz unwillkürlich, selbst die vermeintlich aufgeklärtesten unter ihnen. Anders als bei den meisten Frauen verstehen sie ihr Leben als ewigen Wettkampf. Jeder gegen jeden. Im Sport, im Beruf, unter Freunden ... und im Zweifel gegen die eigene Frau, falls sie beruflich erfolgreicher ist als man selbst.

Und was ist der Maßstab für »Erfolg«? Geld. Das Gehalt. Der bessere Job ist der besser *bezahlte* Job. Nicht umsonst ist die Frage »Und wie viel verdienst du?« vielerorts immer noch ein Tabu. Es könnte ja zu wenig sein – im Vergleich ... Und kein Mann möchte seinem Kontrahenten in das selbstzufriedene Grinsgesicht schauen, wenn der beiläufig erwähnt, dass er deutlich mehr verdient. Das sind bittere Momente im Leben eines stolzen Mannes, und er würde jetzt gerne diesen Beißring aus seiner Kindheit haben, um seine Aggressionen abzubauen ...

Geld steht in unserer Gesellschaft als Indikator für Erfolg und Leistungsfähigkeit, da erzählen wir Ihnen nichts Neues. Und Frauen sind auf diesem Sektor – auf breiter Front zumindest – kein ernst zu nehmender Konkurrent: Im deutschen Durchschnitt sind die Männer die Besserverdiener. Je nach Statistik (wir fanden mehrere) liegen sie mit rund 2 900 Euro zu 2 300 Euro für die Damen vorne. Wir reden vom Netto-Gehalt.

Die Gehaltsgefälle entstehen, weil Frauen zu 38 Prozent teilzeitbeschäftigt sind, jedoch nur 5 Prozent der Männer. Oder: Jeder fünfte nicht freiberuflich tätige Mann hat einen Hochschulabschluss, aber nur jede siebte Frau. In der Regel erhält man mit besserer Ausbildung auch mehr Gehalt. Interessant ist in diesem Zusammenhang auch eine Studie aus den USA: Männer verlangen bei Gehaltsverhandlungen keck und selbstbewusst mehr Dollars als Frauen mit der gleichen Qualifikation – und bekommen sie auch.

Dagegen stimmt die viel zitierte These »Frauen bekommen für die gleiche Arbeit weniger Geld« nicht unbedingt. In den gleichen

Jobs, mit gleich guter Qualifikation, sind die Gehälter von Frauen und Männern nahezu gleich.

Die Wahrscheinlichkeit, dass Frauen – also unsere Freundinnen oder Ehefrauen! – in Zukunft mehr verdienen werden, eventuell sogar mehr verdienen als wir selbst, dürfte in den nächsten Jahren rapide steigen. Besser man findet sich mit diesem »Abfallprodukt« der voranschreitenden Gleichberechtigung frühzeitig ab. Wobei es noch nicht ganz so weit sein dürfte, wie Françoise Giroud vermutet: »Die Gleichberechtigung der Geschlechter wird erst dann erreicht sein, wenn mittelmäßige Frauen hohe Ämter bekleiden.«

Pitt, Brad
Unbeliebter, minderbegabter, verheirateter US-Schauspieler. Sein Erfolg, die Genese des Begriffs »Waschbrettbauch« und das schlechte Gewissen von Millionen Männern wurden etwa zeitgleich beobachtet.

In Würde altern?

Warum drängt es Männer zu jüngeren Frauen?

Wir leben alle in der Gosse,
aber ein paar von uns schauen wenigstens
in die Sterne.

Oscar Wilde

Stellen Sie sich vor, Sie sitzen in gemischter Runde in einem Restaurant. Sie sind gut gelaunt, obschon in den aufstrebenden Dreißigern, Sie fühlen sich jung, Sie sind begleitet, Ihr Partner, ein wohlerzogener, liebevoller Mann hilft Ihnen immer noch aus dem Mantel, bringt Sie zum Flughafen, wann immer Sie beruflich unterwegs sind, und Sie können davon ausgehen, dass er die Rechnung im Restaurant auch heute Abend wieder für Sie begleicht. Sie sind schon seit ein paar Jahren zusammen, vielleicht sogar verheiratet, Ihre gemeinsame Zukunft liegt sauber skizziert vor Ihnen. Ein harmonischer Abend, perfekte Momente zum Anfassen. Dann betritt ein älterer, offenbar gut situierter Herr das Restaurant. Er wird begleitet von einer jungen Frau, und aus seinem Blick, der Art, wie er ihr den Stuhl zurechtrückt, aus dem Blick, den sie ihm dabei zuwirft, wird deutlich, dass es sich um ein Paar, zumindest aber um zwei Menschen handelt, die sich offenbar nicht jugendfreie Gefühle füreinander gestatten. Das Gespräch an Ihrem Tisch verstummt einen Moment, amüsierte Blicke werden ausgetauscht, die Herren grinsen verlegen, die Damen entrüsten sich geziert.

»Das könnte doch seine Tochter sein!«, wird eine Ihrer Freundinnen sagen, wenn es Ihnen nicht sogar zuerst eingefallen ist, und alle werden über diese Bemerkung, die sie schon so oft gehört haben, leise lachen. »Nicht hinsehen!«, wird irgendwer noch tuscheln, bevor

sich am Tisch ein Gespräch darüber entwickelt, welche unmöglichen Männer in den letzten Monaten ihre lang gedienten Ehefrauen ausgetauscht haben gegen »was Junges«, womöglich »so eine blöde Blondine, die nur auf sein Geld scharf ist.« Ralph Siegel, Hans Meiser, Kanzler Schröder. Nachdem so rund zehn Personen aus dem Umfeld von GALA und BUNTE durchgehechelt worden sind, kippt die Stimmung spürbar. Die Bedrohung rückt näher. Irgendwer hat eine Bekannte, ein anderer einen guten Freund, bei der ein Partnerwechsel zu einem deutlichen Absinken des gemeinsamen Durchschnittsalters führte. Von Ralph Siegel bis zum eigenen Schlafzimmer sind manchmal nur zwei, drei Atempausen zurückzulegen. Irgendwann verliert eine der anwesenden Damen am Tisch die Nerven. Leidlich getarnt als witziges Bonmot zeigt sie mit dem Finger auf die Männer der Runde und sagt: »Und ihr alle hier am Tisch werdet uns auch sitzen lassen, wenn wir alt und runzlig geworden sind, und unsere grässlichen Stunden im Fitnesscenter bei der »Bauch-Po-Beine«-Problemzonen-Folter werden nichts gebracht haben!«

Daraufhin lachen alle laut und nehmen sich in den Arm. Nein, dieser Abend soll nicht ruiniert werden, *dieser* Abend nicht. Reicht ja, dass die Männer sich peinlich berührt, ja wissend ansehen und den vitalen Großvater vom Nebentisch ein bisschen beneiden. Natürlich nur ein bisschen. Sie hoffen, dass jetzt langsam mal das Gesprächsthema gewechselt wird, vielleicht machen sie gerade noch einen Witz über Anna Nicole Smith, die ja einen 93-jährigen Milliardär geheiratet hat und diesen armen Irren, so heißt es, quasi totgenudelt haben soll. Großes Gelächter. Darauf können sich alle einigen: Männer und ihre körperlichen Grenzen, ihre Selbstüberschätzung, ihre frevelhafte, unvernünftige Geilheit. Das ist gut. Damit können alle leben. Themawechsel.

Höchste Zeit. Keine der Frauen hätte nachfragen dürfen, was Männer denn wirklich dazu veranlasst, ihre lange, vertrauensvolle Partnerschaft aufzugeben – für so eine junge Pute? Obwohl sie das mal so gerne auf den Punkt gebracht hätten, diese bodenlose Unverschämtheit, diese Teppichhändlermentalität der Män-

Pitbull
Ständiger Begleiter von Jungs mit uncoolen Frisuren und eigenartigen Automobilen

praline.de
Mythos. Obwohl Männer keine billigen Sexsites im Internet anklicken, eminent erfolgreiches Onlineangebot für preiswerte Denker. Die Wissenschaft ist ratlos.

ner ... Das hätte dann zu einer großen Heuchelei geführt, zu einigen dreisten Lügen – und im besten Fall wären ein paar frauenfeindliche Bemerkungen dabei herausgesprungen.

Schon allein deshalb versuchen *wir* jetzt mal ein paar Antworten, wir sitzen hier schließlich nicht im Restaurant mit reizenden, mitteljungen Damen, die ein Anrecht auf Schonung und charmante Notlügen hätten. Zuerst einmal: Die meisten Ehen *sind* nicht vertrauensvoll. Sie sind auch nicht besonders liebevoll oder inspirierend. Die meisten Ehen finden einfach nur noch statt, wenn überhaupt. Auf dem Land wird jede dritte Ehe geschieden, in der Stadt ist es jede zweite. Und ich wette, da gibt es noch eine große Dunkelziffer von Menschen, die sich aus den unterschiedlichsten Gründen gar nicht scheiden lassen: Bequemlichkeit, Kinder, Steuervorteile ... Ganz abgesehen davon, dass viele Paare gar nicht erst heiraten, sondern ungebunden in der modernsten aller Lebensformen, der seriellen Monogamie vor sich hindölmern. Aber zurück zum Thema: viele allein stehende Männer. Oder viele Männer in Ehen und Beziehungen, die sich darin nicht mehr wohl fühlen und ausbrechen wollen. Wen suchen sich also Männer jetzt, für den Geschlechtsverkehr, für den kleinen Urlaub zwischendurch, vielleicht sogar wieder für das Eckreihenhaus mit kleinem Garten in der Vorstadt?

Frauen. Andere Frauen. Jüngere Frauen.

Frauen, die schön anzusehen sind. Frauen, die sich großartig anfühlen. Frauen, deren Bindegewebe noch nicht mit der Schwerkraft kämpft. Frauen, die bei Douglas keine persönlichen Beziehungen zu den Verkäuferinnen pflegen. Frauen, die bei Gurken nicht zuallererst an Masken und bei Vögeln nicht zuallererst an Krähenfüße denken. Frauen, denen man was Neues erzählt, wenn man von Romy Schneider schwärmt. Frauen, denen man im Bus keinen Platz anbietet. Junge, lebendige Geschöpfe.

Das wollen Männer.

So, und jetzt können Sie mich gerne steinigen.

Was wollen Sie denn hören? Dass Männer aus Anstand vor der Lebensleistung ihrer Frauen darauf verzichten, unvernünftig, geil und verantwortungslos zu handeln? Dass Männer nicht auf jüngere Frauen stehen und nach 20 gemeinsamen Jahren lieber zu einer Frau ins Bett steigen, die sich die Krampfadern ziehen lässt und deren Hitzewallungen in der Lage wären, Rom zum zweiten Mal anzuzünden? Dass es Männern etwas ausmacht, mit ihrer jungen Freundin in ein Lokal zu kommen und von 50 Prozent der Anwesenden blöde gemustert zu werden? Vergessen Sie es.

Es gibt da diese Weisheit: »Boys will be boys but girls will be women.«

Heißt: Jungs wollen bleiben, wie sie mal waren: jung, vital, unvernünftig. Und sie wollen dieses Selbstkonzept auch gespiegelt wissen. Mit einer jungen Frau an ihrer Seite können sie das, ohne sich groß ins Zeug zu legen; allein die Existenz der 22-jährigen Schönheit an ihrer Seite suggeriert Kraft, Potenz, Jugendlichkeit. »Viele Männer leiden unter einer narzisstischen Störung«, behauptete die Kölner Tiefenpsychologin Monika Franken in der WOCHE: »Sie haben verinnerlicht, dass sie nicht als Person geliebt werden, sondern als Mittel zum Zweck. Sie werden größten Wert auf Äußeres legen, auf gestylte Körper, schnelle Autos oder – auf junge Frauen.«

Offenbar hat man sich in der Psychologie darauf verständigt, dass der Mann und die Frau tatsächlich auf unterschiedlichen emotionalen Planeten leben – und der Planet des Mannes irgendwo bei Entenhausen liegen muss. Noch einmal ein Zitat aus der WOCHE: »Wer immer wieder eine jüngere Frau heiratet, stellt die Entwicklungsuhr immer wieder auf Anfang. Bilanz ziehen, ans Alter denken, ans Ende – das bleibt Männern so lange erspart, wie sie immer wieder von vorn anfangen.«

Dass dieses Prinzip für Männer natürlich nur funktioniert, weil die andere Seite mitspielt, ist hier nicht das Thema. Das sollen uns die jungen Frauen in allen schmutzigen Einzelheiten selbst »verraten«, doch einen Hinweis der Kölner Paartherapeutin Höreth möchte ich Ihnen nicht vorenthalten: »Ich kenne keinen alten Fabrikarbeiter, der eine ganz junge Frau hat. Es sind die mächtigen Männer, die

Status, Geld und Erfolg in die Waagschale legen, um eine junge Frau zu gewinnen.«

Das geschieht ihnen recht, werden Sie denken. Diese alten Gockel im pinken Sat1-Hemd und dem geleasten Escort-Cabrio werden wenigstens nicht um ihrer selbst willen geliebt. Bei dieser Art von Beziehung handelt es sich um einen klaren Deal: Sie sonnt sich in seinem Geld, seiner Macht und seinem Image – er schmückt sich mit ihrer Jugend und Schönheit.

Wer bei diesem Deal draufzahlt, ist bis zur Stunde nicht beantwortet.

Charakterfragen

Warum gehen Männer mit der Freundin ihres besten Freundes ins Bett?

> Der Mann fühlt sich in der Zivilisation einfach nicht heimisch. Ihm das vorzuwerfen hieße, einem Büffel darüber Vorhaltungen zu machen, dass ein Antiquitätenladen nicht seine natürliche Umwelt darstellt.
>
> *Dietrich Schwanitz*, Männer

Warum baggern Männer die Freundin ihres besten Freundes an? Gegenfrage: Warum sollten sie das *nicht* tun, schließlich handelt es sich doch um eine Frau. Das ist Ihnen zu zynisch? Da haben Sie Recht. Aber die Wahrheit bleibt es trotzdem. Schließlich wird dieser Konflikt bereits in der internationalen Gebrauchsanleitung für ein rechtschaffenes Leben aufgeführt, den Zehn Geboten. Von Moses in Stein gemeißelt heißt es da, unter Punkt zehn: Du sollst nicht begehren deines Nächsten Weib.

Das Phänomen des Frauenklaus unter Freunden oder gar Familie war also schon Thema bei den alten Römern, Ägyptern oder Schweden, und es hat vermutlich zu ähnlich großem Ärger geführt wie vor ein paar Monaten im Hause Christiansen. Dort nahm sich TV-Produzent Theo Baltz – Gatte der moderierenden Eisprinzessin Sabine Christiansen – die muntere Showmasterin Ulla Kock am Brink mit ins Gemach, was nicht nur seine Gattin bekümmerte, sondern auch Alfred Bremm, denn der wähnte sich als langjähriger Partner an der Seite von Hosenrockträgerin Ulla, mit den Baltz-Christiansens bestens befreundet. Die Rechtfertigungen der beiden »Täter« stammten aus dem Hoheitsbereich eines gängigen Lore-Romans, und in dieser Hinsicht unterscheiden sich die hormonell aufgeladenen Promis kein Stück von Daisy Mül-

ler oder Kevin Krawuttke, bekannt aus Talkshows wie *Arabella* oder *Vera am Mittag*. Dort lässt sich der TV-Pöbel gerne in epischer Breite darüber aus, wie es ihm passieren konnte, mit dem Großvater oder der kleinen Schwester ihrer jeweiligen Ehepartner im Separee zu landen. »Ich bin halt ein charakterloses Arschloch, dem jedes Verantwortungs- und Ehrgefühl abgeht«, hört man dort eher selten, nein, meistens plädiert das dicke, lippengepiercte Ding im Trainingsanzug auf »unschuldig«, weil: »Ich hab' misch total in die Chantalle verliebt, da konnt' ich nix gegen machen!« Hat er dann auch nicht, und obwohl sich Chantalle ein klein bisschen schuldig fühlt, weil der Kevin der Mann ihrer großen Schwester ist, will sie das Kind der Liebe dann doch großziehen, womöglich mit etwas Unterstützung der gehörnten Blutsverwandten.

So weit wird das bei Kock am Brinks bzw. Christiansens nicht kommen, doch die Urgewalt der »großen Liebe« hat auch hier eine Schneise der Zerstörung hinterlassen. In großen Lettern arbeiteten sich Deutschlands ehrpusseligste Meinungsträger, BILD, FRAU IM SPIEGEL, GALA, quasi also die gesamte intellektuelle Vorhut des gesunden Volksempfindens an der Frage ab: »Dürfen die das?« Dürfen Freunde die Frau ihres Freundes wegnehmen, und umgekehrt. Und: »Warum tun sie das?«

Strafrechtlich ist das alles kein Problem mehr, insofern geht der zeitgenössische »Ehebrecher« kein Risiko ein. Früher wäre er in den Kerker gesperrt worden. Oder hätte sich im Morgengrauen mit seinem Sekundanten auf den Weg gemacht, die Pistolen zu kreuzen. In diesen Zeiten aber droht einem Sünder maximal der verwackelte Bildbeweis eines Candle-Light-Dinners in der Gesellschaftskolumne der BILD-Zeitung. Und selbst dafür muss man schon mindestens zur hiesigen Semiprominenz gehören, denn ein Denunziantenfoto von Schlossermeister Schlunzke mit der Versicherungswirtin Boll ist im Untertürkheimer Gemeindeanzeiger bis auf weiteres unüblich.

Also darf man so etwas, ist schließlich ein freies Land. Allerdings zeugt solch ein imperiales Verhalten im Freundeskreis, auch darüber dürfte es keine zwei Meinungen geben, nicht unbedingt von Anstand, Mitgefühl und Solidarität mit den »Opfern«. Wer seinem Freund die Freundin ausspannt, der ist ein Charakterschwein. So heißt es doch, oder? Warum kommt es dann trotzdem immer wieder vor?

Warum Frauen sich auf die besten Freunde ihrer Männer einlassen, wissen wir nicht, obwohl wir da unsere Vermutungen haben. Warum *wir* das tun, oder mindestens latent gefährdet sind, *es* zu tun, liegt jedoch auf der Hand: Männer konkurrieren miteinander. Immer. In jeder Beziehung. Wer hat mehr Bauklötze, wessen Vater fährt das schnellere Auto, wer kann besser Fußball spielen, hat als Erster geknutscht, wer führt die schönere Klassenkameradin zum Abschlussball. Die Zeiten ändern sich, die Rituale bleiben: mein Haus, mein Auto, mein Reitpferd. Männer befinden sich permanent miteinander im Krieg, nur die Waffen unterscheiden sich. Selbst die Identifikation mit einem Fußballverein, einer Schauspielerin oder einem Urlaubsort ist nicht frei von solchen Konnotationen. Was bedeutet da erst die Frau an unserer (oder seiner) Seite?

Der Kulturhistoriker Dietrich Schwanitz kämmt seine wenigen Haare von rechts nach links auf alberne Art quer über den Schädel, gehört also unter Lifestyle-Aspekten in ein ganz anderes Kapitel. Doch den schönen Satz von den Männern, die sich in der Zivilisation nicht wirklich heimisch fühlen, den hat er nun mal geprägt, und wir wollen ihn dafür ausdrücklich loben. Das ist eine feine Beobachtung, denn sie stimmt, gerade auch im behandelten Kontext: Der Mann schämt sich in Grund und Boden, für das, was er manchmal will, und das, was er gegebenenfalls sogar tut, doch es hilft ja nichts. Nur, weil die *ethical correctness* was dagegen hat, dass er nach der Freundin seines besten Freundes Lothar schielt, macht ihn das noch nicht immun gegen ihr aufreizendes Lachen, gegen ihre schulterlangen brünetten Haare, an deren Spitzen sie immer saugt wie an einem Schnuller für Erwachsene, und weiterhin lässt es sich ja auch kaum vermeiden, dass er hin und wieder mal einen Blick auf ihre Brüste wirft – in aller Freundschaft, versteht sich. Erschwerend kommt hinzu, dass er über die gute Frau mehr weiß, als es einer unkomplizierten Bekanntschaft dienlich ist, schließlich: Wozu hat man Freunde, wenn die einem nicht mal was über ihr Sexleben erzählen? Doch leider will sich dann in der Sauna oder im Schwimmbad keine unverkrampfte Atmosphäre einstellen, weil unsereiner ständig daran denken muss, dass – nennen wir sie Silke – dass also Silkes Schlüsselbein ihre erogenste Zone ist und eine gezielte Berührung an dieser Stelle zu ganz erstaunlichen Ergebnissen führen soll. Das alles und der Umstand, dass man

Problem
Haben Männer nicht. An der Problemlösung von Frauen beteiligen sie sich indes sehr gerne.

die Freundin seines Freundes ja ständig und zu allerlei harmlosen Sozialhändeln trifft, ohne dass man sich deshalb zum Balzhansel machen müsste, führt zu einer ganz unlogischen Situation: Man freundet sich mit einer Frau an, die man nicht haben darf, und wenn sie auch noch attraktiv ist, das heißt, dem persönlichen Beuteschema entspricht, dann begehrt man sie auch, denn, das haben Sie ja bereits gelernt: Männer und Frauen können keine Freunde sein. Dass es sich bei Silke um die Freundin des besten Freundes (oder auch nur eines Freundes) handelt, fällt zwar unter moralischen Gesichtspunkten ins Gewicht und man fühlt sich »nicht wirklich gut« dabei, insgeheim aber kickt der Gedanke an schmutzigen Sex mit Lothars Silke mehr als eine Woche Ibiza mit Verona Feldbusch.

Womit wir wieder bei der Konkurrenz unter Männern wären, diesem albernen, kleinen »Wer hat den Längsten«-Scharmützel, ohne das ein richtiger Mann zwischen zwölf und 72 offenbar nicht auskommt. Denn, ganz ehrlich: Frauen sind ja auch immer Trophäen. Und es tut richtig weh, ja schweinemäßig weh, wenn sich ein anderer Mann an der eigenen Frau vergreift und sich die Beute schnappt, die wir uns im Single-Dschungel da draußen aufgerissen haben. Und wenn es dann auch noch ein guter Freund ist, mit dem man Geheimnisse geteilt hat und der die eigenen Schwächen und Empfindlichkeiten kennt, ist die Not groß und die Niederlage bodenlos. In diesem Moment spielt es auch keine Rolle mehr, dass man vielleicht den besseren Job, das größere Auto oder mehr Haare auf dem Kopf hat. In einem solchen Moment kaufen sich zurückhaltende Männer eine Pistole, und temperamentvollere schlagen gleich auf der Stelle zu. Und der gute Freund? Hält vermutlich noch die andere Wange hin, denn er weiß, dass er in dieser Angelegenheit kein gutes Opfer darstellt. Oder, wie es die radikale Frauenrechtlerin Valerie Solanas – vielen noch in Erinnerung, weil sie auf Andy Warhol geschossen hat – noch eine Spur unmissverständlicher ausgedrückt hat als Querkämmer Schwanitz:

Tief in seinem Innern weiß jeder Mann, dass er ein wertloser Misthaufen ist. Er ist geil wie ein Vieh und schämt sich deswegen zutiefst.

So ist es, meine Damen.

Männer und Sex

Selbstachtung. Eine Fehleinschätzung.
Ambrose Bierce

Auf die Größe kommt es nicht an?

Warum alle Männer gut gebaut sind – na ja, alle anderen ...

> Sexuelle Erregung ist so, wie wenn es schneit: Man weiß nie, wie viele Zentimeter es werden und ob es nicht sofort wieder abtaut.
>
> *Jerry Rubin, US-Jugendrevolutionär der 60er-Jahre*

Bis zu einem gewissen Alter denken Jungs nicht groß darüber nach. Man braucht das Ding auf der Toilette, man soll es waschen, und wenn man daran rumspielt, bleibt es nicht ganz so weich wie sonst. Diese sorglose Zeit gilt bei Männern als beschauliche Prä-Sportverein-Periode. Mit Eintritt in einen Sportverein ändert sich das schlagartig, denn dann gehen Männer erstmals im Leben mit Gleichaltrigen unter die Dusche ...

Für den Fall, dass er dort duschen musste, hatte er extra eine Badehose in seiner Sporttasche. Heute war sein erster Tag, und er war sich nicht sicher, wie die Körperpflege nach dem Training vonstatten gehen würde. Verschwitzt saß er mit 15 oder 16 anderen Jungs auf der Holzpritsche der Umkleidekabine. Er beobachtete verstohlen, wie die anderen sich verhielten. Langsam, aber schnell genug, dass sein Zögern nicht auffiel, zog er seine Fußballstiefel aus.

14,48 Zentimeter im erigierten Zustand. So groß ist der deutsche Durchschnittsschwanz. In der Länge natürlich. Der Schnitt beim Durchschnitt beträgt 3,59 Zentimeter. Der Umfang liegt gesamtdeutsch gesehen bei 12,4 Zentimetern, wobei man sich schon fragen kann, an welcher Stelle die das gemessen haben. Hoffentlich nahe am

Problemgespräch
Unbefriedigende Kommunikationsform mit einem ungesunden Wortanteil-Verhältnis von 90:10 für Frauen. Halten Männer nur durch, weil sie wissen, dass hinterher gevögelt wird.

Bauch, alles andere wäre frustrierend für viele Männer. Diese Zahlen stammen aus einer Studie des nordrhein-westfälischen Landesverbandes von Pro Familia, veröffentlicht im Dezember 2000. 14,48 Zentimeter, damit liegen wir deutschen Männer weltweit gesehen gut im Rennen. Schlaffe 13,5 Zentimeter weisen die Männer in Europa auf. Die McKinsey-Studie aus den 50er-Jahren bescheinigt den US-Männern recht beachtliche 15,2 Zentimeter. Neuere Untersuchungen besagen, dass der Amerikaner neuerdings nur noch mit 14,9 Zentimetern aufwarten kann. Die sagenhaften Geschichten von Penissen afrikanischer Männer darf man übrigens ins Reich der Mythen und Sagen verweisen. Die sind zwar in schlaffem Zustand durchschnittlich größer als die Schniedel von Nord- und Mitteleuropäern (9,4 Zentimeter zu 8,8 cm). Doch in voller Pracht steht ein dunkelhäutiger Penis mit im Schnitt 15,5 Zentimetern hinter dem durchschnittlich 16,3 cm langen nordeuropäischen sogar zurück. Schweden, Norwegen, Finnland: zwölf Punkte!

Das kann daran liegen, dass Afrikaner vermehrt über so genannte »Fleischpenisse« verfügen. Im Gegensatz dazu gibt es die »Blutpenisse« (Wir haben uns diese Begrifflichkeiten nicht ausgedacht!), die ihre wahre Größe erst offenbaren, wenn Blut in die Schwellkörper fließt. Für den mäßigen europäischen Durchschnittswert von 13,5 sorgen übrigens die Südeuropäer. We blame Eros Ramazotti – so sieht also die Wahrheit über den Latin Lover aus!

Beruhigt stellte er fest, dass ihn seine neuen Mannschaftskollegen kaum beachteten. Sie lachten, machten Späße und zogen sich ungeniert aus. Also gut. Er wartete noch ein Weilchen, bis die meisten verschwunden waren. Dann streifte er mutig Hose und Dress ab, packte seine Seife und sein Handtuch und betrat schüchtern den Duschraum.

Soso, 14,48 Zentimeter in erigiertem Zustand. Nehmen Sie doch mal ein Lineal zur Hand. Sieht gar nicht mal nach so wenig aus,

stimmt's? Doch sollen wir Ihnen verraten, was die Männerstandardantwort auf die Information 14,48 Zentimeter ist? Sie lautet: »Was? *Nur?*«

Dann wird er süffisant lächeln, sich markig in den Schritt fassen und damit nonverbal zum Ausdruck bringen, dass er da schon ein ganz anderes Kaliber vorzuweisen hat. Nun. Der eine oder andere hat damit sogar Recht. Als *normal groß* gilt für die Wissenschaft alles an Ausstattung, was 19 Zentimeter nicht überschreitet. Als *normal groß* gelten aber auch zehn Zentimeter – ein weites Feld ...

Vielleicht ist es noch nachvollziehbar, dass ein Mann mit *etwas* weniger in der Hose *etwas* mehr in Sorge ist. Doch selbst ein 19-cm-aufwärts-Riese grübelt, ob sein Schwanz groß genug ist – groß genug, um Frauen zu befriedigen. Denn nur darum geht es bei der männlichen Angst vor dem vermeintlichen Kleinwuchs – immer!

Seltsamerweise sehen Frauen das kein bisschen eng. »Size doesn't matter«, behaupten sie, auf die Größe kommt's nicht an. Liest man jedenfalls immer. 20 Zentimeter allein machen es nicht, bekennen moderne Frauen in ihren Magazinen; Hauptsache, der dranhängende Mann weiß, was er damit anstellt. Auch unser weiblicher Bekanntenkreis stimmt zu und behauptet: »Form und Aussehen sind wichtig!« Und das Wissen um die charmanten Feinheiten im Bett, die sie *wirklich* fröhlich machen und die gar nicht immer zwangsläufig mit einem Schwanz zu tun haben müssen. Die Ausnahme im Rahmen unserer Recherche bildete eine einzige Geschichte. Die Geschichte über eine Winzigkeit. Klein wie ein kleiner Finger. Ärzte nennen das Mikropenis, Frauen »irgendwas zwischen Reagenzglas und Gummischlange!« Und das ist dann wirklich ein Problem. Weitaus häufiger hört man dagegen, dieser und jener Penis sei zu groß gewesen. Erinnert sich noch jemand an *St. Pauli Nacht*? Armin Rohde spielt einen gehörnten Ehemann mit einem Riesenpenis, der sich bei einer Prostituierten etwas Linderung verspricht. Als er seine Hosen fallen lässt, entfährt selbst der leidgeprüften Liebesdienerin ein Schrei des Entsetzens: »Mit dem Prügel kommste aber bei mir nich rein!« Von wegen toller Hecht. Frauen sind zu eng für Späße mit dem Umfang einer Champagnerflasche. Aua.

Die anderen Jungs standen alle schon unter den Duschen. Er drückte sich noch ein wenig an der Wand entlang, tat so, als suchte er einen trockenen Platz für sein Handtuch. Dann endlich begab er sich unter eine freie Dusche. Verstohlen sah er sich um. Verdammt, das war doch nicht zu glauben. Er hatte nur einen Pimmel. Die meisten von den anderen hatten einen richtigen Schwanz.

Noch etwas nüchterne Faktenhuberei: Ein zu großer und zu langer Penis kann ziemlich hoch in die Vagina eindringen und durch Stöße die Bänder dehnen, an denen die Gebärmutter aufgehängt ist. Das bereitet Frauen keine Lust, sondern Schmerzen. Zudem tendiert die sexuelle Empfindlichkeit der Frau in der Nähe des Gebärmutterhalses gegen null, und dorthin reichen sogar normal dimensionierte Schniedel schon beinahe. Was soll das Ding also da? Der längste Penis bei einem Menschen (und bei dem die Ausmaße nicht nur als Gerücht oder Legende bekannt wurden, sondern auch medizinisch verbürgt sind) ist 34,3 cm lang und hat einen Umfang von 15,9 cm. Dokumentiert und fotografiert wurde diese Laune der Natur von Dr. Robert L. Dickinson in den USA. Aua. Aua.

Also Jungs, ausatmen, weitermachen. Der gemeine Durchschnittsschwanz kann prinzipiell alles, was er können muss. Die Statistik beweist es, Frauen widersprechen selten. Eigentlich sollten wir uns keine Gedanken machen. Tun wir aber doch. Zu eng ist offenbar die Größe des primären männlichen Geschlechtsmerkmals mit unserem Selbstwertgefühl verknüpft. Das wird wohl so bleiben, solange es Schwänze gibt.

Er wusste nicht warum, aber irgendwie fühlte er sich plötzlich kleiner als er eigentlich war. Er schämte sich. Und er ahnte, dass ihn dieses Gefühl noch lange begleiten würde.

Jäger und Sammler

Warum Männer manchmal treu sein wollen. Ein Kampf gegen die Natur

> Es ist ein Glück, dass das Bestehen der Menschenrasse ans sexuelle Vergnügen gefesselt ist, man hätte es sonst längst aus der Welt hinausmanipuliert.
>
> *Ludwig Marcuse*, Argumente und Rezepte

Vielleicht hat der ein oder andere schon von Charles Darwin gehört, dem Zoologen und Begründer der Evolutionstheorie, die, mal sehr schlicht auf einen Nenner gebracht, behauptet: »Der Stärkere kommt durch!« Jener Darwin hat sich auch ein paar Gedanken darüber gemacht, nach welchen Kriterien Männer sich Frauen aussuchen und er ist – zumindest in seiner Heimat – zu einem erschütternden Ergebnis gekommen: Die englischen Landedelmänner, so Darwin, hätten bei der Auswahl ihrer Hunde für die Zucht strengere Kriterien angelegt als bei der Suche nach ihren Geschlechtspartnerinnen. Wenn man Prince Charles, Paul Gascoigne oder Liz Hurley so ansieht, kann man sich das auch lebhaft vorstellen.

Aber verlassen wir das unschöne Gebiet des Chauvinismus und wenden uns lieber der Schlussfolgerung aus dieser Beobachtung zu: Männer sind wahllos. Und nicht nur die englischen. Wie schrieb der Evolutionsbiologe Karl Grammer im SPIEGEL vom September 2001 so provokant wie glaubwürdig: »Männliches Denken ist nicht nur erschreckend einseitig, sondern verlässt sich auf die immer gleichen Verhaltensroutinen.

Pürierstab
Beliebtes, weil praktisches Geschenk von Jungs für ihre Partnerinnen zum Geburts- oder Jahrestag

Wird eine Frau gesichtet, läuft beim Mann ein Programm ab wie bei einer Waschmaschine – die Brust schwillt und die Rede endet im endlosen Ich.«

Das kennen wir! So sind unsere Kollegen, und so sind auch wir – manchmal. Doch Grammer spricht aus, was wir alle schon geahnt haben und was uns in Filmen wie *Der Mann, der die Frauen liebte* oder *Skin deep* zutiefst berührte: Männer wollen ja prinzipiell treu sein! Aber ihre genetische Programmierung lässt es einfach nicht zu. Männer sind auf der Welt, um ihre Art zu erhalten, oder wie Grammer es ausdrückt: »Sie reproduzieren sich einfach, und das auch noch ziemlich wahllos.«

Wer das in Frage stellt, kann ja mal bei Boris Becker oder Roberto Blanco ins Familienalbum schauen.

Zwei Fragen drängen sich auf, und wir werden versuchen, beide zu beantworten:

1. Ist unter diesen Voraussetzungen eine verantwortungsvolle, monogame Beziehung zwischen Frauen und Männern überhaupt möglich?
2. Müssen wir uns angesichts dieser hormonschleudernden, marodierenden Männerhorden um die Frauen sorgen?

Beginnen wir mit Frage 2. Nein, müssen wir nicht, und an dieser Stelle werden jetzt alle Männer erstaunt aufmerken: Obwohl sich auf dieser Welt eine Menge von Jungs für extrem unwiderstehlich halten und der Begriff »Playboy« in manchen Kreisen immer noch als Auszeichnung gilt, behauptet unser Evolutionsbiologe Grammer, der in Wien am Ludwig-Boltzmann-Institut das Verhalten von Männern und Frauen in Flirtsituationen untersuchte: »Es war stets die Frau, die den Partner aktiv aussuchte. Wir Männer glauben zwar, wir hielten das Heft in der Hand. Doch in Wirklichkeit steuern Frauen das Verhalten der Männer, und zwar durch Gestik und Mimik.«

Robbie Williams
Gott

Das ist hart, nicht wahr? Kommt aber noch schlimmer: »Wir Männer neigen dazu, einen Typ-I-Fehler zu begehen. Darunter versteht man den Fehler, eine möglicherweise wahre Vorannahme abzulehnen. Bezogen

auf die Geschlechterbeziehung heißt das: Männer schätzen ihre Chancen grundsätzlich höher ein, als sie tatsächlich sind – um ja keine Kopulation zu verpassen. Unsere Feldstudien in Japan und Deutschland bestätigen: Die befragten Männer waren grundsätzlich immer an allen Frauen interessiert. Und das meist unabhängig vom Aussehen – Hauptsache eine Frau!«

Ein smartes Prinzip hat sich die Natur da ausgedacht: Männer sollen grundsätzlich immer und jede wollen, und Frauen picken sich aus dem zwangsläufigen Überangebot an Möglichkeiten das vermeintlich effektivste Paarungs-Männchen heraus. Erinnert mich stark an meine Zeit in der Disco, als junger Pubertierender mit dem Wunsch, mit dem gesamten Teil der weiblichen Bevölkerung Westdeutschlands ins Bett zu gehen. Das hat nicht annähernd funktioniert, aber damals kannte ich Grammer noch nicht.

Wenden wir uns der ersten Frage zu: Ist unter diesen Vorraussetzungen eine lange, harmonische, leidenschaftliche Beziehung möglich? Prinzipiell schon, behaupten wir, denn es ist ein Unterschied, ob jeder Mann ganz grundsätzlich wie eine Waschmaschine programmiert ist oder ob er auch gleich den Schleudergang einschaltet, wenn eine Frau seinen Weg kreuzt. Meine lieben Damen, sehr geehrte Bestandteile einer Zweierbeziehung: Der Tag, an dem ein Mann nicht mehr wahrnimmt, dass er da auf der Straße gerade einer jungen, hübschen Frau über den Weg läuft und ganz automatisch an Dinge erinnert wird, für die er vor ein paar Jahrhunderten noch gesteinigt worden wäre, das ist der Tag, an dem er tot ist.

Männer finden Frauen immer wieder attraktiv und reizvoll, und das zu negieren hieße, die Erde wieder zur Scheibe zu machen. Keine noch so feste und harmonische Partnerschaft wird in der Lage sein, das sexuelle Signal auszublenden, das Frauen nun einmal aussenden, so automatisch wie RTL2 miese Magazinformate. Doch, und jetzt ein ganz großes DOCH: Männer sind in der Regel in der Lage, mit diesem Signal zu leben, es einzuordnen und zu verarbeiten, ohne gleich die Kontrolle über sich zu verlieren. Männer, die ihre Frauen lieben, und Männer, denen ihre Beziehung etwas bedeutet, sind nicht zwangsläufig wie sabbernde, läufige Hunde, sondern können aus eigener Kraft die Entscheidung treffen: Nein.

RTL2
Privater TV-Kanal mit dem anspruchsvollen Vier-B-Programm: Bier, Bienen, Busen, Ballermann

Das nennt man dann Zivilisation, eine Veranstaltung, bei der auch Männer mitmachen. Je nach Reifegrad natürlich – es soll Männer geben, denen die Erhaltung ihrer Spezies so am Herzen liegt, dass sie ihren Samen so breit streuen, wie es nur irgendwie geht – und auch an dafür nicht unbedingt geeigneten Orten. Wir erinnern an eine Londoner Besenkammer.

Das war es dann aber auch mit den guten Nachrichten für die Verfechter der monogamen, glücklichen Beziehung. Wir haben die traurige Pflicht, Ihnen mitzuteilen, dass im Jahr 2001 eine Untersuchung des Kondomherstellers Durex folgende Tatsache ans Licht brachte: Jeder zweite Deutsche ist seinem Partner untreu. Und über die Hälfte davon mehr als ein Mal. Ausrutscher kann man das dann wohl irgendwann nicht mehr nennen.

Und der eminent populäre und im Gegensatz zu vielen Blubberköpfen seiner Zunft auch glaubwürdige Psychologe Michael Mary hat zu diesem Thema auch noch etwas zu sagen. In seinem bemerkenswerten Buch *5 Lügen, die Liebe betreffend* behauptet er, dass eine harmonische Langzeitbeziehung mit einer erfüllten Sexualität nicht vereinbar sei:

Die gängige Vorstellung, eine dauerhafte Beziehung führen zu können, die auch noch leidenschaftliche Sexualität enthält, ist einfach romantisch und irreal. Sexuelle Leidenschaft – das sagt ja schon das Wort – bedeutet aber, für seine Sehnsucht zu leiden. Auf der sexuellen Bühne agieren wir am besten, wenn wir mit Fremdheit, Abenteuer jonglieren, wenn wir das Spiel mit dem Unbekannten wagen.

Mary empfiehlt, die Partnerschaft trotzdem nicht aufzugeben, wenn der sexuelle Kick verschwunden ist, und die anderen Qualitäten wie Nähe und Vertrautheit zu genießen – und den Seitensprung als Ventil gegen evtl. auftretende sexuelle Frustration. Damit hat er uns natürlich auf seiner Seite – wenn es sein muss, werfen wir halt die Waschmaschine wieder an.

Ein bisschen Etikette muss sein

Die häufigsten Unverschämtheiten, die Männer sich vor, während und nach dem ersten Geschlechtsverkehr erlauben

Ich mag den Mann, der sich Zeit lässt.
Mae West

Vorher

Tathergang
Er übernimmt mit großer Geste die Rechnung im Restaurant, schaut Ihnen tief in die Augen und bemerkt mit der Präzision eines Steuerprüfers: »Ich bin sicher, dass sich diese Investition noch auszahlen wird ...«
Empfohlene Reaktion
»Gut, dass du das Geschäftliche ansprichst – hattest du die Absicht, mich für die ganze Nacht zu buchen?«

Tathergang
Sie haben es mit einem Vertreter der neuen Aufrichtigkeit zu tun. Verlegen fragt er Sie, nachdem er Sie mit dem Auto nach Hause gebracht hat: »Darf ich noch zum Ficken mit raufkommen?«
Empfohlene Reaktion
»Das ist jetzt schade, leider nein. Auf einen Kaffee hätte ich dich gerne noch mit hoch genommen.«

Tathergang
Er öffnet die Türen zu seiner Wohnung, stößt mit ein paar gezielten Tritten die herumliegenden Kleidungsstücke aus dem Weg, eilt zum CD-Player und legt *Kuschelrock VII* ein.

Empfohlene Reaktion
»Ich finde es toll, dass du den gleichen Musikgeschmack hast wie mein Ex-Freund.« (Ersatzweise: Vater)

Tathergang
Sie befinden sich noch in seinem Wohnzimmer und nippen an einem Getränk, als er ohne erkennbaren Übergang ungestüm beginnt, Sie zu küssen, und gleichzeitig an Ihren Kleidern zerrt.
Empfohlene Reaktion
»Stellst du gerade den Überfall auf Polen nach oder hast du Angst, dass ich's mir nach *diesem* Kaffee noch mal anders überlege?«

Tathergang
Sie liegen bereits küssend auf dem Bett, haben sich der ersten Kleiderschicht entledigt, da steht er plötzlich auf und verschwindet im Badezimmer. Sie hören die Wasserspülung, Zahnputzgeräusche und bald darauf ein vergnügtes Pfeifen, begleitet von munterem Wasserplätschern der Dusche.
Empfohlene Reaktion
Sie ziehen sich schnell an und notieren auf einem Zettel, bevor Sie die Wohnung verlassen: »Melde dich doch wieder, wenn du beim Friseur warst, deine Rückenhaare entfernt und die Fußnägel adrett geschnitten sind.«

Tathergang
Sie liegen auf dem Bett, bereits vollständig unbekleidet, und er macht keine Anstalten, ein kleines Informationsgespräch zum Thema »Verhütung« zu beginnen, obwohl es offensichtlich ist, dass er im nächsten Moment angreifen wird.
Empfohlene Reaktion
»Du Schatz, habe ich dir eigentlich schon erzählt, dass ich mindestens vier Kinder haben möchte?«

Tathergang
Sie liegen beide schon beinahe nackt auf dem Bett, sie haben sich ausreichend geküsst, die Verhütungsfrage ist geklärt. Gleich wird es zum Äußersten kommen ... Da macht er das Licht aus.

Empfohlene Reaktion
»Ach komm, so klein hat er sich doch gar nicht angefühlt!«

Salat
Grundnahrungsmittel von Frauen, die einfach nur nicht so viel Hunger haben ... Angeblich gesund. Nicht als Fertiggericht erhältlich.

Währenddessen

Tathergang
Er hat das Vorspiel in fünfzehn Sekunden bewältigt und stößt sofort auf Sie ein, als wolle er mit einem Presslufthammer eine Autobahn aufbohren.
Empfohlene Reaktion
»Komm, mach, das muss *noch* schneller gehen, wenn wir ins *Guinness Buch der Rekorde* wollen.«

Tathergang
Nach den üblichen Vorspiel-Ritualen dreht er Sie behende auf den Bauch und bereitet schon einmal alles Erforderliche für den »a tergo«-Eingriff vor.
Empfohlene Reaktion
»Ist irgendwas mit meiner Augenfarbe nicht in Ordnung oder willst du, dass ich mir währenddessen die Comics auf deinem Nachtschränkchen ansehe?«

Tathergang
Er hat mit der Missionarsstellung begonnen und macht bei gleich bleibendem Rhythmus keine Anstalten, innerhalb der nächsten zwei Stunden irgendetwas an seiner Technik zu variieren.
Empfohlene Reaktion
»Meditierst du gerade oder hast du den Tempomat angeworfen?«

Tathergang
Sie realisieren, dass sich ihr Beischläfer mit großer Wonne im Spiegel an seinem Bett betrachtet, ohne sonderlich viel Aufmerksamkeit auf Sie zu verwenden.
Empfohlene Reaktion
»Im Grunde hast du Recht, ich finde Selbstbefriedigung auch total unterschätzt.«

Tathergang
Er hat Sie jetzt bereits seit einer Stunde durch mehr Stellungen gescheucht, als die Europäische Union Mitgliedsländer hat und es sieht so aus, als ob er noch lange nicht am Ende seines Repertoires angekommen sei.
Empfohlene Reaktion
»Nur noch 15 Stellungen, dann können wir im chinesischen Staatszirkus auftreten.«

Tathergang
Mittendrin greift er plötzlich zur Fernbedienung und schaltet einen Pornofilm an, den er offenbar in seinem Videorekorder vorbereitet hat.
Empfohlene Reaktion
»Ich habe nichts gegen etwas Hilfe von außen – kannst du mir mal das Buch von Ingrid Noll rüberreichen?«

Tathergang
Das Ganze dauert jetzt schon sehr, sehr lange, Sie haben bereits einen Orgasmus vorgetäuscht, doch er lässt sich immer noch nicht beirren und brummkreiselt eifrig weiter.
Empfohlene Reaktion
»Hey, man merkt, dass du in deinem Job nach Stunden bezahlt wirst.«

Danach

Tathergang
Er fragt keine 15 Sekunden, nachdem er gekommen ist: »Wie war ich?«
Empfohlene Reaktion
»Was hältst du eigentlich von Aufrichtigkeit in einer Beziehung?«

Tathergang
Er dreht sich ab, fingert an seinem Kondom und zeigt Ihnen dann stolz, was er vollbracht hat.
Empfohlene Reaktion
»Wow! Wenn du's jetzt gleich in den Backofen legst, könntest du es morgen vielleicht noch spenden?«

Tathergang
Er kommt zum Höhepunkt, dreht sich auf die Seite und schläft ein.
Empfohlene Reaktion
Sie rütteln ihn wach und sagen:
»Ich habe Verständnis für deinen Standpunkt, aber da hilft nur üben, üben, üben!«

Tathergang
Sie sitzen beide gemeinsam im Bett, er hat sich eine Zigarette angezündet und überlegt, dass er mit Ihnen nach Rom oder New York fahren will, ob Sie bei ihm einziehen und wie Ihr gemeinsamer Erstgeborener heißen soll.
Empfohlene Reaktion
»Kannst du das mit meinem Mann klären?«

Tathergang
Er springt kurz nach seinem Orgasmus auf, stürzt sich in Hemd und Hose und zuckt entschuldigend mit den Schultern: »Habe noch einen geschäftlichen Termin!«
Empfohlene Reaktion
»Kein Problem – jeder sollte eine Sache haben, die er wirklich beherrscht.«

Tathergang
Er bleibt bis zum Frühstück, lässt sich bedienen und fragt schließlich widerwillig beim Hinausgehen: »Willst du vielleicht meine Telefonnummer?«
Empfohlene Reaktion
»Ja, gib sie mir besser, dann kann ich dich anrufen, wenn mein Schwangerschaftstest positiv ist.«

Tathergang
Er bleibt bis zum Frühstück, zieht die Stirn in Falten und sagt: »Du, wir müssen da was klären.«
Empfohlene Reaktion
»Nein, du brauchst dich nicht zu schämen, das geht vielen Männern beim ersten Mal so.«

Alle Hände voll zu tun!

Selbstbefriedigung aus Langeweile – aber sonst geht's uns gut

Nichts gegen das Onanieren.
Es ist Sex mit jemandem, den ich sehr mag.
Woody Allen

»Frauen rauchen meist weniger stark als Männer. Sie haben oft Schuldgefühle wegen des Rauchens. Ihr Problem erscheint weniger schwerwiegend auf der körperlichen Ebene der Abhängigkeit, vielmehr eher seelisch belastend, zum Beispiel in Form von Trotz oder Schuldgefühlen. Männer sind oft harte Raucher, kommen nach Jahren systematischen Raubbaus an ihrer Gesundheit (...zur Therapie, Anmerkung der Autoren), sind ›gezeichnete‹ Raucher ...«

Dieser Text stammt aus dem Internet, gefunden haben wir den auf einer Seite mit Tipps zur Raucherentwöhnung. Passt doch gut, oder? Denn wenn man statt »Rauchen« das Wort »Masturbation« einsetzt, beschreibt er ziemlich genau das unterschiedliche Verhalten von Frauen und Männern in Sachen Autoerotik.

Shocking? Aber nicht doch ... Dass Männer ES öfter brauchen, und auch mehr Männer ES überhaupt praktizieren, dürfte allgemein bekannt sein. Unterschiedlichste Umfragen in aller Herren Länder kommen zu den immer gleichen Ergebnissen. Etwa 90 Prozent der Männer haben es überhaupt schon mal gemacht. Manche Studien behaupten, dass sich sogar 98 Prozent aller

Schalke 05
Sensationeller Versprecher der ersten deutschen Sportmoderatorin Carmen Thomas 1973. Sie flog raus. Schöner Beweis, dass »Frau sein« zu den niederen Lebensformen gehören muss.

Männer zuweilen selbst beflecken, wie es in der Bibel heißt. Doch nur zwei Drittel der weiblichen Weltbevölkerung legt(e) selbst Hand an.

Wir verwenden den Begriff Onanie hier übrigens trotzdem, obwohl er eigentlich falsch ist. Der Namensgeber für den Solo-Spaß war Onan, eine tragische Figur in der Bibel, sexuell gesehen. Onan sollte die Witwe seines verstorbenen Bruders schwängern, das war wohl damals so Sitte – the show must go on. Weigern konnte sich der keusche Mensch nicht, aber um wenigstens Nachkommen zu verhindern, brach er den zwanghaften Beischlaf immer rechtzeitig ab. In der Bibel heißt es, dass Onan »den Samen zur Erde fallen und verderben ließ«. Diese Methode ist heutzutage als Coitus Interruptus bekannt und nur bei ahnungslosen Dummköpfen als sichere Art der Verhütung beliebt.

Onanie, Masturbation, Selbstbefriedigung, egal, jedenfalls: Dass wir Männer so oft und gern dem Unterarmausdauertraining frönen, sollte Frauen längst nicht mehr schockieren. Etwas weniger bekannt dürfte allerdings sein, dass Männer auch dann gerne und exzessiv an sich herumspielen, wenn sie mit einer Lebenspartnerin Tisch und Bett teilen. Sie haben das vermutlich auch schon in *American Beauty* beobachtet, einem der besten Filme der letzten Jahre. Kevin Spacey holt sich darin munter in der Dusche einen runter, und zwar jeden Morgen. Er bezeichnet das als Höhepunkt seines Tages – keine ambitionierte Person, was sich aber im Verlauf des Films ändern sollte. Aber er ist ja auch mit Anette Benning verheiratet, und zumindest in diesem Film erklärt das einiges.

Natürlich hat so etwas im richtigen Leben meistens andere Gründe – keine Sorge, wir versichern hiermit feierlich, dass der Drang zur Onanie nicht an den Fertig- oder Fähigkeiten deutscher Durchschnittsliebhaberinnen liegt. Der Grund ist profaner: Männer sind ein bisschen süchtig nach ihrem besten Freund.

Vielleicht ist ja die sexuelle Revolution daran schuld. Masturbation galt immerhin jahrhundertelang als Sünde; da kann die plötzliche Befreiung der Gesellschaft von moralischen Fesseln schon enthemmend wirken. Natürlich wurde auch die Frau befreit – doch wir

Schleudern
Erotische Spielart unter Einbeziehung der guten, alten Miele-Waschmaschine. Kennen die meisten Männer nur vom Hörensagen. Achtung, Männer unter 172 cm Körpergröße: Gefahr im Verzug.

verweisen auf den vorigen Absatz und sagen nur: 98 Prozent! Dass Selbstbefriedigung krankhaft und verdorben ist, galt früher jedenfalls als Naturgesetz, und es wurde sogar wissenschaftlich »bewiesen«. Der Franzose Tissot beschreibt in seinem Buch aus dem Jahre 1774 *Onanie: Dissertation über die von der Selbstbefriedigung hervorgerufenen Krankheiten*, welch schlimmen Folgen die Masturbation haben kann: Rückenmark-Tuberkulose, Lähmungen, Impotenz, behinderte Kinder, Epilepsie. Das Werk beginnt übrigens so:

> Wenn schnöde Wollust Dich erfüllt,
> So werde durch ein Schreckensbild
> Verdorrter Totenknochen
> Der Kitzel unterbrochen!

Dass andere Kulturen volkspsychologisch gesünder mit dem Thema umgingen, belegen Beispiele aus der Neuen Welt und aus Afrika. Bei mehreren nordamerikanischen Indianerstämmen, unter anderem bei den Hopis oder Navajos, war es üblich, dass Eltern manchmal die Genitalien ihres Kindes streichelten, um es zu trösten oder zu beruhigen. Afrikanische Zulu-Krieger wurden von ihrem Stamm für bestimmte herausragende Leistungen durch einen Tag mit »zeremonieller Masturbation« belohnt, bei denen ihnen unverheiratete Frauen zur Seite standen. Einen ganzen Tag! Vermutlich hat sich Bill Clinton *daran* orientiert, als er Fräulein Lewinsky zu sich ins Oral Office bat.

Nun. Soweit wird es in unseren Breitengraden wahrscheinlich leider nicht mehr kommen. Doch kulturelle Vorbilder hin, historischer Abriss über die Geschichte der Masturbation her: Sie möchten wahrscheinlich wissen, warum Männer heutzutage *wirklich* onanieren. Gut. Es ist nicht immer nur die Lust auf Sex.

Männer tun es, um in Übung zu bleiben

Die Angst vor zu schneller Ejakulation ist bei Männern weit verbreitet. Dass ihnen die Biologie da einen Streich spielt, nun, dafür können sie zwar nichts, doch das beruhigt die Nerven nur mäßig. Durch geschicktes Masturbieren, so verspricht zum Beispiel das chinesische Tao der Liebe, erreicht man ungeahnte und andauernde Höhepunkte. Angeblich auch anschließend mit der Partnerin.

Männer tun es, um beim ersten Date mit der Frau ihrer Träume cool zu bleiben

Wir erinnern hier mit Vergnügen an die US-Kinokomödie *Verrückt nach Mary*. Vor dem entscheidenden Date »wedelt« Hauptdarsteller Ben Stiller auf Anraten eines Kumpels »die Palme«. Das ist vermutlich keine verrückte Fantasie von Drehbuchschreibern. Wir kennen Männer, bei denen das zur Vorbereitung auf eine Verabredung gehört wie Zähneputzen. Das haut leider nur mit mehr oder weniger geringem Erfolg hin. Womöglich reicht einmal nicht.

Männer tun es, um besser einschlafen zu können

Warum Männer nach dem Sex sofort einschlafen, wird ja an anderer Stelle noch einmal ausführlich behandelt. Warum aber sollte man dieses für Frauen unbefriedigende biologische Phänomen nicht praktisch nutzen, um auf ungesunde Pharmazeutika verzichten zu können? Eben. Zusätzlich schafft man mit Masturbieren, was mit Fernsehen oder einem Buch nicht immer gelingt: Man schaltet völlig ab.

Männer tun es aus Langeweile

Sie lesen richtig. Wie jeder weiß, haben Männer ihre Hand sowieso ziemlich oft am Gemächt – das Al-Bundy-Syndrom. Vorzugsweise liegen sie dabei auf dem Sofa und sehen fern. Läuft mal wieder nur Schrott im TV? Was böte sich an, um der Langeweile ein Ende zu bereiten? Richtig. Ein wildes Abenteuer mit sich, seiner Hand und Traumbildern von der kleinen Schlampe, die man jeden Morgen in der Bäckerei trifft ...

Woran denken Männer beim Sex

Erster Teil
Ein Besinnungsaufsatz für Mädchen

Gastautorin Simone Buchholz hat sich einige Gedanken gemacht

> … Leb ich nur, um aufs Leben zu denken?
> Soll ich den gegenwärtigen Augenblick nicht genießen,
> damit ich des folgenden gewiss sei?
>
> *Goethe*, Egmont

Ich bin so cool. Denn ich habe mir einen Apparat gebaut. Eine Art Zahnklammer, die auf neurologische Reize reagiert. Sie verschließt mir sofort den Kiefer, sollte ich den Wunsch verspüren, einen Mann zu fragen, woran er gerade denkt. Was zur Folge hat, dass ich eine schweigsame Liebhaberin geworden bin. Denn auch, wenn es mir in den meisten Situationen völlig egal ist, was mein Mann denkt – weil ich es sowieso nicht verstehe und auch nie verstehen werde, so viel habe ich bis heute gelernt – gibt es doch den einen Moment, in dem ich es gerne wüsste: im Bett.

Bist du wirklich bei mir, wenn du bei mir bist? Treffen meine Augen deine Seele, so wie deine Augen die meine treffen? Was fasst du an, wenn du mich anfasst? Berührst du den Himmel? Oder bist du woanders? Und wenn ja, wo? Was geht in dir vor, wenn du mich ansiehst, in dem Augenblick, in dem wir ganz alleine sind? Stimmt es, was alle sagen, und du denkst an nichts? Kann das sein? Das kann doch nicht sein. Oder?

Es ist Nacht, es ist dunkel. Ich sehe deine Silhouette über mir, deine Haare, spüre deinen Schweiß und deine Hände auf mir. Und schon wird es heilig. Weißt du, was dieser Moment bedeutet? Weißt

du, dass er mir alles bedeutet? Dass ich deshalb mit dir schlafe? Es geht beim Sex um so viel mehr als um Sex. Ich bin eins mit dir, einzigartig mit dir, du bist einzigartig für mich. Keiner könnte jetzt deinen Platz einnehmen. Keiner könnte das alles so wie du. Keiner. Was ist mit dir? Bin ich einzigartig für dich? Bin ich es? Oder könnte ich – aua – auch eine andere sein? Bin ich vielleicht sogar – Herr Doktor, kommen Sie schnell, mein Herz droht still zu stehen – austauschbar?

Ich versuche deine Augen zu erhaschen.

Deinen Blick festzuhalten.

Sehe nur zwei schwarze Kugeln.

Können wir bitte das Licht anmachen?

Danke.

Hab ich dich jetzt unterbrochen?

Nein?

Okay, weitermachen, ich muss was rausfinden.

Zwei braune Augen. In denen sich zwei Augen spiegeln. Ich muss tiefer reinschauen. Deine Haare berühren meine Lippen. Und dann ist er da, der Moment. Dein Blick schickt eine Botschaft. Ich glaube, sie gilt mir. Aber ich verstehe sie nicht, denn du sprichst in einer fremden Sprache. Die Botschaft lautet ungefähr so:

»???«

Aha. So ist das jedes Mal. Das könnte jetzt alles heißen:

Ich liebe dich, du bist mir alles, mein ganzes Leben, ohne dich muss ich sterben.

Scheiße, die Bayern sind raus aus der Champions League.

Spitze, die Bayern sind raus aus der Champions League.

Mein Auto muss zur Inspektion.

Verdammt, ich hab meine Socken noch an.

Dein Arsch ist großartig.

Warum bist du so still, bin ich schlecht im Bett?

Was bin ich nur für ein toller Hengst.

Hab mein Tasche im Büro vergessen.

Schneller.

Noch nicht, noch nicht.

Toter Hund, toter Hund.
Was könnte ich denn jetzt gleich mal Kleines essen?
Oder aber auch: —

Ich habe keine Lust mehr zu raten. Alles, was ich wissen will, ist: Findest du mich schön? Liebst du mich?

Zweiter Teil
Aufklärungsunterricht für Mädchen

Gastautorin Simone Buchholz hat sich ein paar Antworten eingeholt

»Ich finde Frauen denken zu viel beim Sex. Würde ich mir so viele Gedanken machen, hätte ich wahrscheinlich nicht mal eine Erektion.« *Roland, 33, Fotoingenieur*

»An verchromte Autostoßstangen. Oder einen verchromten Kühlergrill.« *Jens, 34, Art Director*

»Mehr! Mehr! Mehr!« *Sven, 32, Devisenhändler*

»Meistens denke ich nichts, woran ich mich hinterher erinnere, und dann war es auch in Ordnung. Wenn ich denke, dann gibt's ein Problem, dann stimmt auch irgendwas nicht.«
Kristof, 45, Goldschmied

»Ich denke nichts beim Sex. Wenn er gut ist. Den ganzen Tag über ist mein Kopf voller Gedanken – Sex ist eine wunderbare Gelegenheit, einmal richtig abzuschalten.« *Achim, 34, Fotograf*

»Kommt auf die Frau an. Manchmal denke ich über geeignete Strategien nach: Wie weit darf ich gehen und so was. Manchmal denke ich an andere Frauen.« *Bastian, 22, Student*

»Ich denke vermutlich, was ich sehe. Kann man Gefühle denken? Dann vermutlich: geil!« *Michael, 21, Zivildienstleistender*

»Komische Frage ist das. Ich denke jedenfalls nicht so was wie ›geiler Arsch‹ oder ›tolle Titten‹ oder so, das wollt ihr doch jetzt hören. Ich denke ... ach, das geht niemanden was an, keine Ahnung ...«

Robert, 28, Fernmeldetechniker

»Ich bin zur Zeit sehr verliebt, muss ich zugeben. Und ich denke eigentlich die ganze Zeit daran, dass diese tolle Frau jetzt mit mir schläft, und wie unglaublich das ist.« *Jörn, 23, Praktikant*

»Manchmal mache ich mir Sorgen, dass es ihr nicht gefallen könnte, aber meistens passe ich nur auf, dass ich nicht so schnell komme, mehr nicht. An andere Frauen denke ich nie, das ist der Klassiker, oder?« *Frank, 34, Coffeeshop-Betreiber*

Wie heißt er denn?

Warum Männer ihrem Penis Namen geben

Der Penis handelt mit der menschlichen Intelligenz, und obwohl der Wille des Menschen ihn zu reizen wünscht, bleibt er hartnäckig und geht seinen eigenen Weg, und indem er sich manchmal von selbst bewegt, ohne Erlaubnis oder Absicht des Menschen, ob er nun schläft oder wacht, tut er, was er will; und oft schläft der Mensch, und er ist wach, und manchmal ist der Mensch wach, und er schläft; manchmal wünscht der Mensch, dass er tätig sei und manchmal wünscht er das nicht; manchmal wünscht er es und der Mensch verbietet es ihm.

Leonardo da Vinci

Schauen Sie doch mal wieder ins Internet. Das ist ein Ort, an dem Leute mit zu viel Tagesfreizeit zum Beispiel alle Witze auflisten, die sie kennen, brav durchnummeriert. Wie lange das gedauert haben muss ... Aber jetzt geben sie mal »Namen für Penis« in eine x-beliebige Suchmaschine ein. Prompt werden Dutzende dieser Witzseiten angezeigt. Und einer ist immer dabei:

Warum geben Männer ihrem Penis Namen? Damit sie den Typen besser kennen lernen, der die Entscheidungen in ihrem Leben trifft!

So oder ähnlich heißt es dort, dann ist Witz 23 auch schon zu Ende und Nummer 24 wartet mit einer ähnlich kümmerlichen Pointe. Seriöse Erklärungsversuche aber, woher diese männliche Eigenart stammen möge, sind weder hier noch anderswo im Netz zu finden. Und das, wo doch Psychologen im Allgemeinen und der in diesem Werk bereits hinreichend erwähnte Stefan Lermer aus München ganz speziell zu jedem absurden Teilaspekt menschlichen Verhaltens etwas zu sagen wissen.

Nur: Gibt es denn tatsächlich Männer, die ihrem Penis einen Namen geben? »Natürlich«, behauptet Mandy, eine hilfreiche Freundin, die uns immer wieder Wissenswertes aus dem Kosmos des Geschlechterkampfes zuträgt, seitdem sie von der Existenz dieses Buches weiß. Wir blieben erst einmal skeptisch – schließlich haben wir beide selbst zwar ein herzliches, aber anonymes Verhältnis zu unserem primären Geschlechtsmerkmal und beobachten auch im Freundes- und Bekanntenkreis in dieser Hinsicht eher Unauffälliges.

Und tatsächlich: Prof. Dr. Hartmut Porst, Urologe und Penisforscher (so was gibt's also) wiegelt auf Befragen ab: »Dass Männer ihrem Penis Namen geben, stimmt nicht. Nur die im Volksjargon üblichen Bezeichnungen wie Schniedel oder Johannes werden verwendet. Aber eigene Namen habe ich in meiner Praxis noch nie zu hören bekommen.«

Vermutlich spricht der Mann die Wahrheit. Schließlich ist ja auch die unflätige englischsprachige Ansage »Kiss my Dick« nicht auf das namentlich genannte Einzelteil des Fluchers oder sexuellen Bittstellers zu münzen, sondern eher eine kollektive Vereinbarung: Dick gilt ebenso wie Johannes oder Cazzo als international übergreifender Versuch, eher technische Bezeichnungen wie »Pimmel«, »Penis« oder »Glied« in der jeweiligen Landessprache zu vermeiden.

Also: keine individuellen Namen für den Penis – und Schluss mit diesem Kapitel? Nicht ganz. Denn, wie der amerikanische Urologe Dudley Seth Danoff vom Cedars Sinai Medical Center in Los Angeles weiß: »Persönlichkeit, Verhalten und Lebenseinstellung eines Mannes werden zum großen Teil von dem Bild gesteuert, das er von seinem Glied hat.«

Und vom Bild zum Namen ist es ein ziemlich kleiner Schritt, wie wir deutschen Kinogänger erst vor kurzem wieder gesehen haben. Sowohl in *Harte Jungs* als auch in der Fortsetzung der schlichten, gleichwohl erfolgreichen Kinokomödie *Knallharte Jungs* bewältigt Hauptdarsteller Tobias

Schlucken
Nur für Männer: Ungesunde Eigenart, zu viel Alkohol in den Blutkreislauf zu schleusen
Nur für Mädchen: Unseres Wissens völlig ungefährliche und darüber hinaus auch sehr hygienische Art, beim Sex zu einem guten Ende zu kommen.

Schenke ausführliche Dialogpassagen mit seinem »kleinen Prinzen«. Meistens unterliegt er ihm auf allen Ebenen. Sein kleiner Freund reitet ihn ständig in die Scheiße, und das will uns dieser Streifen mit all seinen dumpfen Witzen wohl sagen: Pubertierende Jungs (ergo: alle Männer) sind ihrem Schwanz ausgeliefert.

Er ist der Boss.

Neu ist die kulturelle Verarbeitung dieser These nicht: Auch Alberto Moravia, der italienische Moralist, ließ in *Ich und er* seinen männlichen Protagonisten mit seinem »Cazzo« streiten, debattieren und unterhandeln, wenn auch auf etwas ambitionierterem Niveau als in *Knallharte Jungs*. Das Buch wurde von Doris Dörrie verfilmt – es ist amüsant anzusehen, wie der stoffelige Griffin Dunne ständig an seinen eigenen Unterleib hinmurmelt. Überhaupt ist so ein Penis eher im komödiantischen Fach angesiedelt, was sogar der legendär humorlosen Yoko Ono auffiel: »Ich frage mich, wie Männer überhaupt ernst bleiben können. Sie haben dieses dürre, lange Ding an ihrem Körper hängen, das nach eigenem Willen rauf und runtergeht. Wenn ich ein Mann wäre, würde ich mich dauernd kaputtlachen.«

Wie dem auch sei, ob dämlich, intellektuell oder cineastisch: Die Botschaft bleibt eindeutig. Männer behandeln den eigenen Penis gerne wie etwas, das irgendwie nicht zu ihnen gehört. Etwas, mit dem man reden und verhandeln kann, das aber schließlich seine eigenen Schlüsse zieht und seine eigenen Entscheidungen trifft. Kurz: Etwas, auf das man im Zweifel die Verantwortung abwälzen kann. Mal wieder die Freundin betrogen, den Frauen hinterhergeschaut, in der Stripbar oder gleich im Bordell gelandet? Kein Problem – er war es! Und er braucht keine gute Entschuldigung, denn er handelt ohne Sinn und Verstand, frei nach Brecht: »Erst das Ficken, dann die Moral!«

Man kann das natürlich so sehen. Wenn man weiß, dass die Natur den Mann für die Erhaltung der Art vorgesehen hat und größtmögliche Streuung seines Samens von ihm erwartet, ist der Teil, der gemeinhin bei Männern für Sitte, Verantwortungsgefühl und Moral sorgt und für Zivilisation zuständig ist, aus dem Schneider. Und ist es nicht auch ein Beweis für den ganz eigenen Kopf eines durch-

schnittlichen Penis, dass er im Laufe einer Nacht selbst mit 80 Jahren (!!) noch drei bis vier Erektionen erlebt, während sein stolzer Träger schläft und nichts von der ständigen Aufbegehr mitbekommt? Leider erkennt das feindliche Lager diese Argumentation nicht an und appelliert an die Intelligenz und das Verantwortungsbewusstsein ihrer Partner. Die haben gut reden. Verantwortungsbewusstsein haben sie auch nicht gerade an den Tag gelegt, als sie sich weiland von den Rolling Stones oder in diesen Tagen von Robbie Williams in Europas erlesensten Hotelzimmern bestäuben ließen. Und Intelligenz ist auch nicht das allererste Wort, das einem einfällt, wenn man die folgende Liste *Aufsteiger. Die besten Kosenamen, die Frauen dem Penis geben* zu Gesicht bekommt, erschienen 1993 in der Fachzeitschrift TEMPO:

1. Messinghahn
2. Herr Bieselmeyer
3. Piphahn
4. Pullermatz
5. Schniepi
6. Kleiner Mann
7. Zici
8. Dödel
9. Schnappadulli
10. Zipfel

Das tut doch richtig weh, oder?

Nur zwei Minuten ...

Warum schlafen Männer nach dem Sex sofort ein?

Viele Männer vergessen in der Liebe das Dessert. Das ist schade, denn die meisten Frauen sind naschsüchtig.

Mariella Pozzo

Es ist Zeit für ein klares Wort: An dieser Stelle möchten wir allen Frauenzeitschriften oder Psychoratgebern deutlich widersprechen, die so tun, als sei Schnellschlaf nach dem Sex ein Zeichen für mangelnde Zuneigung. Das ist Käse. Blödsinn. Reine Provokation. Und deshalb wollen wir das Wort einem guten Freund und wahren Experten in diesen Fragen erteilen. Er trägt meistens viele Namen, und jeder Mann nennt ihn anders. Und, vielleicht nicht ganz unwichtig: Er erzählt eine wahre Geschichte.

»Ich würde mal behaupten, dass SIE sich grundsätzlich nicht beschweren kann. Ich sehe ganz attraktiv aus, das hat SIE mir schon persönlich zugeflüstert, als SIE mir mal ganz nahe war. Wenn ich gut in Form bin, wachse ich außerdem zu stattlicher Größe heran. Zudem verstehe ich mich auf die rare Kunst der Zurückhaltung und Selbstbeherrschung. Das gefällt IHR gut, das merke ich an IHRER freudigen, in aller Bescheidenheit manchmal überschwänglichen Reaktion. Wenn das kleine Fest dann seinen Höhepunkt überschritten hat, dann schrumpft meine Kraft und Größe zwar rapide, doch dafür kann ich bekanntlich nichts. Jedenfalls bin ich nicht der Einzige, dem das widerfährt.

Was mir jedoch Sorge bereitet, und was, nebenbei bemerkt, oft zu Auseinandersetzungen zwischen IHR und IHM führt: Mein Träger,

also der Typ, an dessen Lenden ich mittig platziert bin, legt sich nach dem Höhepunkt erst einmal nieder. Oder: pennt komatös weg, wenn man es uncharmant umschreiben will. Das *ist* ärgerlich, für SIE wie für mich. Ich gebe zu, wir verfolgen unterschiedliche Interessen. SIE möchte nochmal in den Arm genommen werden, auch das ein oder andere Wort mit IHM wechseln. Kuscheln nennt SIE das. Ich möchte schlicht nochmal das gleiche Programm, von Anfang an.

Schraubstollen
Nichts aus dem weiten Feld des Kohleabbaus, sondern Standhilfen unter Fußballschuhen. Rasenpfleger hassen sie mehr als Maulwürfe.

Seien Sie jetzt nicht gleich pikiert, Sie müssen verstehen, das ist mein Job. Was SIE und mich verbindet: Wir hassen sein postkoitales Schlafbedürfnis. Was uns unterscheidet: Ich weiß, woher diese Schnellschlaf-Attacke kommt. Bin ja auch Teil SEINES Körpers.

Es geht so: Das Blut, das in mir war und mich wachsen ließ, strömt nach dem Koitus wieder in den Körper zurück. Dieser Vorgang wirkt tatsächlich wie eine Schlaftablette. Ich vereinfache grob, für Leute, die es mit biochemischen Prozessen nicht so haben: Unsere Lebensfunktionen werden durch zwei Nervenprogramme gesteuert, sie heißen Sympathikus und Parasympathikus. Ersterer sorgt für Power, sein oppositioneller Bruder verursacht Müdigkeit und Erholung. Wenn ich mich zu meiner ganzen Pracht erheben soll, zeichnet dafür der Sympathikus verantwortlich. Doch schon kurz vor dem Moment, in dem der Samen durch mich in Richtung Outer Space schießt, schreitet der Parasympathikus ein. Nur deshalb kann ein Samenerguss überhaupt stattfinden, weil im Gehirn der Schalter von Aktion auf Ruhe umgestellt wird. Und ER wird davon schlagartig und ohne Schuld schläfrig.

Vielleicht würde SIE auch Folgendes zu größerer Akzeptanz seines kleinen genetischen Fehlers bringen: Ich erschlaffe nur, um die Chance auf eine Schwangerschaft zu erhöhen. Würde ich weiter in IHR ... na ja ... herumstochern, könnte ich die Samen auf dem Weg ins Zielgebiet behindern. Auch deswegen rollt ER sich nach der Befruchtungszeremonie flugs schnarchend auf die Seite. Das ist einfach SEIN und IHR entwicklungsgeschichtliches Schicksal. Leider auch meins.

Es gäbe da aber eine Lösung. Das schier übermächtige Schlafbedürfnis dauert nämlich nicht lange an, meistens nur wenige Minuten. Wenn SIE es also schafft, IHN nur ein kleines Weilchen wach zu halten, könnte SIE kuscheln und ich vielleicht später noch mal auf meine Kosten kommen. Ich habe schon von smarten Männern gehört, die das längst erkannt haben. Das müssen Männer sein, die wissen, dass Frauen ein Dessert zu schätzen wissen, wenn es kalorienfrei ist. Vielleicht sollte ich IHM das mal flüstern.«

Erster! Erster!

Warum kommen Männer immer zu früh?

Man muss sich früh auf den Weg machen,
wenn man früh ankommen will.
Deutsches Sprichwort

Männer und das schlechte Gewissen – in sexueller Hinsicht sind sie enge Verbündete. Männer haben meistens ein schlechtes Gewissen, wenn Sex im Spiel ist. Allein, weil sie Sex haben *wollen,* fühlen sie sich schon schuldig. Meistens drängt es ihre Sozialpartnerinnen nämlich bei weitem nicht so häufig auf die Matratze, und Frauen verstehen es sogar, dieser schnöden Verweigerungshaltung eine edle, moralisch korrekte Note beizumengen: »Geht's dir bei uns denn nur ums Ficken?«

Nein, *natürlich* nicht. Nicht *nur.*

Oft haben Männer auch ein schlechtes Gewissen, weil sie Lust auf eine Frau haben, die nicht die eigene ist. Eine, die plötzlich an der Theke einer Kneipe steht und die man noch nie gesehen hat, von der man nicht weiß, ob sie fiese, nässende Hautkrankheiten hat oder zwei Sätze geradeaus spricht. Nur weil sie jetzt da steht und Brüste hat, vergisst ein Mann zuweilen gute Kinderstube und Familie, wenn er denn über beides verfügt. »Wie schafft es eine Frau, dass ein Mann scharf auf sie ist?«, hat Anne Heche ihren Filmpartner Harrison Ford in *Sechs Tage, sieben Nächte* gefragt: »Indem sie auftaucht!«, hat Ford geantwortet. Ein weiser Mann. Alle Kollegen würden ihm beipflichten. Natürlich kultivieren sie deshalb auch alle ein schlechtes Gewissen, egal übrigens, ob sie dieser Versuchung nachgeben oder demütig davonschleichen, mit zu engen Hosen.

Schwule Fußballer
Angeblich gibt es sie, es wurden aber noch nie welche gesehen (vgl. Ungeheuer von Loch Ness).

Nicht zuletzt hat der Mann sogar ein schlechtes Gewissen, wenn es zum Sex kommt, mit einer Frau, die rechtmäßigen Anspruch auf seinen Körper hat. Selbst in einer Ehe kann es passieren, dass Männer nur noch mit wackeligen Beinen ins gemeinsame Schlafzimmer einrücken, denn sie haben gelernt: Sie genügen den Ansprüchen nicht. Meistens jedenfalls.

Die Palette der Vorwürfe ist groß: Der Atem riecht nach Gauloise, das Vorspiel ist zu kurz, der Bart zu lang; geküsst wird zu wenig, zu oft hingegen nach dem Blow Job verlangt, und wenn es dann endlich so weit ist, dann dauert einem von beiden der Spaß nicht lange genug. *Er* ist es nicht.

Diese Frage ist ein Evergreen: Wie lange muss guter Sex dauern? Eines der letzten großen Rätsel der Neuzeit – den Eindruck gewinnt man jedenfalls, wenn man in der einschlägigen Frauenpresse blättert. Früher war das einfacher: Da dauerte guter Sex so lange, bis Ihro Gnaden seinen Samen für Familie und Vaterland verballerte. Punktum. Aber seitdem auch Frauen offensiv auf sexuelle Erfüllung pochen, hat sich das Bild gewandelt. Der Mann, der allein kraft seines Geschlechts davon überzeugt war, im Bett schon alles richtig zu machen, wurde plötzlich mit seinem Versagen auf ganzer Linie konfrontiert. Und wir reden hier nicht von dem armen Menschen, der nach zweimaligem Zuckeln schon seine Ladung abschießt – das ist nämlich eine Krankheit und heißt Praejaculatio Präcox (angeblich leiden zehn Prozent aller Männer darunter). Nein, die Vorwürfe an den gesunden Mann lauten anders: Er findet den G-Punkt nicht, wenn er denn überhaupt danach sucht, er hält ein Vorspiel für etwas, das Jugendmannschaften vor dem Bundesligakick bestreiten, und er ist nach fünf Minuten heißgelaufen wie die gleichnamige Terrine. Und wie erotisches Fast Food kommt den beteiligten Damen der Sex dann auch vor: Er sättigt nicht auf Dauer und hinterlässt einen üblen Nachgeschmack.

Der Kondomhersteller Durex hat 1998 eine weltweite Umfrage initiiert, um rauszufinden, was seine potenzielle Kundschaft im Bett so treibt. Auch die durchschnittliche Dauer des Geschlechtsverkehrs

wurde abgefragt; demnach ist der deutsche Mann nach 17,2 Minuten fertig. Wir wissen nicht, ab wann die Zeit gestoppt wurde, aber vermutlich sind da Vorspiel und die Frage: »Wie war ich?« schon mit drin. Nur zum Vergleich: Ein Amerikaner liebtrommelt seine Partnerin im Durchschnitt 28,1 Minuten, ein Italiener hingegen stellt die Arbeit schon nach 14,2 Minuten ein. Auch in Sachen GV-Dichte liegen deutsche Männer mit 112-mal Sex pro Jahr im guten Mittelfeld: Franzosen haben 141-mal im Jahr die Ehre, knapp gefolgt von den leistungsbewussten Amerikanern mit 138 erotischen Einheiten. Paare in Hongkong genießen angeblich nur 57 mal miteinander Verkehr. Laumänner.

Aber bleiben wir bei den 17,2 Minuten, die der durchschnittliche deutsche Mann in den Orgasmus seiner Partnerin investiert. Inklusive Vorspiel. Ist das wirklich zu wenig? Muss es gleich diese exotische Tantra-Nummer sein, in der sich Paare bis zu 24 Stunden aneinander reiben und reizen, um dann endlich – gemeinsam, versteht sich – den Orgasmus zu erleben? Für uns hört sich das nach Erika-Berger-Sex an: sehr viel Schmierentheater auf Reißbrettbasis, arglose Früchte, Prickelwässerchen und stinkende Öle am Bettrand. Dagegen macht sich selbst das Ausfüllen eines Bausparvertrags wie ein spontanes Abenteuer aus.

Leider sehen Frauen das etwas anders. Und es ist nicht etwa reine Zickigkeit, die sie unzufrieden aufheulen lässt, wenn Manni sich nach 15 oder 20 Minuten abrollt und verschämt gesteht: »Ich konnte es nicht mehr halten!« Die Natur ist schuld, die hat nämlich Frauen und Männer vollkommen unterschiedlich konstruiert. Man muss sich das so vorstellen, dass Männer in sexueller Hinsicht eher als 100-Meter-Sprinter konstruiert sind, während Frauen sich auf der Langstrecke, sagen wir auf 10 000 Meter, zu Hause fühlen. Bei Männern steigt die Erregungskurve binnen der ersten fünf Minuten der Penetration rasant an, bis sie die so genannte Plateauphase erreicht. Auf diesem Erregungsplateau sollte er sich jetzt Zeit, viel Zeit nehmen, denn diese Phase wird von einer Frau erst nach durchschnittlich 15 Minuten erreicht. Leider hat kaum ein Mann so viel Stehvermögen – oder es

Sensibilität
Reklamieren Männer für sich, die am Todestag der Schwiegermutter auf eine Pappnase verzichten.

kümmert ihn nicht weiter – denn nach durchschnittlich fünf Minuten auf dem Plateau hat er genug von der Aussicht und kommt zum Orgasmus. Frau hingegen hat das Plateau noch nicht einmal erreicht. Sie ist erst bei Minute 15 dort und braucht – wenn sich jemand darum kümmern würde – noch einmal mindestens fünf Minuten, um zum Orgasmus zu kommen. Ganz schön blöd. Wer hat noch mal behauptet, Männer und Frauen stammen von unterschiedlichen Planeten?

Während die Erregungskurve des Mannes – und auch die Beschaffenheit seines Schwanzes – nach dem Orgasmus ziemlich abschlafft, sinkt ihre Erregung nur ganz gemächlich und könnte schnell wieder steigen. Leider, leider steigt bei den meisten Männern gar nichts mehr so schnell. Nur einer von fünf Männern ist in der Lage, nach der Ejakulation noch einmal neu anzusetzen, behauptet jedenfalls der Sexualwissenschaftler Prof. Werner Habermehl. So ein Ärger.

Meine Damen, wir würden ja gern. Aber wir können nicht. Glauben Sie's jetzt, mit dem Segen der Wissenschaft? Vermutlich hat der Allmächtige in Sachen »Wir sichern die Evolution« entschieden: Männer müssen schnell ejakulieren, bevor die Frauen die Lust an der ganzen Geschichte verlieren. Dass die darüber *en gros* ganz schön sauer sind, kann man sich lebhaft vorstellen. Und wir zahlen ja auch mit unserem schlechten Gewissen, wie bereits gehört – und manchmal auch mit Schmerzen. So berät die *Wa(h)re Liebe*-Redaktion Frauen, die sich über zu schnellen Sex beschweren, auf ihren Internetseiten wie folgt: »Kurz vor dem Höhepunkt kann sie ihn sanft in die Eichel zwicken, dann hält der Schmerz den Erguss zurück. Ein paar mal üben und dann den Orgasmus zulassen, das stimuliert und bringt den Ejakulationsreflex wieder auf Trab. Schweigen hingegen hat noch niemandem geholfen!«

Eins nach dem anderen!

Warum können Männer nicht gleichzeitig Sex haben und reden?

Kein Wort ja dünkt mir übel,
wenn es Nutzen bringt.
Sophokles, Elektra

Florian, ein alter Schulfreund aus Münchner Zeiten, der nicht gerade zur Diskretion neigt, wenn es um seine amourösen Abenteuer geht, erzählte mir vor Jahren folgende Geschichte. Er hatte einmal Sex mit einer Frau, die er *kaum* kannte. So weit nichts Neues. Nach seiner Darstellung trieben sie es auf der Waschmaschine, auf dem Küchentisch und schließlich auf dem neu lackierten Dielenboden. Florian neigt seit jeher zur Übertreibung, jedenfalls behauptete er, dass sie stundenlang durch die Wohnung robbten, bis er wunde Knie und sie Hautabschürfungen auf dem Rücken hatte. Normalerweise höre ich Florian amüsiert zu, glaube nur die Hälfte und verbuche die andere Hälfte seiner ausschweifenden Erzählungen unter der Rubrik »Latein von Jägern, Anglern und anderen Beutesuchern« ab. Doch das große Finale dieser Geschichte war ein anderes, als ich es sonst von ihm zu hören bekam (»Als sie dann endlich kam, schrie sie, als hätte sie vorher noch nie einen Orgasmus gehabt!«).

»Weißt du, was mir passiert ist?«, fragte er mich nervös, und ich ahnte, dass es etwas Furchtbares gewesen sein musste: »Ich arbeite mich also den Berg hoch, da sieht sie mich plötzlich erwartungsvoll an und fleht: ›Fass meinen Arsch an und sag mir, wie geil du ihn findest!‹.«

Tolle Geschichte.

»Und dann?«

Florian sah mich mit trüben Augen an. Dann streckte er seinen Zeigefinger aus, machte laut »pfffft« und krümmte den Finger.

Poor Flori – wobei es sich hier nicht um das Problem eines einzelnen Herrn handelt. Gleichzeitiges Schnackseln und Quasseln kann für viele Männer *wirklich* ein Problem sein, und dafür gibt es zwei Gründe. (Außer dem natürlich, dass Männer mit Frauen *nie* genug reden, aber das ist ein anderes Kapitel ...)

Zum einen sind Männer aufgrund der Funktionsweise ihres Gehirns nicht in der Lage, beim Poppen die *Glocke* von Schiller oder ähnlich komplexe Textmengen abzusondern. Dazu später etwas mehr. Und zum anderen, und manche Frauen werden das vielleicht kaum glauben: Männer haben Hemmungen. Dirty Talk – so heißt das Reden beim Sex neuerdings in der Fachsprache, seitdem Porno hip ist – ist einfach nicht jedermanns Geschmack. Wohlgemerkt haben die Männer, zumindest alle, die wir kennen, kein Problem, mit ihren Freunden dirty über Sex zu talken – auch wenn sie es in der Regel verschämt in Witze und Anekdoten verpacken. Aber mit ihren Frauen, beim Sex? Und dann noch auf dem geweihten Bettlaken? Schwierig. Es gibt Ausnahmen. Sven, zum Beispiel: »Nicht reden beim Sex ist wie Premiere ohne Decoder. Ich benutze im Bett richtige Schimpfworte.«

Schön für Sven. Die meisten Männer sind nicht mal in der Lage, ihre Erektion zu halten und gleichzeitig die Funktionsweise einer Muschikugel zu erläutern ... Von rabulistischem Schweinkram mal ganz abgesehen. Auf »Du kleines Miststück!« stehen eben auch die wenigsten Männer – und Frauen. Selbst harmlosere Einpeitscher im Stile von »Machs! Mir! So!« werden für Männer in die Kategorie »tabu« gesteckt und tunlichst vermieden. Erstaunlich, bedenkt man, dass sie schmutzige Witze und derbe Worte unter ihresgleichen so selbstverständlich benutzen wie ein Feuerzeug zum Öffnen der Bierflaschen. Offensichtlich fällt es Männern schwer, ihre Partnerin, die sonst die »Süße« oder »Liebste« ist, im Bett als »bitch« zu bezeichnen – und sei es nur spielerisch. Wohlmeinend könnte man in diesem Zusammenhang mit einem Vorurteil aufräumen: Für

Männer ist Sex also ohne dieses Gefühlsgemenge aus Liebe, Respekt und Zuneigung doch nicht möglich? Könnten Männer nämlich ohne jedes Gefühl vögeln, könnten sie ihre Bettpartnerin sicher leichter verbal erregen ...?! Oder ist das zu kurz gedacht und Männern mangelt es bloß an Phantasie und Mut zur Lächerlichkeit?

Spannbetttuch
Ästhetischer Schlafzimmergau, häufiges Vorkommen in sog. »Studentenbuden«

Wobei wir hier ja nicht ausschließlich über verbalen Kampfsport sprechen wollen, *dirty talk* ist nicht alles, was uns zu diesem Thema einfällt: Frauen wollen kleine Aufmerksamkeiten beim Matratzensport hören. Nettigkeiten über ihre diversen körperlichen Vorzüge. Komplimente. Gerne auch Lügen, wenn's denn die Laune verbessert – Hauptsache wohlformuliert ins Ohr geflüstert, mit rauchiger Stimme. Für manche Männer ist die Formulierung ganzer Sätze beim Lieben aber so unmöglich wie Lothar Matthäus' Erfolg bei einer intelligenten Frau. Womit wir dann bei der Wissenschaft wären, wie eingangs versprochen: Forscher haben die Gehirnaktivität von Männern während des Geschlechtsaktes untersucht. (Wer zum Teufel stellt sich denn dafür zur Verfügung? Oder haben die Doktoren den Jungs die »Damen« bezahlt?) Das Ergebnis: Für den Geschlechtsakt ist die rechte, fürs Reden die linke Gehirnhälfte zuständig. Links sitzt das Sprachzentrum. Anders als bei Frauen sind beim Mann die beiden Gehirnhälften nicht besonders gut miteinander verknüpft. Wenn er also die Schönheit der Frau oder auch nur diverse Einzelteile besingen soll, dann muss er von rechts auf links umschalten – und das ging ja schon beim VW Käfer nicht ohne lästige Ruckelei. Männer kommen beim Umschalten jedenfalls aus dem Rhythmus, und das führt dann zu Irritationen, längeren Pausen und in ernsten Fällen dann gleich zum totalen Ständerverlust, wie bei Florian. Als Frau sollte man sich deshalb genau überlegen, ob man dieses Risiko eingehen will. Andererseits: Wie man einen langweiligen Rumschwurbler fürs Erste ausbremst, dürfte jetzt auch klar sein: »Sag mal was Geiles über meinen Hintern ...!«

Willkommen im Phantasialand

Wie Männer sich die perfekte Sexpartnerin vorstellen

> Die Erfüllung eines Wunsches befriedigt nur dann voll,
> wenn das Äußerste für seine Verwirklichung
> geleistet werden musste. Daher ist eine gewisse Beschränktheit
> der Mittel Grundbedingung für ein glückliches Wesen.
>
> *Heinrich Waggerl*, Aphorismen

Erinnert sich noch jemand an seine letzte Wunschliste für den Weihnachtsmann? »Ein rotes Farratt«, schrieb man vielleicht darauf, »Fiele Bücher«, »Ball mit schwarz-weißen Punkten« oder auch eine »Strandbarbie, die reden kann« – je nach Temperament und Geschlechtszugehörigkeit. Es war dann am Tage der Bescherung nicht mehr ganz so wichtig, was wirklich unter dem Tannenbaum lag. Prickelnder war dieses irreale Gefühl der Allmacht und der Vorfreude beim Verfassen des Wunschzettels: Alles, was man sich erhofft und erträumt vom Leben – schön kompakt auf einer DIN-A-4-Seite. Das hatte was.

Als erwachsener Mann gerät man selten in solch eine ideale Situation. Umso größer war die Freude, als wir unseren Freunden im Anschluss an ein kleines Essen unter Beigabe von extrem viel alkoholischen Mixturen eine einzige Frage stellten: »Sagt mal, Jungs, wie stellt ihr euch eigentlich die perfekte Frau im Bett vor?«

Es folgt ein Dialog. Komprimiert natürlich, in Ihrem Interesse, aber trotzdem: Vollkommen authentisch. Aus Gründen, die einleuchten dürften, haben wir auf die Namensnennungen verzichtet – sonst hätten wir jetzt keine Freunde mehr. Wir beide haben immer mal wieder versucht, das Gespräch mit moderaten Fragen zu strukturieren. Nun, es ist uns nicht wirklich gelungen. Trotzdem denken

wir, dass es über eine gewisse Aussagekraft verfügt. Ähnlichkeiten mit lebenden Personen sind zwar unbeabsichtigt, aber vermutlich nicht zu vermeiden.

Es geht los ...

»Wie meinst du das, perfekte Frau? Ist die stumm?«

»Nein, nackt!«

»Klar nackt, wieso sollte sie im Bett ihr Kostüm tragen?«

»Na so klar ist das nicht, dass die Frauen da immer nackt sein müssen. Ich find's super, wenn sie noch was Kleines tragen.«

»Reizwäsche. Oh Gott. Wie bei Oswald Kolle: ›So halten sie ihr Sexleben spannend‹. Armselig.«

»Nein, nicht unbedingt Reizwäsche. Obwohl die auch ganz nett sein kann. Aber ich dachte mehr an einen übrig gebliebenen Rock oder etwas Nylon, das da zerzottelt an einem Bein hängt, so was in der Art.«

»Du meinst, so wie Cyndi Lauper immer aussah?«

»Witzig ... Aber nur nackt ist doch auch langweilig.«

»Und was ist jetzt mit stumm?«

»Ach, jetzt hör mit diesem Blödsinn auf. Eine stumme Frau im Bett ist nicht perfekt, das ist eine Gummipuppe, aus der man hinterher nicht mal die Luft rauslassen kann. Total bekloppt.«

»Ich meine stumm ja auch nur in dem Sinne, dass sie erstens nicht rummault, von wegen: wieder Migräne! Und dann nicht nach einer halben Minute anfängt zu gängeln. Mach ma' hier, mach ma' da. Finde ich total abtörnend.«

»Aber wenn du nicht weißt, wie sie ticken, ist es doch besser, sie sagen, was sie wollen, so als Hilfestellung.«

»Hilfestellung? Wie mein Ex-Sportlehrer am Barren? Nein danke, ich komm schon klar!«

»Na sicher, hört man ja. Du wünschst dir einen Fisch im Bett! Muss ja bisher viel gemeckert worden sein bei dir im Schlafzimmer.«

»Jetzt hört doch mal auf zu streiten. Können wir uns denn auf ein paar Dinge einigen, die eine perfekte Frau auf jeden Fall haben muss?«

»Einen geilen Körper!«

»Genau, so einen wie Elle McPherson!«

»Größere Brüste!«

»Spinnst du, noch größere?«

»Eher der Typ Verona Feldbusch?«

»Ja, weil die ja auch so klein sind, du Spacken.«

»Bitte nicht, keine Umgebaute, das ist doch grausig, die Dinger fühlen sich doch an, wie ein zu hart aufgepumpter Völkerball!«

»Aber Brüste darf sie schon haben, oder?«

»Ja, aber nicht so waffenscheinpflichtige. Dezente, mit schönen kleinen Nippeln, die unter einem weißen T-Shirt so kleine, dezente Abdrücke machen ...«

»Igelnasen!«

»Genau.«

»Blödsinn, kleine Brüste hab' ich selbst ...«

»Dann spiel' dir doch da dran ...«

»Ja, ein bisschen was sollte schon dran sein an der Frau, aber sie müssen nach oben zeigen.«

»Nach oben zeigen? Verwechselst du da nicht was?«

»Können wir jetzt *bitte* aufhören, uns über die Einzelteile einer Frau zu unterhalten, es ist doch völlig egal, wie sie gebaut sind. Was sie *machen* ist doch wichtig.«

»Stimmt!«

»Scheiße. Stimmt NICHT! So trübe Trinchen wie Jeanette Biedermann oder Jenny Elvers können auf meinem Unterleib einen tibetanischen Zirkus veranstalten und ich würde sie nicht ... äh ...«

»Ja danke, wir wissen schon, was du sie nicht würdest. Wobei ich's dir nicht mal glaube, dass du deine Finger von denen lässt.«

»Kannste aber.«

»Jaja. Klar.«

»Echt jetzt. Für mich muss die perfekte Frau nicht bloß so ein Körperchen haben und den Mund spitzen können. Das muss ein Vollweib sein, eine Persönlichkeit ...«

»So wie Verona Feldbusch! Ha. Haha.«

Speiben
Vgl.: (Rijkard-Syndrom): Je nach Landstrich auch als Ausspucken oder Rotzen bekannt. Dominanzgeste beim Fußballsport, bei der aggressives Territorialgehabe mit dem Verlust gebündelter Speichelflüssigkeit korrespondiert. Eklige Angelegenheit.

»Das war doch eben bloß ein Beispiel für den Busen. Nein, ich meine, das muss eine Frau sein, mit der man auch gerne im Garten sitzt und sich über alles Mögliche unterhält ... Den Wahlkampf von Stoiber zum Beispiel oder den Nahost-Konflikt ... oder Spiderman.«

Tosendes Gelächter.

»Klar, und wenn ihr die Schnauze voll habt von Stoiber und dem Gaza-Streifen, dann geht ihr schön ins Schlafzimmer und sie bläst dir erst mal einen, jetzt, wo sie sich als Persönlichkeit geouted hat. So stellst du dir das vor, oder ...«

»Ach, Arschlecken!«

»Können wir mal einen Moment bei der Sache bleiben. Ich weiß schon, was er meint: Man muss die Frau respektieren, mit der man schläft. Egal, was sie kann, wie sie aussieht und was sie macht. Ich meine – bereit ist, zu tun ...«

»Auch außerhalb des Schlafzimmers?«

»Na klar!«

»Quatsch! Ich will in meinem Bett eine Frau, die es mir vernünftig besorgt, mit der ich »dirty talk« haben kann, die schamlos ist und sich nimmt, was sie braucht. Mir egal, wie die über Stoiber denkt!«

»Also, Ordnungsruf: Muss die perfekte Frau im Bett einen Blow Job machen?«

»Natürlich!«

»Sicher, klar, ist doch Standard.«

»Schlucken oder nicht schlucken?«

Schweigen.

»Was? Darf man das nicht fragen?«

»Schon. Aber das kommt drauf an. Ich würde es nicht verlangen.«

»Naja, *verlangen* kann man doch eh nichts. Das macht doch die perfekte Frau aus, dass man nicht viel erklären muss!«

»Und, gehört Schlucken zum perfekten Erlebnis?«

»Nein, auf keinen Fall!«

»Doch, sicher. Gib es doch zu, du Weichheinz!«

»Das kann man doch so pauschal gar nicht beantworten. Manchmal ist es klasse, aber dann passt es auch wieder gar nicht. Wenn ich gekommen bin, geht bei mir erst mal nichts mehr. Und ich find das

scheiße, dass meine Freundin dann neben mir liegt, ohne dass wir miteinander geschlafen haben.«

»Schlechtes Gewissen?«

»Nein, das wäre einfach nur die Ego-Nummer!«

»Dann bring sie doch zuerst zum Orgasmus und lass dir dann einen blasen.«

»Wo ich vorher schon in ihr drin war, die ganze Zeit? Ich weiß nicht. Soll ich zwischendurch duschen, oder was? Außerdem ist mir das zu strategisch.«

»Können wir uns alle darauf verständigen, dass Oralsex dazugehört, irgendwie?«

»Naja, aber nicht immer. Manchmal. Grundsätzlich schon, natürlich, und sie sollte sich nicht davor ekeln.«

»Wie will man das denn rausfinden?«

»Wer nicht mit Zement im Kopf rumnagelt, der merkt das schon.«

»Ach ja – dann hat dir auch noch nie eine den Orgasmus vorgespielt?«

»Glaube nicht.«

Gelächter.

»Das merkt man doch am Stöhnen?!«

»Klar, und Ägypten liegt im Rhône-Delta. Armer Irrer.«

»Ich mag das sowieso nicht, wenn sie zu laut stöhnen. Ich hatte mal eine, die war lauter als ein ICE. Hab' die ganze Zeit nur dran denken müssen, ob meine Nachbarn wohl die Rettung rufen.«

»Ist doch toll, wenn die Frauen abgehen wie Schmidts Katze. Dann bringst du sie so richtig in Fahrt. Also ich genieße das.«

»Genau, miauen müssen die im Bett!«

»Total falsch. Jede Frau reagiert im Bett auf ihre Weise. Ob sie miaut oder schreit oder ächzt oder singt, das hängt gar nicht von dir ab, du Hirni. Das ist ihre persönliche Art, sich zu artikulieren. Oder meinst du, einmal bellt sie und beim nächsten Mann zwitschert die Trulla wie ein Kanarienvogel?«

Gelächter.

»Also, was nun. Muss die perfekte Sexpartnerin laut sein oder leise?«

»Egal. Hauptsache, sie zeigt einem, dass sie's genießt.«

»Es kommt doch wohl eher drauf an, dass wir selbst genießen, oder? Es ist schließlich die perfekte Frau ...?«

»Find ich nicht. Perfekt ist es doch nicht, wenn's mir toll besorgt wird und meine Partnerin macht bloß den Service.«

»Stimmt. Das muss ein Zusammenspiel sein.«

»So wie bei 69?«

»War ja klar, dass du das so verstehst!«

»69? Was das denn ?«

Gelächter.

»Musst du nicht wissen ...«

»Er leckt sie, sie bläst ihn – gleichzeitig!«

»Hört sich perfekt an!«

»Isses auch!«

»Ja klar, für Leute, die seit zehn Jahren die kleine Rückenschule üben. Ich verdreh mir dabei immer das Kreuz!«

»Scheint ja richtig was los zu sein in deinem Bett. Papa immer oben, schön sutsche ...«

»Lustig. Lustig, gleich lache ich auch mal. Außerdem, wenn ich dir mal was Neues erzählen darf: Stellungen sind doch sowieso überschätzt. Ich habe die Erfahrung gemacht, dass den Frauen die einfachen drei, vier Sachen am meisten bringen.«

»Karo einfach?«

»Missionare, Reiter, Doggy-Style, Löffelchen – Ende. Der Rest ist B-Note!«

»Na, ein bisschen mehr darf es schon manchmal sein.«

»So billig kommt ihr davon?«

»Wieso, was treibst du denn zuhause? Kamasutra rückwärts mit Feng-Shui-Einflüssen?«

»Naja, jedenfalls muss meine perfekte Frau ein paar Sachen mehr drauf haben als Inge Meysel.«

»Was weißt du denn von Inge Meysel ...«

»Nur so als Beispiel, meinte ich, Uschi Glas geht auch. Jedenfalls: Richtig guter Sex muss lange dauern, und ich muss mich mindestens einmal um die eigene Achse gedreht haben dabei. Alles andere ist Seniorensport.«

»Hör dir den an. Sag mal, hast du überhaupt schon mal perfekten Sex gehabt? Oder überhaupt einer von euch?

Sport1
Wichtigster Tempel der hoch defizitären Religionsgemeinschaft Premiere, in dem einige wenige, aber unbestreitbar schmerzlose Jünger sich Fußballspiele aus fünf Kontinenten anschauen können.

»Klar.«
»Natürlich.«
»Sicher.«
»So, dass ihr euch nix Besseres vorstellen könnt?«
Schweigen.
»Naja, besser geht immer.«
»Aber schlechter auch.«
»Wisst ihr was. Mir ist es egal, wie perfekt der Sex sein könnte. Ich finde es perfekt, wenn ich eine Frau finde, die überhaupt mit mir Sex haben will.«
Großes Gelächter.
»Genau, ganz genau.«
»Besser miesen Sex, als gar keinen!«
»Ich denke, darauf können wir uns verständigen.«
»Jungs?!«
»Jaaa?«
»Das bleibt aber unter uns, oder?«
»Klar!«

Ziehen Sie Ihre Schlüsse ...

Aber bevor wir Sie jetzt ratlos mit der weisen Erkenntnis zurücklassen, dass es für Männer die »perfekte Frau« irgendwie nicht zu geben scheint, wollen wir Ihnen doch noch ein paar Zahlen und Fakten mit auf den Weg geben. Schließlich hat sich die Wissenschaft auch auf diesem weiten Feld nicht lumpen lassen. Und auch einen Buchtipp haben wir für sie: *Was Mann wirklich will* von Bradley Gerstman, Christopher Pizzo und Rich Seldes. Jetzt aber zu unseren durchaus widersprüchlichen, aber verbürgten Zahlen. Hoffentlich sind Sie danach schlauer:

- 96 Prozent aller Männer lieben den »Blow Job«, 42 Prozent wünschen ihn sich häufiger, als sie ihn kriegen.
- 94 Prozent aller Männer stehen auf »scharfe« Klamotten ihrer Partnerin.
- 73 Prozent wünschen sich mehr Zärtlichkeit.
- 73 Prozent hätten gern ein sexuelles Verhältnis ohne emotionale Verpflichtungen.

- 86 Prozent aller Männer haben gern mal einen »Quickie«.
- 87 Prozent aller Männer ist der Orgasmus ihrer Partnerin wichtig, angeblich aber sind nur 48 Prozent an ihrem eigenen Orgasmus interessiert.
- 50 Prozent aller Männer stehen darauf, verführt zu werden.
- 34 Prozent der Männer bekennen sich zum Pornofilm als Anheizer.
- 57 Prozent mögen es, wenn sie oben und er unten ist (Reiterstellung).
- 78 Prozent aller Männer möchten beim Sex geküsst werden.

Und weil so viel Zahlen manchmal den Blick auf das Wesentliche verstellen, hat das letzte Wort Al Pacino, einer der charmantesten Männer in Hollywood. Er hat nämlich eine sehr eigene Vorstellung davon, was die perfekte Frau zu tun hat: »Eine Frau, die einem Mann einen Whisky zahlt, die ist wirklich sexy.«

Männer und Haushalt

Fleiß ist die Wurzel aller Hässlichkeit.
Oscar Wilde

Darf ich für dich kochen?

Warum zelebrieren Männer die Zubereitung von Nahrungsmitteln wie die Besteigung eines Achttausenders?

Ein Mann, der nicht kochen kann,
hat's schwer, eine Frau zu finden.
Oliver Hassencamp

Für den Fall der Fälle haben richtige Männer genau *ein* Standardgericht auf Lager. Der Fall der Fälle ist das dritte oder vierte Date. Kochen bei IHM zuhause. Bei meinem Kumpel Roland waren es die Spaghetti mit Thunfisch-Currysauce, die seine hungrigen Opfer stets beeindruckten. Frank feierte seine größten Erfolge ebenfalls mit Pasta. Seine Tomatensoße war eine zwar eigenwillige, aber durchaus schmackhafte Komposition von Resten aus diversen Ketschupflaschen plus einigen Spritzern Sahne. Immerhin: Frank entwickelte sich weiter. Im Zeitalter der gesunden Ernährung stieg er auf diverse Gemüse-Reis-Gerichte um. Im Wok natürlich.

Ich selbst konnte jahrelang mit Rahmgeschnetzeltem und Mousse als Dessert punkten. Außerdem war ich mit einer kleinen kulinarischen Sensation erfolgreich: Mir gelangen bayerische Semmelknödel mit Pilzen immer ganz gut. Ja, so richtig fette Knödel, und *ohne* dass sie im Salzwasserbad auseinander fielen. Ein Winner-Gericht.

Gekocht haben meine Freunde und ich aber schon lange nicht mehr. Wir schieben es gerne auf die fehlende Zeit für solch einen brotlosen Luxus. Doch viel wahrscheinlicher liegt es daran, dass wir alle drei feste Freundinnen haben. Wir müssen also nicht mehr kochen.

Die folgende Information ist vertrauenswürdig: Wenn allein stehende Männer eine Frau bekochen, führen sie etwas im Schilde. Die kulinarische Selbstinszenierung gehört zum festen Repertoire balzender Männer, ebenso wie diese hübsche Angewohnheit, dem Objekt der Begierde ein Tape mit der eigenen Lieblingsmusik aufzunehmen, oder im Restaurant auf jeden Fall zu bezahlen – egal in welchem Restaurant und zu welchem Anlass.

Natürlich stellen sich auch Frauen gern mal in die Küche, um mit einem mehrgängigen Liebesbeweis der Erotik auf die Sprünge zu helfen. Doch dass Frauen in der Lage sind, Nahrungsmittel in optisch ansprechender und geschmacklich perfekter Qualität auf den Tisch zu bringen, ist keine große Überraschung. Bei den meisten Männern schon eher. Deshalb hat Kochen auch einen ungleich höheren Stellenwert im männlichen Balzgebaren. Es soll der umworbenen Frau eindeutig signalisieren: Zur Not kann ich dich nicht nur schwängern, ich kann dich sogar ernähren, wenn du einmal krank bist. Ich bin keiner von den Typen, für die eine Frau am Herd zu stehen hat. Ich werde dir immer im Haushalt helfen. Und, ganz wichtig: Ich koche, also bin ich auch ein sensibler Zeitgenosse. An vieles erinnert sich ein Mann nach dem erfolgreichen Ausgang seines Werbefeldzugs dann nicht mehr, und seine Lust am Kochen lässt schlagartig nach.

Umfrageergebnisse in Deutschland besagen: 70 Prozent der deutschen Männer kochen nicht. Jeder dritte erwachsene Mann ist nicht einmal in der Lage, ein Spiegelei zu braten. Angeblich ...

Ich kann dazu nur sagen: Wenn ich behaupte, nicht kochen zu können, dann fällt das in die Rubrik »Notwendige Taktik, ungeliebte Arbeiten zu vermeiden«, denn natürlich haben wir all die leckeren Gerichte, die wir als Single so effektiv zur schnöden Eroberung einsetzten, nicht schlagartig vergessen – zumal Kochen keine Kunst ist. Doch die Nahrungszubereitung fällt nach Ansicht vieler Männer in den weiblichen Aufgabenbereich. Typische Männer schlagen Nägel in Wände, schließen neue Lampen an oder reparieren defekte Staubsauger. Handwerkliche Arbeiten dieser Art unterstreichen die männliche Kompetenz. Kochen dagegen? Weniger. Allerhöchstens helfen Männer noch bei den Vorbereitungen (Zwiebel schneiden), decken den Tisch oder stehen häufig mit Rat (ohne viel Tat) zur Seite. Viele Frauen

werden dieses Phänomen kennen. Zwar behauptet der traute Partner, vom Kochen keine Ahnung zu haben, um gute Ratschläge ist er aber nie verlegen. Schon gut, das ist nicht nur beim Kochen so.

Wenn sich liierte Männer überhaupt mal an den Herd stellen, nutzen sie nur eine gute Gelegenheit zur öffentlichen Selbstinszenierung. Im Bekanntenkreis freut sich ein Mann, wenn er sich hin und wieder als Meisterkoch gerieren darf. Manchmal auch nur einmal im Jahr.

Der Sommer zum Beispiel eignet sich trefflich für solche Übungen: Man stelle sich eine Grillfete vor, bei der der Mann *nicht* am Grill steht und gekonnt mit der Wendezange schnippt. Soziologin Helene Karmasin, Autorin des Buches *Die geheime Botschaft unserer Speisen*, hat herausgefunden, woran das liegt:

Fleisch und Blut ist männlich, pflanzliche Nahrung (Milch) ist weiblich. Braten und Rösten ist männlich, Kochen und Backen weiblich. Frauen kochen im Alltag. Wenn Männer kochen, dann zelebrieren sie ihre Kochkunst als Connaisseurs vor Gästen. Frauen kochen im Hause, Männer im Freien.

Da hat sie es auf den Punkt gebracht ...

Dass es von Männern auch aus beziehungstaktischen Gründen gar nicht so ungeschickt ist, ihre Partnerinnen ab und an mit selbst zubereiteter Nahrung zu beglücken, darüber klärte uns eine gute Freundin mit einer schönen Geschichte auf. Ihr Freund, ein großzügiger Mensch, rückte zu ihrem Geburtstag mit einem Sack voller Geschenke an: Er brachte einen Ring, eine Bluse, einen Strauß Blumen und einen selbst gebackenen Kuchen, dekoriert mit Schokoherzchen. Und jetzt raten Sie mal, warum unsere Freundin an ihrem Geburtstag vor Rührung geweint hat.

Sudden Death

In sportlicher Hinsicht: ein »Golden Goal« aus der Perspektive des Verlierers.
In gesellschaftlicher Hinsicht: eine Lehre als Friseuse.
In ökonomischer Hinsicht: ein »Start-up« in der Internet-Branche.
In sozialer Hinsicht: auf einer Gästeliste mit Naddel Abd el Farrag.
In kultureller Hinsicht: als Studiogast bei Stefan Raab.
In erotischer Hinsicht: Ejaculatio Praecox.

Gerade eingezogen?

Warum sieht es in Wohnungen von Junggesellen immer aus wie in der Bronx?

Ordnung ist etwas Künstliches.
Das Natürliche ist das Chaos.
Arthur Schnitzler

Wir reden hier nicht über Schwule oder Jungs, die sich in so genannten kreativen Berufen verwirklichen. Bei Fotografen, Modedesignern oder Grafikern dient eine Wohnung nicht ausschließlich dem Zweck, ein beheiztes Dach über dem Kopf zu gewährleisten, sondern ist gleichzeitig Showroom der eigenen Kompetenz und Professionalität. Eine Visitenkarte zum Anschauen, die jedem Besucher gleich Auskunft darüber gibt, wie originell der Bewohner und wie glaubwürdig seine Ausstrahlung als »Künstler« sein dürfte. Da sind selbst gebaute Möbel am Start, sündteure Fotoprints von brackigen Gegenständen, die man irgendwo gefunden hat, und Corbusier-Liegen im Gegenwert eines japanischen Sportwagens.

Aber so viele Fotografen und Designer gibt's ja nicht auf der Welt.

Dem Gros der allein lebenden Männerschaft fällt in Sachen Wohnungseinrichtung nicht allzu viel ein. Alter Krempel von Opas Speicher, dazu ein bisschen Ikea billig, was Lustiges vom Flohmarkt wie eine alte, angemalte Öltonne oder ein Hirschgeweih. Unverzichtbar auch in der Küche herumstehende Fahrräder, Bierkästen und die unvermeidliche Euro-Palette in variabler Funktion. Als Podest für alte Schallplat-

Target
Weibliche Zielvorgabe auf zwei Beinen; Stimulanz für Männer in sozialen Gruppierungen; meist projektiver Fokus des permanenten Geschlechtstriebs ohne realistische Komponente.

ten etwa oder als Küchentisch mit Böcken drunter. Meistens liegt aber eine verwarzte Matratze auf den Euro-Paletten, und obendrauf wiederum ein ehemals weißes Spannbetttuch sowie ein ausgebreiteter Schlafsack in blau oder grün. Wirklich schön – für ein Flüchtlingslager.

Die meisten Wohnungen junger, allein stehender Männer sehen dazu noch aus, als habe das BKA sie gerade durchsucht, so wie bei meinem Freund Greumel, der seit Jahren entweder gerade eingezogen zu sein scheint oder seinen Auszug vorbereitet. Offenbar ist es in gewissen Kreisen geradezu ehrenrührig, über so etwas wie eine bewohnbare, ja sagen wir das fiese Wort: gemütliche Wohnung zu verfügen. Liegt es generell am schlechten Geschmack und einer totalen Gleichgültigkeit von Jungs, für die Gestaltung ihres unmittelbaren Lebensraumes etwas mehr Zeit und Ideen zu investieren? Dagegen spricht, dass sie die Innenräume ihrer getunten Karossen besser ausstatten als ihre Wohnzimmer. Und Geld scheint auch kein Kriterium zu sein.

Was ist es dann?

Wir haben lange gegrübelt. Und dann haben wir verstanden: Es ist für Jungs einfach uncool, Zeit und Aufmerksamkeit auf ihre Wohnungen zu verwenden. Da schläft man drin und stellt sein Fernsehgerät an zentraler Stelle auf, vielleicht noch ein Poster von Schumi im Arbeitsbereich – damit hat es sich dann aber. Man leidet darin, wenn man von einer Frau verlassen wird oder seinen Job verliert, und um das adäquat zum Ausdruck zu bringen, stapeln sich Pizzakartons und leere Flaschen in der Diele. Einmal im Jahr wird aufgeräumt, wenn die Eltern kommen, und renoviert wird, wenn eine Frau mit einzieht. Für die Deko ist SIE dann später zuständig. Hängt vermutlich mit tradierten Rollenbildern zusammen: Schon im Neanderthal saß schließlich die Frau meistens in der Höhle, während der Mann da draußen wilde Tiere jagte. Da scheint es doch nur logisch, dass sie die Inneneinrichtung verantwortete. Damals war das vermutlich noch ein bisschen problematischer, so ohne Küche von Poggenpohl und einem Schlafsofa von Lignet Rose. Aber gekümmert hat es den Jäger und Sammler von damals genauso wenig wie den Bankkaufmann oder Betriebsschlosser von heute. Er hat schließlich verinnerlicht, was ihm seine Vorbilder in Film,

Funk, Fernsehen ständig suggerieren: Schöne Wohnung? Das ist was für Mädchen.

Das glauben Sie nicht? Dann lesen Sie doch mal, was wir gefunden haben. Schöne Stellen in guten Büchern, die eines gemeinsam haben. Sie beschreiben, in welchen Verhältnissen allein stehende Männer leben. Und zwar: leben wollen.

> Um halb sieben am Morgen eines trüben Junidienstags, der nur die noch trübere Aussicht auf einen weiteren Tag bei Boardwalk Books versprach, duschte ich (das plärrende Radio im Dampf auf dem Klo), trank meinen Orangensaft und kaute einen harten, mit Margarine beschmierten Kanten Schwarzbrot, um dann in dem Apartment herumzutrödeln, das nach wie vor zur Hälfte voller Kartons stand.
>
> *Michael Chabon,* Die Geheimnisse von Pittsburgh

> Lacann ließ die Jalousie wieder herab und knipste die Lampe neben seinem Bett an. Er raufte sich die Haare und stieß zischend Luft heraus. Mit einer angerauchten Zigarette, die er im Aschenbecher gefunden hatte, streifte er ziellos durch das Dämmerlicht seiner beiden Zimmer. Auf einem Tisch stand eine Reiseschreibmaschine mit dem Manuskript seiner nächsten Sendung, und ein Teller eingetrockneter Bohnen. (...) Lacann versuchte sich zu erinnern, wie viel Geld er mitgenommen hatte, um zu rekonstruieren, wie betrunken er gewesen war, aber es fiel ihm nicht mehr ein. Die Wände waren nach einer Explosion einer Espressomaschine gesprenkelt wie das Fell eines exotischen Tieres. Müde sank er auf einen Hocker und wartete auf das Kochen des Kaffeewassers.
>
> *Ulrich Peltzer,* Die Sünden der Faulheit

> Ein Bekannter von Gegenüber hat per Anrufbeantworter nachgefragt, was denn bei und mit mir los sei, warum denn die Flaschen auf dem Balkon immer mehr würden, ich aber nie zu sehen sei, und die Jalousien immer unten blieben. (...) Ich wohne jetzt hier schon ein Jahr und habe noch keinen Altglascontainer in der Nähe gefunden. Wahrschein-

lich schwappen die Flaschen bald drei Stockwerke tief mitten aufs Vordach, das der Hippie aus dem ersten Stock als Balkon nutzt, oder gleich auf die Bushaltestelle, und dann werde ich wegen unhaltbarer Zustände zur Verantwortung gezogen. Ehrlich gesagt, mir wäre lieber, sie fielen dem Hippie auf den Kopf. Da habe ich in besserer Zeit immer draufgeascht und draufgepisst von hier oben, gerne auch in Gesellschaft, das war immer lustig. Er saß dabei oft unten und guckte einfach nur in die Gegend, war immer völlig bekifft und schrie mit einer Verzögerung von fünf Minuten: ›Eeeeeh, was geht denn da ab?‹

Benjamin von Stuckrad-Barre, Soloalbum

Als ich Freitagmorgen die Wohnung verlassen hatte, hatte sie ausgesehen wie Dresden nach einem Besuch der britischen Luftwaffe: Aufgeklappte Koffer standen herum, der Inhalt war auf dem Fußboden verstreut, Pappschachteln voller Schrott besetzten kostbare Fußbodenfläche, dreckige Unterwäsche fand sich an den merkwürdigsten Stellen – auf dem Fensterbrett, auf dem Kleiderschrank, unterm Telefon ...

Mike Gayle, Mein Bett, das Telefon und sie

Nur vier kleine Beispiele aus dem Lager der Buchkultur, und doch ein repräsentativer Ausschnitt aus dem Kosmos der jungen, männlichen Alleinbewohner. Bis zum 30. oder 35. Lebensjahr des jeweiligen Mieters haben solche Behausungen noch eine raue, rebellische Note, danach wirken sie nur noch schmuddelig und armselig – Eigenschaften, die sich auch auf ihre Bewohner zu übertragen scheinen. Doch die meisten dieser Männer werden in ästhetischer Hinsicht von den Frauen befreit, mit denen sie ernste Beziehungen eingehen und die sie später in eine gemeinsame Wohnung überführen. Und hier haben wir es dann auch mit einem der wenigen Fälle zu tun, in denen die vollkommene Andersartigkeit von Frau und Mann mal ein vernünftiges Ergebnis hervorbringt: Sein totales Desinteresse an Einrichtungs- und Geschmacksfragen korrespondiert vorzüglich mit dem Drang junger Frauen, der gemeinsamen Zukunft ein gemütliches Nest zu bauen ...

Das bisschen Haushalt

Warum können Männer Waschmaschinen reparieren, aber nicht einschalten?

> Nichtkooperative Männer bleiben Singles oder sie werden es früher oder später wieder.
> *Prof. Dr. Michael-Burkhard Piorkowsky,*
> Haushalts- und Familienstrukturen der Zukunft

Wissen Sie, wer Nathaniel Briggs war? Sie sollten ihm dankbar sein. Er lebte im 18. Jahrhundert im US-Bundesstaat New Hampshire. Es ist nicht mit letzter Sicherheit zu beweisen, aber es wird erzählt, dass seine Ehegattin einmal über einen längeren Zeitraum bettlägerig krank war. Pure Verzweiflung trieb Briggs daraufhin zu einer der bahnbrechendsten Erfindungen der Menschheit: Er erhielt 1797 das allererste Patent auf eine Waschmaschine. Die Vorstellung, seine Klamotten eigenhändig durch kraftaufwändiges und zeitraubendes Reiben auf einem Waschbrett zu säubern, muss für ihn unerträglich gewesen sein. Ein Hoch auf die technische Begabung des Herrn Briggs!

Männer lieben ihr Image, technische Kompetenz auszustrahlen und die Macht über »die Maschine« in der Hand zu haben. Das behauptet jedenfalls die Techniksoziologin Susane Omrod und sagt außerdem: »Männlich zu sein heißt technisch kompetent zu sein ... Weiblich zu sein heißt, nichts oder wenig mit Technik zu tun zu haben.«

Scheint zu stimmen: Rund drei Prozent aller Ingenieure in Deutschland sind weiblich.

Der Treppen-Witz an dieser Geschichte ist, und jetzt kommen wir zum Punkt: Rund ein Drittel aller Männer können keine Waschmaschine programmieren. Sie könnten vielleicht schon, wenn sie sich da-

für interessieren würden, aber: *Das* gehört für die meisten Männer nicht zu ihrem Hoheitsbereich. Waschmaschinen anschalten (wahlweise Geschirrspüler, Staubsauger) steht für »im Haushalt helfen« und widerspricht damit grundsätzlich der männlichen Natur. Mit Faulheit hat das natürlich nichts zu tun.

Tee, noch auf einen mit rauf kommen
Netter Versuch

Selbstverständlich sind die meisten Frauen unzufrieden mit der Arbeitsteilung zu Hause. 64 Prozent fühlen sich bei den Tätigkeiten Putzen, Waschen, Bügeln oder Kochen benachteiligt – allein gelassen wäre wohl der treffendere Begriff. Das ergab eine repräsentative Umfrage des Allensbach-Instituts für die Frauenzeitschrift EMMA. Bei den jungen Frauen sind 62 Prozent unzufrieden, bei den 33- bis 44-Jährigen sind es 68 Prozent und sagenhafte 78 Prozent der 45- bis 49-Jährigen wünschen sich mehr Engagement der Männer. Die Zahlen klingen milde. Manche Frauen sind wirklich sehr, sehr unzufrieden mit der männlichen Arbeitsleistung im Hause:

Reaktion einer Frau im Internet-Forum bei *powerwomen.de* auf die Anregung, dass Männer gefälligst mehr im Haushalt helfen sollten: »Ja, völlig deiner Meinung – ich war allerdings auch mit so einem völlig faulen Arsch zusammen. Bedauerlich, dass nicht alle Männer so sein können wie mein Dad, der immer mitangepackt hat, obwohl meine Mutter ›nur‹ Hausfrau war – es müsste eigentlich eine Selbstverständlichkeit sein. Machos und faule Säue haben bei mir jedenfalls keine Chance – die können dann bei ihrer Mami bleiben!«

So sind sie, unsere besseren Hälften – immer zu haben für ein freundliches Wort. Ein weiteres Ergebnis einer Studie belegt die weitgehende Arbeitsverweigerung des deutschen Mannes im Haushalt: »Frauen müssen immer häufiger Familie und Beruf unter einen Hut bekommen, die meisten Männer dagegen konzentrieren sich weiter ausschließlich auf ihre Karriere.« Das hat der Bielefelder Soziologie-Professor Hans-Peter Blossfeld gemeinsam mit seiner Bremer Kollegin Sonja Drobnic im Auftrag der Universität Bremen herausgefunden. Untersucht wurden 2 000 Paare aus zehn verschiedenen Ländern. Blossfelds ernüchterndes Fazit: »Der Emanzipati-

Termin
Aus dem Berufsleben übernommene Bezeichnung, um Trinkgelage mit Freunden zu rechtfertigen.

onsgedanke hat sich nur auf das Verhalten der Frau ausgewirkt. Der Mann lebt weiterhin nach dem traditionellen Grundsatz: Ein erfolgreicher Ernährer ist auch ein guter Ehemann und Vater.« Trotz guter Ausbildung und Karrierechancen würden Hausarbeit und Kinderbetreuung weiter als typische Aufgaben der Frau betrachtet.

Tja. Die Haltung der Männer dazu? Gern: »Wo ist das Problem?« Für 48 Prozent aller Kerle in Deutschland ist die häusliche Arbeitsteilung optimal geregelt. Kein Wunder, werden manche Frauen sagen, sie machen ja auch weitaus weniger.

Doch immerhin ist Besserung in Sicht: Männer, für die aktive Haushaltshilfe sich darin beschränkt, auf Muttis Zuruf kurz die Füße anzuheben, damit sie besser Staub saugen kann, gehören offensichtlich einer aussterbenden Spezies an.

Noch werden Männer, die gerne helfen, gefeiert wie Helden, die aus dem Hunnenland aus dem Krieg heimkehren. Doch bald fallen die letzten Bastionen der Männlichkeit ... Der *Bund der im Haushalt helfenden Männer* zum Beispiel untergräbt das Weltbild echter Kerle nach Kräften – ehrlich, diese Vereinigung gibt es wirklich. Deren Vorsitzender Dirk Emig behauptet in den Medien keck, dass Heinzelmännchen wie er und seine Verbandskollegen den besseren Sex hätten, weil die entlastete Frau viel entspannter sei, es keinen Streit ums Putzen mehr gäbe und das zwangsläufig zu einer befriedigenderen Situation im Schlafzimmer führen würde.

Vor unserem geistigen Auge sehen wir gerade sehr viele Männer, die mit einem dämlichen Gesichtsausdruck in ihrem Resthaar herumkratzen. Trotzdem, Migräne hin, guter Sex her: Für viele Männer ist es bis auf weiteres nicht vorstellbar, dass Putzen, Kochen oder Staubsaugen im weitesten Sinne auch mal zu ihrem Arbeitsbereich zählen soll.

Wie denn auch: neun Stunden Arbeit im Büro. Anschließendes Helfen im Haushalt. Dann Sex mit der dankbaren und relaxten Partnerin. Wann bleibt denn da noch Zeit, um stundenlang Fußball zu gucken, verdammt noch mal?

Hier kocht der Boss!

Warum zu Hause Mutti am Herd steht – und im Nobelrestaurant in der Regel ein Mann

> Tausend mal habe ich in meiner Herzensfreude gelacht über die Menschen, die sich einbilden, ein erhabner Geist könne unmöglich wissen, wie man ein Gemüse bereitet.
>
> *Friedrich Hölderlin*, Hyperion

Eigentlich ist das ein Fall für die Akte X. Ein außergewöhnliches, im Grunde unerklärliches Phänomen jedenfalls liegt eindeutig vor. Wir reden über das Kochen. Essen zubereiten. Tote Tiere anbrennen, grünes Zeug in mundgerechte Häppchen zerlegen, Fische entgräten – sie haben sicher schon davon gehört.

Kochen, oder besser gesagt Essen dient der Lebenserhaltung. Auch wenn man das angesichts moderner Essgewohnheiten manchmal aus den Augen verliert und in noblen Restaurants zubereitetes Essen leicht mit etwas Überkandideltem verwechseln könnte, das für Yves St. Laurent auf Pariser Laufstegen unterwegs ist und sich hinterher schlecht benimmt. Und Kochen, da sind sich die Sachverständigen einig, ist eine Sache der Frau. Keine Provokation, bloß eine Feststellung, nein, sogar ein Kompliment. Frauen kochen einfach besser, das ist Fakt: Sie haben verlässlichere, feinere Geschmacksnerven. Ernährungswissenschaftler behaupten außerdem, Frauen seien intuitiv in der Lage, die passenden Zutaten gewinnbringend miteinander zu kombinieren. Jungs kombinieren auch gerne – Pommes mit Ketchup, Mayonnaise und einem schönen, scharfen Senf aus dem Hause Kühne.

Keine Frage, in der Regel kochen Frauen besser. Nun, vielleicht hat der ein oder andere in seiner Familie andere Erfahrungen ge-

macht und inzwischen ein gestörtes Verhältnis zu Muttis Eisbein mit Sauerkraut; aber darauf wollen wir gar nicht hinaus. Wichtig ist in diesem Kontext bloß die allgemeine Übereinkunft: Mutti hat Essen *gemacht*. Ist ja auch ihr Zuständigkeitsbereich. Immer schon. Und das ist auch in unseren modernen Zeiten nicht anders.

Natürlich kochen heute viel mehr Jungs, weil es schick ist und so die Illusion aufrechterhalten werden kann, dass die so genannte Gleichberechtigung auch in der Küche Einzug gehalten hat. Aber Jungs kochen in der Regel – mit großem Getöse allerdings – nur zweimal im Monat. Sie erzählen nur ausdauernd davon und richten in der Küche dann schließlich mehr Unheil an als Harald Juhnke in einer Wodka-Bar. Vermutlich sind in 90 Prozent aller »Wohngemeinschaften« Frauen für den Herd zuständig.

So. Und jetzt ein kleines Rätsel für den Schnellmerker: Was stimmt an der folgenden Szene nicht?

Sie befinden sich in einem Restaurant der gehobenen Klasse, sind also darauf eingestellt, bei diesem Essen den Wochenlohn eines McDonalds-Mitarbeiters zu verprassen. Doch die rechte Reue will sich nicht einstellen, denn das Essen war vorzüglich: Sie haben es hinter zwei Salatblättern gleich gefunden, es hatte einen unaussprechlichen Namen – irgendwas aus dem französischen Sprachraum, auf das Sie bei der Bestellung verschämt mit dem Finger gedeutet haben – und auch der Wein war gut, das Dessert göttlich. Nun verlangen Sie demütig beim Kellner, der Verantwortliche für dieses ganz und gar deliziöse Mahl möge auf der Stelle erscheinen, damit Sie ihm viel Ehre und Respekt erweisen können. Und keine 30 Sekunden später steht sie auch schon an Ihrem Tisch: Küchenchefin Sabine aus dem Sauerland, fröhlich, angeschmuddelt und propper wie ein Ölfaß. Sie reicht Ihnen huldvoll die Hand zum Gruße. Sie reagieren adäquat, indem Sie sich vor dieser Wunderwaffe deutscher Nahrungszubereitung in den Dreck werfen, wie es in zivilisierten Ländern üblich ist und versprechen, am nächsten Sonntag wiederzukommen. Abgang Sabine.

Na, meine Damen und Herren, haben Sie den kleinen Fehler entdeckt, den wir für Sie eingebaut haben? Na, na? Ja, genau. War aber auch zu einfach, nicht? *Natürlich* kann Sabine nicht die Küchenche-

fin in solch einem Laden sein. Sabine räumt vielleicht die Teller ab, führt Gäste an ihren Tisch oder darf, wenn sie besonders clever ist, vielleicht noch den Nachtisch zubereiten. Aber der Maestro des Hauses, der heißt Richard. Oder Pierre. Oder auch Klaus. Jedenfalls trägt er einen männlichen Vornamen. Immer? Fast immer – wenn wir von Restaurants reden, die nicht 75 Prozent ihrer Speisen in der Friteuse zubereiten. In Häusern, die im Gault Millaut bedacht werden, im Baedeker oder in einem anderen edlen Restaurantführer sind es immer Männer, die sich über Sterne freuen dürfen.

Gibt's dafür eine logische Erklärung? Warum stehen Frauen in den privaten Kochnischen im Dunkeln, und die Jungs mit den großen Mützen in öffentlichen Restaurants an der Rampe? Gloria Fernandes, Personalverantwortliche bei der Mövenpick GmbH in Deutschland, weiß das auch nicht so genau: »Die Gastronomie ist eine Männerdomäne, der Spitzenkoch ist gleichzeitig auch der Küchenchef. Frauen kommen meist nicht so weit. Es könnte sein, dass sie sich das einfach nicht trauen, was nicht heißt, dass sie es nicht könnten.«

Die Profis sind ratlos und konstatieren bloß, dass in der »Haute Cuisine« weniger Frauen unterwegs sind als bei »Automechanikern, Bergarbeitern oder Rugby-Spielern«, wie die FINANCIAL TIMES DEUTSCHLAND berichtete. Und die Zeitung hat auch eine Vermutung, warum das so sein könnte: Reiner Männerlobbyismus. Mit dem Hinweis auf das Schleppen schwerer Töpfe, dem stundenlangen Stehen am heißen Herd und nicht zuletzt den »familienunfreundlichen« Arbeitszeiten wimmeln Meisterköche weibliche Bewerber gleich mal ab. Die nackten Zahlen: Von 1996 bis 2001 gab es beispielsweise in Hamburg 70 männliche und ganze zwei weibliche Spitzenköche. Und mit dem folgenden Statement der FTD nähern wir uns dann auch schon der nahe liegenden Begründung für diesen auf den ersten Blick verwunderlichen Umstand: »Nach dem zweiten Weltkrieg ist die Top-Gastronomie zum Männerbund mutiert, zur ›kochenden Verbindung‹, bei der die ausbildenden Altstars dem maskulinen Nachwuchs Presseruhm und Posten verschafften.«

Uhse, Beate
Gilt unter Männern als Unternehmerin des Jahrhunderts. Danke.

Presseruhm? Posten? Na, klingelt es? Im Grunde ganz einfach: Seitdem man als Meisterkoch über ein gewisses Renommee verfügt, Essen in gewissen Kreisen zu einer Art Ersatzreligion geworden ist und man auch den ein oder anderen Euro damit verdienen kann, haben sich Männer mal wieder schnell an die Front geschoben. Sie sind zwar nicht wirklich talentiert und müssen sich hart erarbeiten, was Frauen bereits in die Wiege gelegt wurde, doch solche Kleinigkeiten dürfen keine Rolle spielen. Für Ruhm, Ehre und ab und zu mal ein Foto in der GALA neben Monika Peitsch oder Roberto Blanco wird eben gebüffelt, werden schwere Töpfe geschleppt und unmenschliche Arbeitszeiten ertragen. Und für die Frauen bleibt der angestammte Platz im gesellschaftlichen Schattenreich der Privatküche. Es gibt Ausnahmen – ungefähr so viele wie Sonnenbrände in Sibirien.

Smarter Ansatz, meine Damen, das müssen Sie zugeben – die Jungs besetzen die Futterplätze der Medien und verteidigen ihr neues Revier ohne Rücksicht auf Verluste. Ähnlich verhält es sich übrigens auf dem Gebiet der Haarpflege, auch ursprünglich mal ein Beruf, der nicht unbedingt viel Sozialprestige versprach. Und der Begriff »Voll-Friseuse« gilt auch heute noch als freche, vermutlich justitiable Beleidigung. Bei Voll-Friseur wiederum denkt der aufgeklärte Bundesbürger inzwischen an Leute wie Gerhard Meir oder Udo Walz und applaudiert anerkennend. Meir darf Geschmacks-Kolumnen im Magazin der SÜDDEUTSCHEN ZEITUNG schreiben, Walz frisiert in Berlin jeden Promi, der nicht bei drei auf dem Baum hockt, und tröstete medienwirksam die Beton-Blondine Sabine Christiansen, nachdem jener von Ulla »Hosenrock« Kock am Brink der Mann ausgespannt wurde. Auch hier die gleiche Botschaft: Friseusen für Untertürkheim, Star-Coiffeure für die große, weite Welt. Und für BUNTE natürlich oder GALA, Magazine, die diesen bisher so schmählich unterschätzten Kunstformen und ihren tollen Protagonisten ein regelmäßiges Forum einräumen.

Vernissage
Erster Abend einer Kunstausstellung. Toll – freie Getränke.

Was folgt daraus? Männer waren mal wieder smarter, als es um die Besetzung von neuen gesellschaftlichen Nischen ging. Als die Felle verteilt

wurden, drängelten sie sich nach vorne – offenbar mangelt es uns an vielem, aber sicher nicht an Selbstbewusstsein.

Und wenn demnächst Krankenschwestern in Mode kommen und zu Gala-Diners eingeladen werden, bei Biolek aus ihrem Leben plaudern oder bei der Miss-Germany-Wahl in die Fachjury platziert werden, dann passen Sie gut auf. Achten Sie darauf, wie schnell aus Schwester Helga, der Berufsheiligen eines ganzen Berufsstandes dann innerhalb kürzester Zeit Pfleger Helge wird. Der sich dann aber vermutlich nicht mehr Krankenpfleger, sondern Care-Projecter nennt und einen Ausrüstervertrag von Bayer anstrebt.

Man muss eben Visionen haben.

Männer
und die Leibesübung

Mir weismachen zu wollen, dass die
Würde eine menschliche Eigenschaft ist,
ist reinster Hohn.

Gustave Flaubert

Fußball

Jedes weitere Wort ist überflüssig

> 20 Minuten vor Schluss ging Exeter in Führung, und meine Freundin (die zusammen mit ihrer Freundin und dem Freund ihrer Freundin die schwindelerregende Pracht des Aufstieges selbst erleben wollte) tat prompt genau das, wozu Frauen, wie ich schon immer vermutet hatte, in krisenhaften Momenten neigen: Sie wurde ohnmächtig. Ihre Freundin schaffte sie zu den Sanitätern der St. Johns Ambulance, während ich nichts anderes tat, als um den Ausgleichstreffer zu beten, der fiel, gefolgt vom Siegtreffer Minuten später. Erst nachdem die Spieler die letzten Champagnerkorken in die jubelnde Menge geschossen hatten, begann ich mich wegen meiner vorangegangenen Gleichgültigkeit mies zu fühlen.
>
> *Nick Hornby*, Fever Pitch

Keine Bange. Das hier ist ein Buch für Frauen. Und aus diesem Grund wird an dieser Stelle auch nicht die Geschichte von zwei masochistischen St. Pauli-Anhängern mit Dauerkarte erzählt oder der Geist und die Schönheit des Fußballsports besungen. Es geht darum, ein paar Dinge zu klären, mit Vorurteilen aufzuräumen und einige unverschämte Bemerkungen loszuwerden. Und diese Zeilen richten sich ausschließlich an Sie.

Fangen wir mit den Frechheiten an.

In der Regel hassen Frauen Fußball. Weil es ein Spiel ist, das keinen Sinn macht? Nicht schön anzusehen ist? Die Trikots meistens so aussehen, als habe sich ein Designer vom Otto-Versand daran versucht? Auch.

Aber in erster Linie hassen Frauen den Fußball, weil sie ihn nicht verstehen. Nein, nein, mögen Sie jetzt einwenden, wir verstehen

auch die Relativitätstheorie nicht oder die Mendel'schen Gesetze, das heißt aber noch lange nicht, dass wir das Zeug hassen. Sie sind Ihnen bestenfalls egal, es sei denn, Sie sitzen gerade in der Mathe- oder Bio-Abiturprüfung.

Aber natürlich stimmt das nicht, und Sie hassen den Fußball sehr wohl. Auch wenn Sie das nicht zugeben wollen, weil es Ihnen selbst ein bisschen peinlich ist: Sie hassen den Fußball, doch, doch. Weil nämlich Ihr Freund, Ihr Vater und Ihr Bruder, so ziemlich alle Männer in Ihrem unmittelbaren Umfeld, sich damit beschäftigen. Im Zweifel sogar lieben, eine große Leidenschaft dafür entwickeln, viel Zeit dafür aufwenden. Wie sonst für (fast) gar nichts.

Die Frau eines guten Bekannten hat ihm mal eine Szene gemacht, die fast alles über das Verhältnis von Frauen zum Lieblingssport ihrer Männer sagt. Diese Szene erschöpft sich in einem, allerdings sehr verzweifelten Satz: »Beim Fußball zeigst du plötzlich Gefühle!«

Männer leben in dieser großen Gemeinschaft, zu der Frauen selten Zugang finden. Männer sind allesamt mindestens interessierte Beobachter, wenn nicht Fans. Und Sie? Was machen Frauen? Sie stehen vor der fest verschlossenen Türe der kollektiven Kennerschaft und rütteln wütend an der Kette. Elke Heidenreich über die Ungerechtigkeiten des Lebens: *Irgendwie ist Fußball ein Rest Männerwelt geblieben – trotz der vielen Frauen auf dem Platz. Hier sind die Jungs noch unter sich, und so ganz lassen sie uns auch nicht heimisch werden in ihrer Domäne – wie sie uns auch schon als kleine Mädchen nur im äußersten Notfall haben mitspielen lassen. Ich bin im Abseits ...*

Es ist doch so: Egal wo Männer aufeinander treffen, im Bus, auf der Arbeit, selbst in der Hotellobby oder im Foyer des Staatstheaters, egal ob auf dem Bau, in der Bank oder im Vorstand eines multinationalen Konzerns: Fußball ist immer ein Thema. Und über die gemeinsame Begeisterung für die banale Fußlümmelei entstehen aus dem Nichts klassenübergreifende, stabile Kommunikationsbrücken. Männer auf der ganzen Welt kennen Pele, Maradona und auch Beckenbauer, und eine Fußballweltmeisterschaft bündelt mehr Interesse als 50 Weltausstellungen zusammen.

Warum Fußball so eine Wirkung hat? Warum ist die Banane krumm? Keine Ahnung. Niemand weiß mit Sicherheit, aus welchem Grund Fußball so viel populärer ist als beispielsweise Tischtennis, Kunstturnen oder Handball. Weisheiten wie »Im Fußball ist alles möglich« (vermutlich Sepp Herberger, Bundestrainer) oder »Alles, was man über die Moral des Menschen wissen muss, verdanke ich dem Fußball« (Albert Camus, Torwart) helfen da auch nur bedingt. Über den ästhetischen Reiz des Spiels an sich kann man ja auch durchaus streiten – zumal, wenn man Spiele von Bayern München oder Energie Cottbus betrachtet. Und dass sich der Thrill eines jeden Fußballspieles daraus nährt, »dass man nicht weiß, wie's am Ende ausgeht«, klingt auch ein wenig hilflos. Das weiß man schließlich auch nicht, wenn man in der Kneipe kickern geht oder eine Verabredung mit Jenny Elvers hat.

Frauen fühlen sich ausgeschlossen aus dem Kosmos des Fußballs, und dieses Gefühl wird kompensiert mit einem stumpfen Widerwillen gegen alles, was mit ihm zusammenhängt. Vorurteile von dummen Fans, grenzdebilen Kickern und dem Zusammenhang zwischen Gewalt, miesen Leberwerten und »ran« werden sorgsamer gepflegt als das Ziergärtchen auf dem Balkon. Sie können sich einfach nicht erklären, woher die Faszination ihrer Männer für dieses alberne Spiel rührt, bei dem 22 Mann hinter einem Ball herrennen. »Wir kaufen *jedem* einen Ball!«, ist so ziemlich der blödeste Kalauer, den Frauen reißen, wenn sie sich über den sittlichen Nährwert eines Fußballspiels lustig machen, doch andererseits zeugt er von tief sitzendem Unverständnis und der gleichzeitigen Verzweiflung über diese unwiderlegbare Tatsache.

Das wäre ja alles halb so schlimm, wenn Frauen sich bloß über die Männer und ihre vielen vergeudeten Stunden lustig machen könnten, um dann zur eigenen Tagesordnung übergehen zu können. Aber so ist es nicht. Weil, und das ist jetzt vermutlich eine weitere Frechheit: Frauen einfach kein vergleichbares Vehikel haben, auf das sie ihre infantile Begeisterung, ihre Leidenschaft und

Waschmaschine
Extrem kompliziertes Wunderwerk der Technik, lässt sich grundsätzlich nur von Frauen beherrschen (Siehe auch: Schleudern).

das Bedürfnis nach einer klassenübergreifenden Kommunikationsebene projizieren können – keine Sportart, kein kultureller oder materieller Schauplatz erfüllt für Frauen auch nur annähernd die gleiche Funktion, die der Fußball für die Männer-Menschheit übernommen hat. Die Interessen von Frauen sind wesentlich individualisierter, was durchaus für die Komplexität ihres Geschlechts spricht, ohne Zweifel. Einfacher indes und irgendwie netter haben es die Jungs. Frauen wissen um diese Ungerechtigkeit und es erzürnt sie immer wieder. Auch wenn offiziell Toleranz geübt wird, weil sich inzwischen herumgesprochen hat: Man kann einen Mann von vielem abbringen, ihm aber seine Fußballbegeisterung zu verbieten, verspricht ungefähr so viel Erfolg, wie Lothar Matthäus zu einem Englischkurs zu verdonnern.

Also leben die Frauen damit, wohl oder übel. Und die Raffinierteren unter ihnen versuchen es mit einer heimtückischen Guerilla-Taktik: Sie mischen sich im Stadion und vor dem Fernseher in die Männermenge und gerieren sich als »Fans« oder zumindest interessierte Beobachter. Natürlich merken wir das, und finden es im besten Fall rührend. Nichts gegen die wenigen Frauen, die aufgrund eines tragischen Sozialisations-Malheurs die gleiche Lust und Kennerschaft am Fußballsport entwickelt haben wie ihre männlichen Geschwister oder Freunde – die sind hier ausdrücklich nicht gemeint. Wir sprechen von Frauen, die plötzlich mit einer Dauerkarte im Stadion auftauchen und vor dem Spiel erst einmal fragen müssen, wer denn die eigene Mannschaft ist. Frauen, die nach der gesamten Saison genau zwei Spieler aus dem Team auf der Straße erkennen würden, weil die beiden einen knackigen Hintern oder eine smarte Frisur haben. Frauen, die »Schiedsrichter ans Telefon« oder ähnlich unqualifizierten Blödsinn aufs Feld rufen, nicht wissen, was »Abseits« ist, es aber vor jedem Spiel aufs Neue erklärt bekommen wollen, und die 15 Minuten vor der Halbzeitpause fragen, wie lange das Spiel noch dauert. Frauen, die bei einer WM für Jamaica die Daumen drücken, aus Gründen, die mit dem Sport nun wirklich nichts zu

Wechseljahre
Perfide hormonelle Umstellungen des Körpers im mittleren Lebensalter mit negativen Auswirkungen auf die gute Laune. War jahrhundertelang Frauen vorbehalten. Gibt's jetzt auch für Männer.

tun haben, Frauen, die wissen, dass das italienische Team von Armani ausgestattet wird, aber nicht, wer Del Piero oder Totti ist. Frauen, die glauben, dass Oliver Bierhoff der Produktmanager von Danone sei und Figo ein spanischer Friseur.

Das sind tragische Momente im Leben eines Fans, wenn er erkennt, dass sich seine Freundin – seine geliebte Partnerin! – lächerlich macht vor sich, ihm und all seinen Freunden. Prinzipiell mögen Männer solides Halbwissen, das ist ja bekannt, aber nicht im Stadion oder vor dem Fernseher, gleich neben sich, mit einer Chipstüte in der Hand. Um Missverständnisse zu vermeiden: Männer haben nichts dagegen, wenn Frauen sich alle vier Jahre aus Solidarität (oder dem Wissen, dass sie ansonsten vier Wochen kein gemischtgeschlechtliches Sozialleben haben) unter die johlende WM-Fußballparty-Meute mischen, um teilzuhaben an kollektiver Euphorie und patriotischer Leidenslust. Aber sie hassen es, wenn aus gesitteten Hera-Lind-Leserinnen plötzlich die besseren Fußball-Fans werden, durch die Bank ahnungslos, aber mit einer Lautstärke und einer übersteuerten Hysterie, für die sie noch vor dreihundert Jahren verbrannt worden wären. Das letzte Wort in dieser Angelegenheit erhält der volkstümliche bayerische Schriftsteller und Wirtshausliterat Johannes Dräxler, welcher in dem ... ähem ... bemerkenswerten Fach- und Fanbuch *Kleine Philosophie der Passionen: Fußball* eine sehr wahre Weisheit in die Welt entließ:

In meinem Dorfverein gab es eine Frau, die bei jedem Spiel dabei war, die schrie die obszönsten Zoten aufs Feld; die keifte wie ein Rabe im Dezember, das hat mich schwer genervt, schon als Junge. Schreiende Frauen im Stadion sind hochgradig unerotisch!

Halleluja ...

Gib Gas, ich will Spaß!

Männer und ihre Faszination für die Formel 1

> Ich glaube, dass jeder Autorennfahrer
> einmal zur Vernunft kommen muss,
> um mit diesem pubertären Sport aufzuhören.
> *Niki Lauda*

Es gibt Sportarten, die können Männer und Frauen *zusammen* im Fernsehen ansehen. Sogar Fußball – wenn auch nicht jeden Samstag. Doch bei Welt- oder Europameisterschaften finden sich ab und an gemischtgeschlechtliche Gruppen zum gemeinsamen Erlebnis vor der Großleinwand zusammen, und nicht selten sind genauso viele Männer wie Frauen anwesend. Ist das jetzt schon übler Chauvinismus, wenn wir behaupten, dass die durchschnittliche Kick-Guckerin nicht sonderlich viel Ahnung davon hat, was da auf dem Rasen wirklich passiert? Wohl nicht – das ist einfach bloß Feldforschung im privaten Rahmen. Oder würden Sie einer Frau applaudieren, die bei einer Ecke »Den Ball flach halten!« schreit und aufgeregt »Hand! Hand!« vermeldet, wenn ein Torhüter tut, was er eben tun muss?

Doch immerhin fällt es Frauen an diesen Abenden nicht schwer, die Begeisterung der Männer zu teilen. Sie jubeln, sie schreien, kurz: Sie versetzen sich in Hochstimmung und wissen nicht mal genau, wieso ...

Im Zweifel entwickeln sie eben ganz eigene, von der ernsten Sache weit entfernte Vorlieben, die ihnen einen Fußballabend versüßen: der knackige Hintern von Mehmet Scholl eventuell oder die hübschen Frisuren von David Beckham. Beim Tennis funktioniert das auch, Leichtathletik geht, Reiten sowieso. Nur bei der Formel 1

klappt das gar nicht. Hier scheiden sich die Geschlechtergeister endgültig. Warum so viele Männer mit Leidenschaft zusehen, wie rote, silberne oder weißblaue Spielzeugautos zwei Stunden im Kreis hintereinander her fahren, verstehen die meisten Frauen nicht. Und das finden wir auch sehr nachvollziehbar.

Was passiert da eigentlich alle zwei Wochen am Sonntagnachmittag? Rund vier Stunden (!) dauert die Übertragung so eines Rennens bei RTL. 240 Minuten mit folgender, stets identischer Dramaturgie: eine Stunde Langeweile am Anfang, für die abwechselnd stylische Einspielfilmchen, ein dampfplauderndes Moderatorenduo und ein lebender Mikrofonständer in der Boxengasse sorgen. Dann die eine Stunde nach dem Rennen, wiederum mit exzellenter Schlaftablettenwirkung. Einspielfilmchen, Interviews, Valium – wenn man nicht schon vorher weggenickt ist, denn in den 120 Minuten dazwischen sorgt selbst das eigentliche Hauptereignis für schwere Augenlider: der Grand Prix. Hat man früher einmal gedacht, dass Rennsport seine Faszination aus spannenden Rad-an-Rad-Duellen und Überholmanövern bezieht, belehrt einen die moderne Formel 1, was wirklich zählt. Wie an einer Perlenschnur düsen die Boliden hintereinander her, und weil die Abstände immer größer werden, ist zumeist nur ein Renner auf dem Schirm zu sehen. Wow! Wir wollen aber nicht ungerecht sein: Sehr aufregende Momente bietet die Formel 1 auch. Um genau zu sein: einen. Wenn die hochgezüchteten Geschosse nach dem Start auf die erste Kurve zuschießen und man sich wenige Sekundenbruchteile fragen kann: »Kracht's oder kracht's nicht?« Kracht's nicht, dauert dieser Adrenalinschub je nach Strecke zwischen vier und acht Sekunden. Anschließend darf man die Augen in aller Ruhe wieder schließen und sich vom gleichtönigen Gebrumm der Motoren in den Schlaf singen lassen. Alle 14 Tage die gleiche Dramaturgie. Ungemein aufregend, nicht wahr?

Durchschnittlich 10,44 Millionen Deutsche haben sich diese spannungsgeladene »Action« an jedem der 17 Renn-Sonntage im Jahr 2001 in der Glotze angetan. Über 60 Prozent der Zuschauer waren Männer. Klingt nach einem unerwartet hohen Frauenanteil, als sei

Wellenreiten
Juvenile Rechtfertigung für langes, lockiges Haar und permanenten Sonnenbrand

Formel-1-Gucken eben doch nicht männertypisch. Doch wir kennen genügend Paar-Exempel, die den 40-Prozent-Anteil der weiblichen Highspeedfans relativieren. Die Frauen gucken nur *mit*. Das belegen auch Zahlen bei der Nutzung von einschlägigen Angeboten im Internet. Auf der Seite *formel-eins.de*, einer der führenden Motorsportseiten im Netz, sind schon 69 Prozent der User Männer.

Das Kölner Institut für Markt- und Medienanalysen *rheingold* hat die erste tiefenpsychologische Studie zur »Faszination Formel 1« durchgeführt. Demnach übt die Formel 1 auf die Zuschauer, so fanden die Kölner Psychologen heraus, »eine doppelte Faszination aus. Als Hoch- und als Unkultur«. Die Glitzerwelt des Formel-1-Zirkus mit ihren Stars und exklusiven Charakteren »kann sich augenblicklich in ein Schlacht-Szenario verwandeln«.

Übersetzt ist das eine bittere, aber nicht sehr überraschende Wahrheit: Wir warten also auf Massenkarambolagen, zertrümmerte Maschinen, zerfetzte Körper, denn in der Formel 1 findet ein Kampf auf Leben und Tod statt, ein Existenzkampf auf hohem technischen Niveau ohne Rücksicht auf Verluste. Und der geneigte Opel-Corsa-Bleifuß daheim vor dem Fernseher bezieht durch die absurde Rennerei den Thrill, den ihm sein festgelegter, aber auch langweiliger Alltag meistens vorenthält. In der zitierten Studie heißt es weiter, dass die Formel 1 trotz ihres komplizierten Regelwerks eher an archaische Urformen des Lebens erinnert, in denen es noch keine Straßenverkehrsordnung gab. Und ein Leben ohne Regeln – das ist eindeutig Männersache – wenn auch eher als Projektion ...

Ein weiteres Phänomen kommt hinzu. Männer brauchen Helden, Menschen, zu denen sie aufsehen können. So lange er gewinnt, darf er sogar Schumacher heißen und in Kerpen von der Kartbahn gefallen sein. Schumi ist der Größte: so erfolgreich, so berühmt, so reich. Michael Schumacher muss ein glücklicher Mann sein, fährt Ferrari, fliegt mit dem eigenen Jet, kriegt jedes zweite Wochenende Gratisschampus. An diesem Leben will auch der Fan teilhaben. Und wenn es nur vor der Glotze ist. Dass ein Sportler so eindrucksvoll die (zumeist männlichen) Massen faszinierte, erlebten wir in

Deutschland zuletzt vor fast 20 Jahren: Da gewann Boris Becker, noch mitten in der Adoleszenz, am 7. Juli 1985 Wimbledon. Viele geistig gesunde Menschen mutierten zu Tennisverrückten, die sich vor der Glotze die Haare rauften, wenn Bobele einen Matchball versemmelte. Auch wenn sie noch nie einen Schläger in der Hand hatten, radebrechten sie plötzlich in der Tennis-Fachsprache. Das ist jetzt vorbei. Boris schlägt sich nur noch mit Computern und wechselnden Gefährtinnen herum, doch seine Fans sitzen immer noch vor dem Fernseher. Sie jubeln einem Typen zu, der seinen Job in einem roten Strampelanzug macht, und wenn er mal wieder gewinnt, dann ballen sie die Sieger-Faust. Immerhin: Das haben sie von Boris gelernt!

Pump up the volume!

Warum sich Männer Muskeln antrainieren – und warum das manchmal eine falsche Entscheidung ist

> Proportion und Perfektion haben mich immer schon fasziniert. Als ich mich mit 15 im Spiegel betrachtete, wurde mir klar, dass ich 50-Zentimeter-Arme brauchte, damit alles passt.
>
> *Arnold Schwarzenegger*

Kennen Sie die FIBO in Essen? FIBO heißt Messe für Fitness und Bodybuilding. Wenn Sie einmal Ihre Vorurteile über eine bestimmte Klientel von Fitnessstudio-Kraftmeiern bestätigen wollen, gehen Sie da unbedingt hin. Die meisten der männlichen Besucher sind so breit, dass sie ihren Oberkörper drehen müssen, wenn sie durch eine Tür möchten. Auch das gängige Beiwerk fehlt natürlich nicht: Vokuhila- oder Kahlschlag-Frisuren, eine fischig-trübe Bräune durch die handelsübliche Karotintablette, Goldkettchen, seitlich mitgeführt eine falsche Blondine, ärmellose T-Shirts aus Frottee und dazu bunt bedruckte Jogginghosen. Die FIBO ist wie ein Besuch auf dem Mars oder in der Filmkulisse von *Blade Runner*, nur kommt man leichter hin.

Ja klar, Klischees. Mögen wir alle. Sollte ja auch bloß ein Extrembeispiel sein: Bodybuilding-Auswüchse eben. Doch die Eisenhansel funktionieren wunderbar, um eine Tendenz im Wandel des herrschenden Männerbildes zu verdeutlichen: Männer leben neuerdings mit dem Druck, schön sein zu müssen. Oder besser: sportlich, fit und muskulös zu sein. Und dieser Druck steigt.

Ein kräftiger Körperbau steht für Erfolg im Leben. Nett, charmant, witzig, erfolgreich, höflich – alles sehr schön. Aber ohne die

Andeutung eines Waschbrettbauchs, einer gesunden Gesichtsfarbe und der ein oder anderen gezupften Augenbraue kommen Jungs beim anderen Geschlecht immer schwerer zu Potte .

Jetzt spinnen wir total? Breite Schultern sollen menschlich-männliche Qualitäten ersetzen? Blame yourself: Untersuchungen von Sexualforschern zeigten, dass Männer mit Stiernacken bessere Chancen beim anderen Geschlecht haben als Normalhals-Träger. Stiernacken! Nur ein Beispiel. Und Frauen, die bei ihrem Partner einen kleinen Bauchansatz akzeptieren, sind inzwischen eher die Ausnahme.

Dass Männer sich quälen, um draußen in freier Wildbahn bessere Chancen zu haben, ist also eine selbsterhaltende Maßnahme und nicht bloß reine Eitelkeit. Doch das Problem dabei: Wie in vielen anderen Dingen des Lebens vertun sich Männer auch beim Krafttraining gerne in der angemessenen Dosierung.

Also trainieren Männer, was die Hantelbank aushält. Aus 48 Zentimeter Oberarmumfang müssen schließlich mindestens 50 werden. Und der Pectoralis Major, der große Brustmuskel, wird so lange gequält, bis er mindestens Körbchengröße B ausfüllt. Das führt dann zuweilen zu einem grotesken Ergebnis wie in diesem einen, bestimmten Fall (das Opfer ist den Autoren bekannt!), der im engen T-Shirt aussieht, als habe er ganz proppere Brüste, was ihn aber, das so nebenbei, weniger bekümmert als seine diesbezüglich etwas benachteiligte Partnerin. Übrigens: Dieser junge Mann, von dem hier die Rede ist, fällt beileibe nicht in die Kategorie Dumpfbeutel. Dass Männer, die sich dem intensiven Krafttraining verschrieben haben, nichts im Kopf haben, ist ein so beliebtes wie falsches Vorurteil. Dass sie unter Umständen weniger in der Hose haben, könnte aber stimmen. Lesen Sie doch mal folgenden Absatz.

In Deutschland gibt es 6 500 Fitnessstudios. Die 5,4 Millionen Mitglieder zahlen monatlich im Schnitt rund 75 Euro, um sich dem gängigen Schönheitsideal anzunähern. Frauen wollen abnehmen, also findet man sie in den Aerobic- oder Bauch-Po-Beine-Kursen. Männer wollen in aller Regel zunehmen. An Muskelmasse.

So schwer es ist, schlanker zu werden – Sport reicht nicht, auch die Ernährung muss umgestellt werden –, so schwer ist es auch,

Muskelmasse *an*zutrainieren. Ab einem bestimmten Trainingsstand geht es mit dem Muskelaufbau einfach nicht mehr so locker weiter, selbst wenn man täglich Kraftmaschinen malträtiert. Jeder fünfte Sportler, der längere Zeit regelmäßig in einem Fitnessstudio trainiert, schluckt deshalb Anabolika zur Leistungssteigerung. Und zwar eine Menge von diesem Zeug. Das ist das Ergebnis einer Studie der Medizinischen Universität Lübeck, die in der Internet-Gesundheitsberatung *Netdoktor.de* und auch im SPIEGEL veröffentlicht wurde. »Wenn die Angaben der von uns Befragten stimmen, hätten wir in Deutschland rund 700 000 Anabolika-Konsumenten. Dagegen ist das Doping im Leistungssport ein verschwindend geringes Problem«, sagte der Initiator der Studie Carsten Boos, ein Chirurg und Intensivmediziner aus Lübeck. Zusammen mit Kollegen führt Boos die Studie im Auftrag der Sportministerkonferenz der Länder durch. Die Wissenschaftler befragten bundesweit 454 Männer und Frauen in insgesamt 58 kommerziellen Fitnessstudios. Mit erschreckendem Ergebnis: 19 Prozent der Befragten gaben an, regelmäßig Anabolika einzunehmen. Bei den Männern waren es sogar 22 Prozent, bei den Frauen dagegen nur acht Prozent. »Die Sportler fangen vor allem nach zwei bis drei Jahren an, Anabolika zu nehmen, wenn sie ihren normalen Leistungszuwachs als unbefriedigend ansehen. Zu dieser Zeit sind sie offenbar an ihre körperlichen Grenzen gestoßen«, so der besorgte Mediziner.

Und warum erzählen wir Ihnen das? Deshalb: Im schlimmsten Fall hat Doping sehr unangenehme Auswirkungen. Pickel, Lustlosigkeit, Gewaltbereitschaft, Herzprobleme. Und, aufgepasst: mehr Platz in der Hose! Der Penis-Schrumpf ist ebenfalls eine häufige Begleiterscheinung des übermäßigen Anabolika-Konsums. Und dann wird es doch wirklich grotesk: Da trainieren viele Männer wie die Gladiatoren im alten Rom, um auf dem hart umkämpften Beziehungsmarkt zu bestehen und es gelingt ihnen vielleicht sogar, mit ihren stählernen Muskeln ein Weibchen zu beeindrucken, auf dass es zu ihnen in die Höhle kommt. Und dann wissen die Fleischberge mit ihrer Eroberung nichts mehr anzufangen.

Tragisch ...

Jede Sekunde zählt

Es kann nicht sein, was nicht sein darf – warum sich Männer beim Joggen nicht überholen lassen

> Die Leithammel unserer Gesellschaft sind dynamisch und braun gebrannt, wenn sie sich einen Augenblick nicht ganz wohl fühlen, essen sie schnell ein Mars.
>
> *Urs Widmer*

In Hamburg joggen Herren mit einem gewissen Bewegungsdrang an der Alster. So auch ich. In München läuft man vermutlich im Englischen Garten oder am Flaucher entlang und in Berlin um den Wannsee, das weiß ich nicht so genau. In Hamburg aber kenne ich mich aus: Dort laufen die Menschen um die Alster und halten sich fit; einmal ganz rum – ohne das Stück an der Binnenalster – und man hat siebeneinhalb Kilometer geschafft. Das ist zu schaffen für Leute, die nicht vollkommen untrainiert oder adipös sind. Man hätte theoretisch sogar die Möglichkeit, sich dabei zu entspannen, denn die Strecke führt an hübschen Grünanlagen vorbei, über kleine Brücken und durch reizvolle Sträßchen. Wenn das Wetter schön ist, macht es Spaß, die vielen Boote auf der Alster mit den gut gelaunten Menschen darauf zu beobachten, während man seinem Herz-Kreislaufsystem etwas Gutes tut. Doch leider kommt es selten dazu. Joggen ist purer Stress für Männer. Na ja, für mich jedenfalls.

Ich fühle mich immer noch müde und schlapp. Kontraproduktiv ist auch die Vorstellung, Katrin womöglich in einem Jogginganzug wiederzusehen. Es gibt nichts Deprimierenderes als ein Rendezvous mit einem idealen Körper, der von Kapuzenoberteilen und schlabberigen Trainingshosen geschluckt wird. Ich entscheide mich für knappe

Laufshorts mit weit geschlitzten Beinaußenseiten und ein kurzärmeliges Funktions-T-Shirt aus leichtem, atmungsintensiven Fleece-Stoff, der laut Herstellerinformation die Feuchtigkeit vom Körper weg an die Oberfläche transportiert, wo sie verdunstet. Doch ich bin durchaus bereit, am Anfang ein wenig zu frösteln, wenn es laufergonomisch einer größeren Schrittfreiheit und der optischen Verlängerung meiner Beine dient.

Wie oft habe ich mir das vorgenommen: Du läufst da jetzt um diesen Tümpel rum, schaust den Enten zu, denkst ein bisschen über dein Leben nach und entspannst dich. Hinterher wirst du dich prima fühlen. Ich packe die Stoppuhr ein und mir schwant, dass *das* jetzt nicht unbedingt eine logische Maßnahme ist. Ich dachte, es geht ums Relaxen? Stimmt ja auch, trete ich in den inneren Dialog ein, ich will hinterher nur wissen, wie lange ich für das optimale Relaxen gebraucht habe. Hmm. Na gut. Allerdings möchte ich möglichst auch unter 40 Minuten »relaxen«, weil das die offizielle Minimal-Marke ist, die den schwabbeligen Qualläufer vom sportlichen Alsterjogger unterscheidet. Wie viele tragische Bilder habe ich da vor Augen: Menschen, die in schwerer Seitenlage einen Körper über den Splitt schleppen, der sich verhält wie fünf Kästen Bier auf einer Sackkarre.

Kann das gesund sein? Macht das Spaß?

Ich laufe los und versuche, die Ratschläge zu beachten, die der deutsche Marathon-Mann Herbert Steffny in Joschka Fischers Laufbuch beisteuert: langsam laufen, weil gesünder. Langsam laufen, weil besser für die Ausdauer. Langsam laufen, damit man noch sprechen kann während der Belastung. Langsam laufen, weil so besser Fett abgebaut wird. Langsam laufen, damit der Kohlehydratspeicher nicht übermäßig angegriffen wird.

Langsam laufen. Das kann doch nicht so schwer sein. Ich trabe also vor mich hin und schaue sehr interessiert in die umliegenden Wohnungen, denn dazu habe ich ja beim langsamen Laufen Zeit. Mir kommen eine Menge Jogger und Joggerinnen entgegen, und ich versuche abzuschätzen, ob sie schneller laufen als ich. Ich bin nicht so ganz sicher, wie mein Stil wirkt, aber immerhin hat man beim langsamen Laufen den Vorteil, dass man sich mit lässigem Ge-

sichtsausdruck und einigermaßen federnden Schritten fortbewegt. Das wirkt hoffentlich vital, wenn ich schon nicht schnell bin. Ich versuche so auszusehen, als hätte ich die Wahl, und würde nur so langsam laufen, weil das eben *vernünftig* ist. Stimmt ja auch.

Katrin läuft los. Ich schließe mich ihr an. Es versteht sich, dass ich sie das Tempo bestimmen lasse. Immerhin ist es ihr Training, ich begleite sie nur, das war der Deal, auch wenn mir inzwischen nicht mehr danach ist. Sie gibt die mittlere Geschwindigkeit vor. Wir laufen bei etwa siebzig Prozent der maximalen Herzfrequenz. Wenn wir wollten, könnten wir uns bequem in kurzen Sätzen unterhalten. Ich würde gern ein bisschen mehr Druck machen, um schon einmal eine Grenze am Horizont zu sehen. Aber Katrin ist nicht aus der Ruhe zu bringen.

Beim Vereinshaus der elitären Segler-Yuppies schaue ich auf die Stoppuhr. Dort schaue ich *immer* auf die Uhr, es ist also so etwas wie meine erste Zwischenzeit. Fast acht Minuten! Das habe ich schon einmal in 6 Minuten 15 Sekunden geschafft. Das war, bevor ich mich von Steffny beraten ließ ... Acht Minuten, mein Gott. Wenn ich so weiter krieche, schaff ich nicht mal die 40 Minuten. Ich werde ein bisschen schneller, erhöhe die Schrittfrequenz. Ein bisschen nur, das schadet nicht. Vor mir, etwa 300 Meter entfernt, erkenne ich zwei Läufer in langsamem Trab. Wenn ich mein Tempo halte, habe ich sie in spätestens drei Minuten.

Ich laufe im Uhrzeigersinn immer von der gleichen Stelle los. Komischerweise laufen die meisten Alsterjogger in die andere Richtung. Ich habe mir das bewusst so ausgesucht, dass ich im Uhrzeigersinn laufe. Das minimiert den Stress, denn ich möchte nicht ständig Leute überholen müssen. Und überholt werden, das möchte ich auch nicht so gern. Natürlich lässt sich das manchmal nicht vermeiden, gerade weil ich jetzt häufiger *vernünftig* laufe, also langsam. Aber da mache ich mir nichts draus, darauf kommt es schließlich nicht an.

Die beiden Jogger vor mir sind jetzt reif. Ich erhöhe die Schrittfre-

Wer wird Millionär
Eine Sendung im deutschen Fernsehen, bei der die unwissenden Idioten immer die Kandidaten sind, während die potenziellen Gewinner in irgendwelchen Wohnzimmern herumhängen.

quenz noch einmal, denn ich finde es peinlich, andere Läufer zu überholen, ohne sich gleich von ihnen abzusetzen. Nicht so, wie bei diesem Elefantenrennen auf der Autobahn. Das kennen sie ja sicher – ein Truck überholt mit 95 km/h einen anderen, der 93 km/h fährt. Beim Laufen ist mir so etwas unangenehm – als würde ich mit letzter Kraft etwas beweisen wollen. Ich ziehe schnell und dynamisch vorbei, und signalisiere: »Mach dir nichts draus, ich spiele in einer ganz anderen Liga als du.«

Ich versuche, nicht selbstzufrieden zu denken.

Aber was die beiden jetzt wohl von *mir* denken? Ich sei ein Angeber vermutlich, ein konkurrenzgestörter Widerling, so peinlich durchtrainiert und leistungsbesessen. Dabei ist zu schnelles Joggen doch ungesund, denken die bestimmt. Aber sooo langsam macht es doch auch keinen Sinn, denke ich zurück, da kann man ja gleich Tischtennis spielen. Ich sehe zu, dass ich schnell an den beiden Luschen vorbeiziehe. Sie unterhalten sich während des Laufens. Können sie das nicht in der Kneipe tun?

Katrin zieht weiter an. Ich bin bei neunzig Prozent meiner maximalen Herzfrequenz. Den nächsten Zweihundert-Meter-Bogen gehen wir mit schonungsloser Härte an. Es ist genau das, was ich jetzt brauche. Ich bin nur noch Atem, die Gier sämtlicher Lungenbläschen nach Sauerstoff, pure Entschlossenheit, durch die immer knapper werdende Luft zu gehen. Diese Bewegung ist alles, was ich will.

Hinter mir höre ich ein Geräusch. Ein Radfahrer? Nein, offenbar nicht, der wäre jetzt vorbei, und außerdem mache ich jetzt Schritte aus. Jetzt nur nicht verkrampfen. Vermutlich ein Frührentner im Endspurt. Ich habe schon oft erlebt, dass man sich von einem Typen verrückt machen ließ, der dann unvermittelt an einer Fußgängerampel abbog und sich zum finalen Dehnen abwandte. Jungs, die nur noch mal kurz die Belastung erhöhten, so kurz vor Toresschluss, kein Grund zur Beunruhigung. Inzwischen laufe ich in forschem Tempo, ich könnte natürlich noch etwas schneller, wenn es sein muss. Die Schritte hinter mir werden lauter. Soll ich mich umschauen? Nein, auf keinen Fall. Soll er doch vorbeiziehen, der Idiot. Es sei denn, es ist ein dunkelhäutiger Barfußläufer aus Kenia, dann

ist er natürlich kein Idiot. Die haben ja alle diesen biologischen Vorteil, das weiß man ja. Jetzt ist er auf meiner Höhe, und aus den Augenwinkeln erkenne ich, dass es sich sogar um *zwei* Läufer handelt. Beziehungsweise: einen Läufer und eine Läuferin. Locker ziehen sie an mir vorbei, obwohl ich noch einmal schneller geworden bin, ohne meinen lässigen, federnden Stil zu vernachlässigen. Ich spüre, dass das Paar grinst und sehe nicht hin. Vermutlich sind die jeden Tag hier und trainieren auf den New York Marathon. Irre, was da an Zeit aufgewendet wird. Hätte ich gar nicht. Die arbeiten wahrscheinlich in einem Reformhaus, so wie die aussehen. Diese dünnen Beinchen. Vermutlich essen die nicht mal gescheit. Keine Genießer, das sieht man gleich. Er ist so ein hagerer Typ, hat natürlich eine dieser eng anliegenden Laufhosen an. Idiot. Wundert mich nicht, dass dieser dürre Kerl so gut unterwegs ist. Hat ja nichts zu schleppen. Sie auch nicht. Wenn die beiden auch noch zusammensind, na dann gute Nacht. Das muss ja scheppern im Bett, wenn die Knochen aufeinander klappern.

Ich verlangsame notgedrungen meinen Schritt, meine Lungen pfeifen, und dann verliere ich das Reformhaus-Paar aus den Augen. Wissen die denn nicht, dass dieses Tempo dem Körper schadet? Noch etwa ein Kilometer. Den laufe ich locker und denke darüber nach, dass ich ja eigentlich über mein Leben nachdenken wollte, aber dazu bin ich nicht gekommen, weil ich ja stattdessen über das Laufen nachdenken musste und wie ich mich am besten entspanne, ohne jeden Blödmann an mir vorbeirennen zu lassen. Dann bin ich an meinem Auto, die Stoppuhr zeigt 37 Minuten 23 Sekunden an. Eigentlich soll man jetzt seine Muskeln dehnen, sagt jedenfalls Steffny, aber der kann mir jetzt mal gestohlen bleiben, dazu bin ich zu kaputt. Das Runner-Pärchen kommt mir entgegen, auf dem Fahrrad. Na klar, auf dem Fahrrad. Kriegen den Hals nicht voll. Und hässlich ist diese Frau, wie die Nacht. Da hilft auch die gute Form nichts. Hässlich bleibt hässlich. Zufrieden steige ich in mein Auto. Wieder mal was für Körper und Geist getan. Und die Zeit war auch okay.

Ich sacke in die Knie und schleppe mich im Entengang vier, fünf Meter weiter vorwärts. Dann fasse ich wieder Tritt. Ich bin zurück auf der Strecke, aber bei Tempo null. Katrin läuft uneinholbar voraus. Meine Beine sind schwer. Ich laufe ohne jegliches Gefühl in den Beinen, doch wie durch ein Wunder schließe ich auf. Dann erst sehe ich, dass Katrin auf mich wartet und locker auf der Stelle trabt. Das soll sie nicht. Ich will nicht, dass sie Rücksicht auf mich nimmt. Gleichzeitig bin ich vor Dankbarkeit den Tränen nahe.

John von Düffel, Ego

Ganze Männer …

Über Tennisschläger auf der Hutablage und andere peinliche Attribute der Männlichkeit

Ich werde nie Golf spielen.
Erstens ist das für mich kein Sport,
zweitens habe ich noch Sex.
Mehmet Scholl, Fußballspieler

Eine bestimmte Sorte von Männern findet es mit Sicherheit schade, dass es heutzutage keine Fahrzeuge wie den Porsche 924 mehr gibt. Dieses 70er-Jahre-Unikum für Möchtegern-Porschefahrer war das ideale Auto für Poser. Es war billig genug, dass fast jeder es sich leisten konnte. Und trotz massivem Einsatz von VW-Technik unter der Haube war das Automobil oberflächlich ein schmuckes Markengefährt – sogar der Autoschlüssel war mit dem entsprechenden Porsche-Emblem ausgestattet.

Das Beste am 924er aber war eine für den munteren Angeber nicht unwichtige Design-Stilblüte. Statt einer normalen Klappe befand sich im Heck des Wagens eine riesige Glaskuppel. Das ermöglichte erstens eine Hutablagefläche von rund einem Quadratmeter. Das Glasheck wölbte sich zweitens wie bei einem Schaukasten für allerlei Schmuckstücke des täglichen Gebrauchs. Mit etwas gutem Willen konnte man den Porsche als Vitrine auf vier Rädern nutzen. Da war Platz genug für Tennisschläger, Golfbag, Surfsegeltasche *und* Poloschläger. Nebeneinander platzierbar und für alle von allen Seiten einsehbar. Diese grandiose Möglichkeit für die Außendarstellung männlicher Sportlichkeit dürfte etwa einem Audi TT von heute abgehen, was ein schwerer Konstruktionsfehler ist, schließlich sind TT-Käufer geborene Poser. Unter dem Aspekt der Selbst-

Zippo
Mit Benzin betriebenes Sturmfeuerzeug aus Metall. Geht immer an und nie aus. Perfekte Kennenlernhilfe

inszenierung bleibt der Porsche 924 aber das Traumauto schlechthin.

Warum unterstreichen Männer so explizit ihre geschlechtsspezifischen Tugenden, mal milde ausgedrückt? Man könnte auch fragen: Warum machen Männer sich so gern lächerlich? Warum können sie nicht einfach windsurfen, ohne dass der Dachgepäckträger außerhalb der Saison auf dem Auto bleiben muss (Benzin-Mehrverbrauch pro 100 km etwa ein Liter)? Muss wirklich jeder wissen, was für ein sportlicher, toller Kerl hier unterwegs ist, und dann auch noch mit einem dieser geschmackvollen Sylt-Aufkleber?

Männer sind alberne Lebewesen. Sie bauen eine Welt aus Accessoires um sich herum, und glauben, mit dieser Hilfe würde sich das Versprechen eines aufregenden, abenteuerlichen Lebens schon von allein einlösen. Ein schickes Mountainbike in der Diele zum Beispiel beweist: Hier lebt ein trendbewusster Athlet. Auch wenn das obszön kostspielige Gefährt in Wahrheit nur selten bewegt wird – und dann auch nur, um sonntags Kuchen beim Konditor zu besorgen.

Männer fassen sich ungeniert in den Schritt, um sexuelle Potenz zu demonstrieren, sie tragen eine Rolex, weil sie es sich wert sind. Und tanzen, nein, *tanzen* tun sie nun wirklich nicht, weil sie von Norman Mailer gehört haben: »Tough guys don't dance!«

Stattdessen schultern sie ihre Golftasche in der Fußgängerzone, um auch mal für einen Millionär gehalten zu werden, was längst schon nicht mehr klappt, weil inzwischen jeder Umschüler einen Kurs bei Bernhard Langer belegt hat. Manchmal sieht man Herren auch mit angewidertem Gesichtsausdruck an einer Zigarre nuckeln, doch da müssen sie jetzt durch: auch das nämlich, so haben ihnen Bilder von Rudi Assauer oder Fidel Castro suggeriert, gehört zu einem kernigen Vertreter ihres Geschlechts.

Nun, und warum das alles?

Eigentlich ganz einfach: Im tiefsten Inneren sind wir furchtbar unsicher, wie sich Mannsein im dritten Jahrtausend überhaupt

noch ausdrücken lässt. Da gibt's nichts zu lachen – das ist verdammt schwer. In Zeiten wie heute, in denen Frauen mehr von Männern verlangen als nur Ernährer der Familie zu sein, gerät die Definition der eigenen Persönlichkeit zum absurden »trial & error«-Spektakel. Auch Lisa Fitz, die bayrische Wuchtbrumme, darf sich schon ungestraft über Männer lustig machen: »Männlichkeit heißt doch: Sie putzen die Rallyestreifen vom Kadett, aber nie die Brille vom Klosett.«

Männer haben es wirklich nicht leicht. Zumal wir ständig um die Ecke denken müssen. Schließlich lautet die Frage nicht mehr: Wer bin ich? Sondern: Wer sollte ich besser sein, damit mich mein weibliches Umfeld nicht unbarmherzig austauscht? Was wollen Frauen von uns? Wir vermuten: Jungs, die zuhören können, und Machos, die ihnen sagen wo es langgeht. Kerle, die elektrische Herde mit links anschließen und mit der Rechten die Spülbürste schwingen. Gute Küsser, Streichler, Nach-dem-Sex-Wachbleiber, G-Punktfinder und, mit Verlaub, ausdauernde und dominierende Liebhaber. Also alles, und das auf einmal. Diese Eigenschaften sollen Männer natürlich in perfekter Abmischung besitzen, und immer intuitiv das richtige Verhalten zur richtigen Zeit an den Tag legen.

Wie soll man denn *damit* klarkommen? Notgedrungen bleibt ein Teil unseres authentischen Männer-Wesens auf der Strecke. Und weil wir das spüren, steuern wir umso verzweifelter gegen diesen lahmen Schmusekurs, umgeben uns mit Symbolen kerniger Männlichkeit, saufen wie die Löcher, stellen Frauen nach, verlieren unsere Würde und verleugnen unsere Kinderstube. Naja, mal etwas überspitzt formuliert. Aber natürlich brauchen wir *keinen* Freifahrtschein, und erst recht kein Mitleid. Die souveräneren Vertreter unserer Gattung haben diese albernen Demonstrationen lässiger Männlichkeit nicht nötig. Ihre Tennisschläger kommen in den Kofferraum, die in Mode gekommene Porno-Sonnenbrille bleibt für sie genauso indiskutabel wie eine Dauerkarte für Bayern München – auch wenn sie zehn Mal die Champions League gewinnen. Und Golf bleibt für sie auch dann ein armseliges Spektakel für eifernde Klassenkämpfer, wenn die Kultusminister es auf den Lehrplan setzen. Hugh!

Eine Art Danksagung

Zum Glück überschneidet sich der Kreis der Opfer, die wir in den letzten Monaten mit Fragen aus dem weiten Feld des Männerwesens strapaziert haben. So bedanken wir uns *beide* bei unseren Freunden Simone Buchholz und Roland Franken für ihre Gastbeiträge, weiterhin bei Gabriele Dünwald für die Gestaltung des Buchcovers und ihre Bereitschaft, tatsächlich *ein* Kapitel des Buches zu lesen ... Dank auch an Sibylle Berg fürs Vorwort und ihre frommen Wünsche so wie an unsere »Köchinnen« Magda und Mareike für ein paar kritische Anmerkungen zu unserem Fragenkatalog.

Herr Sobiella wiederum dankt an dieser Stelle ganz besonders seinen Eltern sowie seiner Freundin Konstanze (Ich küsse dich!), Achim (Männerfreund und Joggingpartner), Miriam (Frauenfreundin und Seelenverwandte), Jacqui (Wohnungsgenossin und stimmgewaltiges Hasi), Jens (Familienvater und so ganz anders), Bastian (jung und schon beinahe verwandt) und Dorthe (ein echter Fan).

Herr Braun wiederum dankt in erster Linie seinen Eltern, seinem Bruder Frank sowie seiner skeptischen Sozialpartnerin Nicole (Herr Sobiella hat mich jetzt unter Druck gesetzt: Natürlich küsse ich dich auch ...) für Unterstützung in jedweder Hinsicht.

Tiefer Diener auch vor Natali Michaely, die wo nett ist und Herrn Braun seit Jahren in den Feinheiten der deutschen Sprache unterrichtet. Kirsten Ranf gebührt herzlicher Dank für ihre Literaturrecherche in Sachen »Jungswohnungen«, auch Margret Hucko, Nicole Schulze und Nils Pietrusska haben sehr geholfen.

Fürs unermüdliche Testlesen und unkritischen Applaus gebührt Kathrin Spandau ein besonderer Dank, auch Olli Wurms Bitte, den geneigten Leser in Sachen »Verrat« nicht aus den Augen zu verlieren, ist uns eine lobende Erwähnung wert. Nicht zuletzt bedankt

sich Herr Braun bei Andreas Möller für ein knappes Kopfnicken im richtigen Moment.

Und nun, finally, fallen wir natürlich vor Susanne Frank, unserer geneigten Lektorin, auf die Knie: Du hast uns reich gemacht!

Danke.

Abdrucknachweis

Robert Bly, Die kindliche Gesellschaft; © 1997 Kindler Verlag, München
Harald Braun/Johannes Dräxler; Kleine Philosophie der Passionen: Fussball;
© 1998 Deutscher Taschenbuch Verlag, München
Michael Chabon, Die Geheimnisse von Pittsburgh; © 1988 Kiepenheuer
und Witsch Verlag, Köln
Marlene Faro, An heymlichen Orten; © 2002 Reclam Verlag, Leipzig
Mike Gayle, Mein Bett, das Telefon und sie; © 2000
Droemer Knaur Verlag, München
Michael Houellebecq, Plattform: © 2002 Dumont Literatur und Kunst Verlag,
Köln
Nick Hornby, Ballfieber; © 1996 Rogner & Bernhard, Hamburg
Nick Hornby, High Fidelity; © 2000 Kiepenheuer und Witsch Verlag, Köln
Jose Angel Manas, Die Geschichte meines unheimlichen Erfolges;
© 2001 Droemer Knaur Verlag, München
Michael Mary, 5 Lügen die Liebe betreffend;
© 2001 Hoffmann und Campe Verlag, Hamburg
Dietrich Schwanitz, Männer. Eine Spezies wird besichtigt;
© 2001 Eichborn AG, Frankfurt am Main
David Stiebel, Die Taktik des Streitens; © 1999 S. Fischer Verlag GmbH,
Frankfurt am Main
Benjamin von Stuckrad-Barre, Soloalbum; © 1998 Kiepenheuer und
Witsch Verlag, Köln
Ulrich Peltzer, Die Sünden der Faulheit; © 1995 Ammann Verlag & Co, Zürich

Der Verlag hat sich bemüht, alle Rechteinhaber ausfindig zu machen. Wer berechtigte Ansprüche hat, aber nicht kontaktiert wurde, möge sich bitte beim Verlag melden.

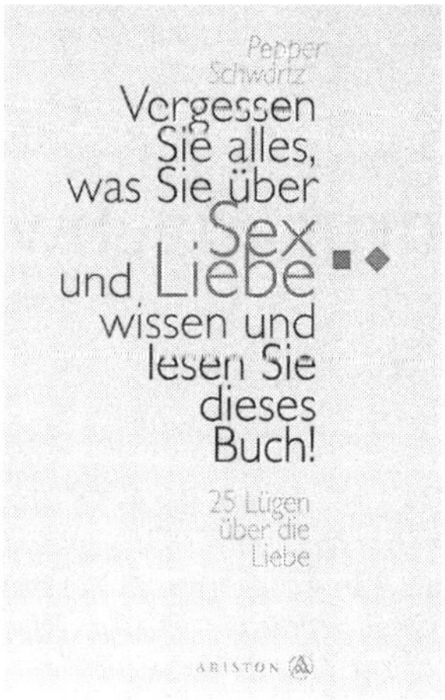

Pepper Schwartz

Vergessen Sie alles, was Sie über Liebe und Sex wissen und lesen Sie dieses Buch!

25 Lügen über Liebe

Broschur, 320 Seiten, ISBN 3-7205-2302-0

Muss der Partner wirklich der beste Freund sein? Wieso soll man partout nicht beim ersten Date mit einem Mann ins Bett gehen? Und was spricht gegen Geheimnisse in einer Beziehung?

Die perfekte Partnerschaft – alle suchen danach und verzweifeln daran. Schuld sind die Wahrheiten und guten Ratschläge, die jeder Liebe im Weg stehen. Pepper Schwartz zeigt witzig und erfrischend direkt, dass es genau diese Mythen sind, die in Partnerschaften zu überhöhten Erwartungen führen und sich zu »Beziehungskillern« entwickeln. Nur wer sich von den gängigen Vorstellungen zum Thema Liebe und Sex befreit und offen für neue Gedanken ist, kann den Weg zu einer dauerhaften, erfüllten und individuellen Partnerschaft finden.

Ein Buch für alle, die nicht die gleichen Fehler wie alle anderen machen möchten!

ARISTON

Gisela Runte
Wie Frauen
fremdgehen